THE REPUTATION ECONOMY

디지털 평판이 부를 결정한다

평판으로 승자가 되는 법

마이클 퍼틱 · 데이비드 톰슨 지음 | 박슬라 옮김

T H E

REPUTATION

E C O N O M Y

중앙books
JoongAng Ilbo

마이클

부모님 빌과 그레타, 두 분이 베풀어주신 모든 일에 감사합니다.
그리고 인터넷을 더 나은 곳으로 바꿔준 레퓨테이션닷컴의
과거와 현재, 미래의 동료들에게 이 책을 바칩니다.

데이비드

항상 아낌없는 격려를 보내준 스티브와 쿠퍼, 라일리에게
이 책을 바칩니다.

"레퓨테이션닷컴의 설립자인 마이클 퍼틱은 놀라운 비전을 가진 창업가다. 그는 이 책에서 평판이 그 무엇보다 중요해진 세상을 보여주고 진정한 온라인 평판을 쌓을 수 있는 도구를 건네주며 디지털 미래를 설계할 수 있게 도와줌으로써 그의 비전을 명확하게 보여준다."

– 아리아나 허핑턴(Arianna Huffington), 〈허핑턴포스트〉 편집장

"요즘과 같은 네트워크 시대, 온라인에서 개인정보를 공유함에 따라 평판은 지극히 중요한 자산이 되었다. 많은 사람들이 이 사실을 어렴풋이 알고 있을 뿐 마이클 퍼틱처럼 진지하고 깊게 사유한 이들은 소수에 지나지 않는다. 그의 새로운 저서는 우리 자신에 대한 데이터를 생산하는 수많은 방법들을 알려준다. 평판의 힘을 다룰 수 있다면 우리는 극도로 투명하고 서로 연결된 새로운 세상에서 성공을 만끽할 수 있을 것이다."

– 리드 호프만(Reid Hoffman), 링크드인 회장

"평판이 돈이나 권력보다 더 중요한 세상에서 '평판 부자'가 되려면 어떻게 해야 할까? 마이클 퍼틱에게 물어보라. 아니면 이 책을 읽어라."

– 티모시 페리스(Timothy Ferriss), 《4시간The 4-Hour Workweek》 저자

"마이클 퍼틱은 보기 드문 괴물이다. 비판적 사고를 갖춘 CEO에 글솜씨도 뛰어날 뿐만 아니라 대부분의 실리콘밸리인들을 타락시키는 정신 나간 집단사고를 폭로하는 데에도 거리낌이 없다. 퍼틱은 새로운 평판경제를 선도하는 선구자이며, 그에 대한 거의 완벽한 연구를 완성하는 데 그의 지성을 바쳤다. IT업계에서 가장 도발적인 CEO이자 뛰어난 작가가 내놓은 필독서다."

– 앤드루 킨(Andrew Keen), 《인터넷 원숭이들의 세상The Cult of the Amateur》 저자

"당신은 누구인가? 당신은 당신이 누군지 안다고 생각할지도 모르지만 마이클 퍼틱은 이 환상적인 책에서 다른 사람이 당신을 어떻게 보는가는 당신이 어떻게 할 수 없는 문제라고 말한다. 이 실리콘밸리 베테랑은 이 책에서 충격적인 사실들을 펼쳐 보이며 개인정보를 더 이상 개인적인 것으로 여기지 않는 세상에서 나 자신을 지킬 수 있는 비결을 말해준다."

- 데이비드 커크패트릭(David Kirkpatrick), 테코노미 컨퍼런스의 창시자

"무한한 데이터가 와글거리는 현대 디지털 시대에 좋은 평판이란 희소 자원이다. 새로운 평판경제는 우리의 기회와 선택에 엄청난 영향을 끼치고 있다. 이 책을 읽어라. 그 이유를 알아야 하기 때문이 아니다. 어떻게 이 멋진 신세계에서 성공할 수 있는지를 알기 위해서다."

- 빅토르 마이어 쇤버거(Viktor Mayer-Schonberger), 옥스퍼드대학 인터넷거버넌스 교수

"이 책에서 퍼틱은 현대 사회에서 평판이 더욱 중요해졌다고 주장한다. 퍼틱은 우리가 신용 점수와 마찬가지로 평판 점수로 평가되고 줄 세워질 날이 머지않았다고 생각한다. 새로운 평판경제에서 온라인 영향력과 소셜 인맥은 은행 계좌의 돈보다 중요해질 것이다."

- 〈가디언〉

"평판경제는 널리 내다보는 사람들에게 디지털 인격을 창조하고, 보호하고, 개선하고, 수정하는 무한한 사업 기회를 열어준다. 그저 그런 기회를 볼 수 있을 만큼 혁신적이고 그런 기회를 유리하게 활용할 수 있을 만큼 똑똑하기만 하면 된다."

- 〈허핑턴포스트〉

차례

1장

네가 어떤 삶을 살든 인터넷은 너를 알고 있다

– 평판경제란 무엇인가

가는 곳마다 다이어트 광고가 따라다닌다면
당신이 다이어트 광고 배너를 클릭했기 때문이다.
빅데이터 세계에서는 당신이 다이어트 상품에 관심이 있다는 걸
오직 광고회사만이 알고 있었다.
평판경제에서는 수많은 회사들, 개인들까지도 그 정보를 접하게 된다.
그렇게 되면 당신의 재정 상태에도 문제가 생길지 모른다.
한밤중에 인터넷 쇼핑을 즐긴다는 걸 은행이 알게 되면
저금리로 대출을 받기는 글렀다.
어쩌면 좋은 일자리를 얻을 기회마저 날아갈지도 모른다.
고용주는 당신이 충동적인 성격이거나
판단력이 형편없다고 생각할지도 모르기 때문이다.

평판은 당신에게 누가 말을 걸지, 그들이 당신과 함께 또는 당신을 위해 무엇을 할지를 결정한다. 또 은행이 당신에게 주택담보대출이나 자동차 대출을 해줄지, 집주인이 당신을 세입자로 받아들일지를 결정하고, 기업이 당신을 고용할지를 결정한다. 평판은 당신이 어떤 특혜나 VIP 대우를 받을 수 있을지, 심지어 데이트를 할 수 있을지 없을지까지도 결정한다.

보험회사는 당신의 평판을 이용해 의료, 자동차, 주택, 생명보험에 가입할 수 있는지를 판단하고 보장 범위를 결정할 것이다. 그리고 정부는 평판을 기반으로 당신을 범죄 용의자로 볼 것인지 말 것인지를 판단할 것이다.

평판의 힘은 나날이 강력해지고 있다. 디지털 기술의 발전으로 당신의 평판은 광범위하게 퍼져있어 어디서든 손쉽게 접할 수 있고, 영원토록 사라지지 않을 것이다. 이것은 스스로 선택할 수 있는 문제가 아니다. 누구든지 원한다면 그 자리에서 당신의 허락 없이도 평판을 조회할 수 있다.

빅데이터 시대에서 평판경제로

머지않아 세상은 방대한 양의 데이터를 수집하고 저장하는 이른바 '빅데이터(big data)' 시대보다도 한 단계 더 나아가게 될 것이다. 우리 앞에 다가온 새로운 평판경제(reputation economy)는 막대한 데이터를 분석해 결과를 예측하고 행동으로 실천하는 새로운 시스템인 '거대 분석(big analysis)'에 의존한다. 당신은 은행으로부터 대출을 거절당할 수도 있고, 공고도 나지 않은 일자리에 면접을 볼 기회를 얻을 수도 있으며, 데이트 신청을 거절당할 수도 있다. 이 모든 것을 좌우하는 것이 바로 당신의 평판이다. 새로운 디지털과 네트워크 기술을 통해 온갖 정교하고 복잡한 방식으로 창조되는 평판 말이다.

물론 평판은 언제나 중요하게 여겨져왔다. 작은 시골 마을에서 자란 사람에게 한번 물어보라. 누군가의 평판이 얼마나 오랫동안 유지되고 그 사람의 삶과 인간관계에 얼마나 큰 영향을 끼치는지, 특히 커다란 실수를 저질렀을 때는 더더욱 말이다. 하지만 평판경제가 도래하기 전만 해도 평판은 가까운 사람들 사이에서 서서히 형성됐고,

시간이 지나면 소멸했다. 대부분의 사람들은 비교적 한정된 인맥 내에서만 살아갔으며, 평판은 오로지 사람들의 기억 속에만 존재하는 것이었다.

하지만 첨단 디지털 기술이 만연한 요즘에는 온갖 개인정보를 수집, 저장, 분석, 배포할 수 있다. 당신의 이름 하나만으로 나이, 거주 지역, 운전 기록과 온라인 활동 내역까지 한눈에 확인할 수 있다. 이런 데이터 마이닝(data mining, 정보 추출)—2010년대의 유행어로 어떤 대상에 대한 거의 모든 데이터를 수집, 추출하는 것—이 가능해진 것은 정보 기술이 발전해 아주 적은 비용으로도 데이터를 모으고 저장할 수 있게 되었기 때문이다. 오늘날 디지털 데이터의 저장 용량은 1테라바이트짜리 디스크 드라이브 하나면 웬만한 학술 도서관 하나를 통째로 담을 수 있을 만큼 발전했다. 드라이브 가격은 100달러 미만에 불과해 누구나 구입할 수 있고 작은 핸드백이나 바지 주머니에도 쏙 들어간다. 심지어 그 가격마저도 매년 꾸준히 하락하고 있다. 그 결과 요즘에는 거의 무한한 양의 개인정보를 보관하는 데 굳이 대기업이나 국가안보국(NSA)의 도움을 받을 필요가 없다. 정보 저장 비용의 폭락은 예전에는 상상도 할 수 없었던 방식으로 무한한 양의 데이터를 보관하고 처리하게 해주었다.

이제 디지털 데이터를 저장하는 비용은 거의 제로에 가깝다. 모든 정보는 수집되고 저장된다. 그것도 거의 영구히 말이다. 데이터를 일일이 검색해 불필요한 것을 삭제하기보다 차라리 통째로 저장하는 편이 더 저렴하기 때문이다. 그리고 일단 데이터가 존재하기만 한다면 언젠가 누군가는 그것을 활용할 방도를 찾아내지 않겠는가? 그래서 당신이 웹사이트를 방문하거나 링크를 클릭할 때마다 무지막지한 양의 디지털 자료 파일이 생성된다. 심지어는 이 모든 자료들을 활용할 방법이 개발되기만을 기다리며 거대한 온라인 활동 기록을 수집하고 저장하는 지하경제가 빠른 속도로 발전하고 있는 양상이다.

하지만 빅데이터가 이렇게 무시무시한들 데이터 그 자체는 아무런 의미도 가치도 없다. 활용 방도를 고안해내지 못하는 이상, 그것들은 0과 1이 반복되는 일련의 수열일 뿐이다. 빅데이터의 진정한 위력은 그 다음 단계에 있다. 바로 새로운 컴퓨터 시스템과 알고리즘으로 방대한 측정값을 분류하고 걸러내 의미를 찾는 것이다. 미래는 데이터를 무조건 많이 수집하는 사람들이 아니라 그 데이터에서 의미를 발견하는 사람들, 즉 거대 분석을 할 수 있는 이들의 것이다. 빅데이터가 단순히 금광의 위치를 아는 것이라면, 거대 분석은 그 금광으로부터 금덩어리를 캐내 손에 쥐는 것이다.

빅데이터에서 거대 분석으로의 이동은 엄청난 변화다. 단지 저장용량만 증가한 것이 아니라 데이터를 해석하고 분류하고 분석하는 능력 또한 놀라울 정도로 성장했다. 지난 수십 년간 그랬듯이, 앞으로도 무어의 법칙(컴퓨터의 정보처리 속도가 2년마다 두 배로 늘어난다는 법칙)이 계속 적용된다면 디지털 분석 능력 역시 계속해서 상승할 것이다. 그렇게 되면 사람들은 얼마 전까지만 해도 직접 처리해야 했던 수많은 중요한 결정들을 점점 더 컴퓨터에 맡길 것이다.

이런 변화가 당신에게 어떤 영향을 미칠지 알고 싶다면 이미 많은 기업들이 (당신과 같은) 소비자와 관련된 결정을 내리는 시스템을 개발 중이라는 사실을 상기하라. 그런 결정은 어찌 보면 당연한 것(신용카드 사기를 방지하기 위해 카드 사용 내역 중 이례적인 활동을 적발하는 등)에서부터 꽤 충격적인 것까지 아주 다양하다. 이를테면 보험회사는 보험 계약자의 온라인 활동을 바탕으로 보험료 지급을 거부할 수 있고, 고용주는 컴퓨터 분석을 통해 직원의 고용과 승진 여부를 결정할 수 있으며, 어떤 사람은 스마트폰 앱으로 방금 술집에서 만난 이성을 뒷조사할 수도 있다. 그렇다면 당신이 이 책을 샀다는 사실은 어떤 결정을 초래할 수 있을까? 부디 긍정적인 결과를 바랄 뿐이다. 이 부분에 대해서는 다음 장에서 더 자세하게 알아보자.

머지않아 기업들은 방대한 양의 수집 데이터를 통해 알아낸 한 개인의 업무 능력과 경제력, 건강에 이르기까지 거의 모든 것에 관한 평판을 참고해 평판 점수(신용평가회사의 신용 점수와 비슷한 평가 방식)를 매기게 될 것이다. 인터넷 검색 엔진으로 정보를 검색하듯이 '평판 엔진'을 사용해 당신의 디지털 흔적을 검색하고 온라인은 물론 오프라인에서의 활동과 상호작용에 대한 자료를 확보할 것이다. 현대의 신용 점수는 앞으로 우리가 평판경제에서 접하게 될 평판 점수의 원시적인 버전에 불과하다. 신용 점수가 구식 유선 전화기라면 평판 점수는 최신형 아이폰이다. 당신이 좋든 싫든 이는 곧 실현될 미래이며, 그 점수는 사람들이 당신과 관련하여 중요한 결정을 내릴 때 사용하는 참고 자료가 될 것이다. 당신이 취직을 할 수 있을 것인가, 보험료를 받을 것인가, 마음에 드는 상대와 데이트를 할 수 있을 것인가가 모두 그 점수에 달려있다.

뿐만 아니라 그런 결정들은 상상 이상으로 신속하게 판가름 날 것이다. 눈 깜짝할 새에 결정을 내리는 시대는 지났다. 앞으로는 몇천 분의 1초도 안 되는 사이 컴퓨터가 모든 것을 결정할 것이다. 평범한 노트북도 사람이 눈을 한 번 깜박이는 400밀리초(1밀리초=1,000분의 1초) 동안 무려 10억 개의 계산을 할 수 있다. 정보처리 속도의 증가는 어마어마한 변화를 가져왔다. 실제로 지금도 아찔할 정도로 정교한 알고리즘을 사용하는 평판 엔진이 매초마다 한 회사 직원들의 신용 등급을 평가하고 어떤 직원이 직장을 그만둘 것인지를 예측한다. 예를 들어 당신이 근무 중에 평소보다 더 자주 링크드인(LinkedIn, 비즈니스 전문 소셜네트워크 사이트 - 옮긴이)을 방문했다고 하자. 수많은 컴퓨터 알고리즘이 이를 당신이 새로운 일자리를 찾고 있다는 신호로 이해할 것이다. 그 뒤 이 정보를 포착한 헤드헌터들이 당신에게 전화를 걸어 새 직장으로 옮기라고 유혹의 손짓을 한다. 지금 다니고 있는 회사가 이 사실을 알게 되면 당신을 붙잡고 싶어 하는 상사와 연봉 협상 면담을 하거나, 아니면 하루아침에 쫓겨날지도 모른다.

당연하게도 돈을 벌 수만 있다면 누구에게나 이런 정보를 제공하는 회사들이 이미 곳곳에 생겨나고 있다. 수백만 개의 자료를 판매하는 인텔리어스(Intelius) 같은 도매상부터 몇 달러만 내면 원하는 사람의 집 주소를 찾아주는 스포키오(Spokeo.com)에 이르기까지 정보 판매상의 규모는 매우 다양하다. 하지만 중요한 것은 단지 돈으로 정보를 사고파는 회사가 아닌, 가지고 있는 정보를 이용해 사람들의 행동을 예측하는 회사의 등장이다. 예를 들어 구글이 처음 사업을 시작했을 때, 그들은 긴 웹페이지 목록도 없었고 광범위한 디렉터리를 갖추고 있지도 않았다. 그런 그들이 경쟁사들을 제칠 수 있었던 것은 아주 사소한 데이터로도 연관성 높은 검색 결과를 찾아낼 수 있었기 때문이다. 개인정보가 넘쳐나는 세상에서 차세대 구글이 되고 싶다면 그와 같은 방식으로 일해야 한다. 실제로 벤처 캐피털들은 2011년 한 해 동안에만 (주로 소비자에 관한) 거대한 데이터 세트를 조작하거나 처리하거나 저장하거나 판매하는 회사들에 24억 7,000만 달러를 투자했다.[1] 2013년에 이 액수는 무려 36억 달러까지 상승했다.[2]

평판은 기업과 직장인 그리고 그 외의 개개인의 삶에 매우 강력한 영향을 끼친다. 평판은 기업의 시장가치를 최대 75퍼센트까지 좌우한다.[3] 개인의 삶은 거의 100퍼센트에 가까울 것이다. 온라인 평판의 가치가 계속 증가한다면 미래에는 어쩌면 유명 SF 작가인 코리 닥터로(Cory Doctorow)의 《마법 왕국의 몰락 Down and Out in the Magic Kingdom》에서처럼 평판이 현금보다도 더 귀중해질지도 모른다. 그의 소설 속 마법 왕국에서는 돈 대신 평판을 기반으로 한 가상화폐 '우피(Whuffie)'를 사용하는데, 닥터로는 우피에 대해 이렇게 말한다.

"우피는 돈의 진정한 의미를 되찾아줄 것이다. 옛날에는 주변 사람들로부터 존경을 받는 사람들은 돈이 없어도 배를 곯지 않았다. 반대로 아무리 부자라도 남들로부터 미움을 받는다면 돈으로도 신변의 안전이나 평화를 살 수가 없었다. 돈을 진정으로 대표할 수 있는 것들을 숫자로 측정할 수 있다면—친구나 이웃 같은 개인적 자산—그 사람의 성공 여부를 정확하게 판단할 수 있다."[4]

당신이 어떻게 생각할지는 모르지만 이것은 그리 허황된 이야기가 아니다. 디지털이 발달한 오늘날, 우피는 빠른 속도로 현실화되고 있기 때문이다.

당신이 읽고 있는 이 책은 평판이 돈이나 권력보다 더 중요한 시대가 도래했을 때 '평판 부자'가 될 수 있는 방법을 알려줄 것이다.

평판경제에서 기회를 잡는 사람들

'평판경제' 사회란 우리의 평판이 순식간에 분석, 저장되고 그로 인해 특별 대우나 혜택을 받을 수 있는 세상이다. 평판경제에서는 평판을 현금처럼 사용할 수 있고, 담보로 삼을 수도 있으며, 이를 이용해 원래는 일말의 가망성도 없었던 거래를 성사시킬 수도 있다.

이 새로운 온라인 평판은 우리 삶의 모든 측면에 스며들 것이다. 가령, 당신이 생전 처음 어떤 호텔에 묵게 됐다고 하자. 정문을 지나 로

비에 들어서자 말쑥한 제복을 걸친 콘시어지가 다가와 상냥하게 인사를 건넨다. 그러고는 당신을 일반 접수 데스크가 아니라 VIP 전용 데스크로 안내하더니 다른 직원이 당신의 방 열쇠를 가져오는 동안 시원한 음료수를 대접한다. 음료를 홀짝이고 있는데 데스크 직원이 당신의 방을 무료로 도시 전경이 한눈에 내다보이는 전망으로 업그레이드해주겠다고 한다. 당신은 흔쾌히 좋다고 대답하지만 한 가지 궁금한 게 있다. "그런데 왜 방을 업그레이드해주는 거죠?" 그러자 직원은 컴퓨터가 당신의 온라인 댓글과 여행 기록을 분석한 결과, 브랜드 충성도와 정보 공유 점수가 높으며 앞으로도 수년 동안 그 점수가 유지될 것으로 예측된다고 말한다. 컴퓨터의 또 다른 예측에 따르면 업그레이드 서비스를 해줄 경우 당신이 앞으로도 이 호텔을 계속 이용할 가능성이 높아진다고 한다. 이 모든 정보는 당신이 호텔을 예약한 순간, 당신의 동의를 받거나 어떤 통보도 없이 자동적으로 처리돼 그 호텔의 프런트 데스크에 전송되었다.

온라인 평판은 호텔 방을 업그레이드하는 것 말고도 훨씬 많은 혜택을 가져다줄 수 있다. 한마디로 온라인 평판의 힘은 어마어마하다. 훌륭한 온라인 평판을 지녔다면 당신은 삶의 모든 분야에서 특별한 대우를 받을 수 있다. 어쩌면 그 이유도 모른 채, 때로는 그것이 특별 대우라는 사실조차 눈치채지 못한 채 말이다. 반면에 형편없는 온라인 평판을 지닌 사람들은 기회를 흘려보내고도 방금 자신이 기회를 놓쳤다는 것조차 알지 못한다.

뿐만 아니라 요령만 터득한다면 평판의 힘을 이용해 여러 관계를 유리하게 이끌 수 있다. 기존의 구직 방식은, 뭐라고 해야 할까, 그냥 구식이었다. 평판경제를 기반으로 한 사회에서는 자신의 평판을 신중하게 다듬고 관리하기만 하면 여러 회사에 지원서를 낼 필요도 없이 고용주들이 먼저 당신을 찾아와 일자리를 제안할 것이다. 당신이 아직 독신이고 연애 상대로서 긍정적 평판을 지니고 있다면(높은 소득과 지능, 그 외에도 다른 훌륭한 자질이 있다면 더욱 좋다) 온라인 데이트 사이트에 시간을 투자하거나 파트너를 찾아 술집을 기웃거리거나 몇 시간 동안 스마트폰 데이트 앱을 뒤질 필요도 없다. 근사한 상대가 알아서 먼저 당신에게 접근할 테니까 말이다. 재정 평판이 좋은 사람은 굳이 은행을 찾아가거나 대출업자에게 전화를 걸지 않아도 된다. 은행에서 특별 대우를 받으며 담보 없이 돈을 빌릴 수 있고, 서명만으로도 금리 우대를 받게 될 테니까 말이다.

물론 자신도 모르는 사이에 호텔의 VIP 고객이 되는 사람이 있는가 하면, 기회를 잃는 사람도 있을 터다. 또 훌륭한 평판 덕분에 꿈의 직장에 들어가게 된 사람이 있다면, 과거에 저지른 실수 때문에 평판이 좋지 않아 면접 기회조차 얻지 못하는 사람도 생긴다.

평판경제가 수십억 달러 규모로 급속히 성장한 이유는 평판이 화폐를 대체할 뿐 아니라 타인의 평판을 속속들이 파악한다는, 30년 전만 해도 상상조차 하지 못했던 이 행위가 거의 무한한 가치를 지니고 있기 때문이다. 간단히 말해 당신의 평판은 당신 자신은 물론 당신과 거래를 하는 사람들에게도 무척 중요하다. 보험사는 위험 부담이 큰 고객을 가려내기 위해 기꺼이 많은 돈을 투자하고, 임대인(과 이웃들)은 세입자가 계약서를 작성하기 전에 그가 시끄럽고 예의 없는 사람 블랙리스트에 올라있는지 알아보고자 상당한 액수를 지불할 것이다. 지금 이 순간에도 많은 소비자들이 아이폰이나 블랙베리의 평판 시스템에 돈을 지불하고 있다. 심지어 데이트체크(DateCheck) 같은 앱은 술집에서 만난 데이트 상대의 범죄 기록을 조회할 수 있도록 해준다(데이트 상대를 뒷조사해주는 이 앱의 슬로건은 '교제 전에 조사부터'이다. - 옮긴이).

훌륭한 온라인 평판을 지닌 전문직 종사자는 그렇지 않은 사람들보다 더 많은 일감을 얻을 수 있다. 스택 오버플로(Stack Overflow)나 코더월(Coderwall) 같은 사이트는 벌써부터 프로그래머들에게 평판 점수를 매기고 있다. 코더월은 여러 사이트에서 활동하는 프로그래머의 '성과'를 종합해 점수를 매기는데, 최상위에 랭크된 프로그래머들의 '순위표'도 제공한다. 이와 유사한 서비스를 제공하는 클라우트(Klout)는 사용자가 트위터 같은 SNS에서 얼마나 큰 영향력을 지니고 있는지를 알려준다. '클라우트 점수'는 지금도 이력서에서 지원자의 온라인 평판을 입증하는 참고 자료로 활용된다.

이런 식으로 데이터를 활용하는 것은 첨단 기술을 보유한 회사들뿐만이 아니다. 보험회사들 역시 페이스북을 통해 고객들의 보험료 지급 신청 사례를 조사한다고 인정한 바 있고,[5] 보험료 견적을 내기 전에 잠재고객들의 온라인 활동 내역을 토대로 등급을 매기는 프로젝트도 조용히 시험 운용 중이다.[6] 유명한 보험 전문 학술지는 사람들이 클릭하는 광고의 유형을 분석하면 개개인의 잠재 위험 요인을 파악할 수 있다고 설명했다. 당신과 비슷한 유형으로 광고를 클릭한 사람들의 보험 위험 부담이 낮다면 당신의 위험 부담 역시 낮게 평가되는 것이다.[7] 지금도 신용카드 한도액은 사용자의 소비 패턴을 기반으로 하는 예측 시스템에 따라 아무 경고도 없이 저절로 하향 조정된다.[8] 그러므로 온라인 활동이 신용 점수를 좌우할 날도 이제 머지않았다. 누군가 이렇게 평하지 않았던가? "만일 기타 연주자나 이혼한 부부가 신용카드 대금을 연체할 확률이 높다면, 데이터 통합 분석기는 당신이 기타 광고를 클릭하거나 이혼 전문 변호사에게 이메일을 보냈다는 사실 하나만으로도 당신의 신용 등급을 낮게 분류할 것이다."[9]

실제로 비자와 마스터 카드는 타깃 광고의 효과를 높이기 위해 고객들의 소비 성향을 분석하는 프로그램을 시험 운영 중이다. 한 보고서에 따르면 "이 프로그램의 궁극적 목표는 예를 들어 방금 패스트푸드점에서 신용카드를 사용한 사람에게 다이어트 상품 광고를 보여주었다면 그 사람이 해당 상품을 구입했는지 추적하는 것"이다.[10] 별로 놀라운 일은 아니지만 라스베이거스 카지노에서는 지나가는 행인들에 관해 알고 있는 정보를 토대로 맞춤형 인터랙티브 광고를 내보낸다.[11]

다이어트 광고 클릭과 대출 금리의 상관관계

이런 것들이 작용하는 원리는 뭘까? 예를 들어 당신이 어젯밤 늦게 인터넷을 서핑하다가 '일주일에 7킬로그램을 빼주는 신비의 식물 추출물'이라는 배너 광고를 봤다고 하자. '비포' 사진에는 배불뚝이처럼 통통한 나무토막이, '애프터' 사진에는 가늘고 호리호리한 막대기가 세워져있다. 호기심이 동한 당신은 그 광고를 클릭한다.

빅데이터의 세계에서 방금 당신은 앞으로 몇 주일 동안 다이어트 배너 광고만 보겠다고 선언한 셈이다. 당신이 그 광고를 클릭함으로써 웹브라우저가 다이어트 광고를 인식하게 만들었고, 그래서 한동안 어떤 사이트를 방문하든 다음과 같은 다이어트 광고를 봐야 할 것이다. '뱃살을 없애는 비결', '아즈텍의 놀라운 다이어트 비법', '다이어트업계가 당신에게 알려주지 않는 것들' 등등. 광고업체는 당신을 비롯해 무수한 사람들로부터 수집한 정보를 토대로 맞춤형 광고를 기획한다. 나뭇가지 사진을 이용한 '비포' 앤드 '애프터' 광고를 클릭하는 사람이 더 많은가, 아니면 예쁜 모델이 근사한 몸매를 뽐내는 광고를 클릭하는 사람이 더 많은가? 낮에 광고를 클릭하는 사람이 더 많은가, 아니면 한밤중에 클릭하는 사람이 더 많은가? 어떤 광고문이 적힌 랜딩 페이지(landing page, 외부 채널에서 광고를 클릭해 들어왔을 때 처음 보는 도착 페이지 - 옮긴이)의 판매량이 제일 높은가? 빅데이터의 세계에서는 컴퓨터가 만든 수백 가지 버전의 광고를 내보내 조회수와 판매량이 가장 많은 광고를 가려낼 수도 있다.

그런데 거대 분석이라는 새로운 세계는 그보다도 한 단계 더 나아간다. 평판경제에서 당신은 눈에 거슬리는 다이어트 상품 광고를 더많이 접할 뿐만 아니라, 광고를 클릭한 순간 당신의 평판 점수에도여러 모로 영향을 끼치게 된다. 정말로 상품을 구매할 의향이 있었든순전히 호기심 때문이든 혹은 실수로 손가락이 미끄러졌든, 일단 광고를 클릭한 순간 당신에게는 과장되고 허황된 광고(미안하지만 어떤마법의 식물 추출물로도 일주일에 7킬로그램을 뺄 수는 없다)에 혹하거나속기 쉽다는 평가가 내려지기 때문이다. 더 나아가서 애초에 한밤중에 인터넷 서핑을 한다는 자체가 불면증이 있거나 신체적 또는 정신적으로 건강하지 못하다는 판단을 초래할 수도 있다. 반면에 컴퓨터가 당신이 업무와 관련된 인터넷 서핑을 하고 있다고 믿을 근거를 발견한다면 앞서 이야기한 부정적인 평가를 상쇄시키거나 '성실근면'점수로 대체할 수도 있다. 그러나 너무나 당연하게도 평판 엔진은 당신이 심각한 체중 문제를 겪고 있다고 판단할 것이고, 따라서 당신의건강 점수는 곤두박질칠 것이다(혹은 컴퓨터가 사용하는 알고리즘에 따라 상품의 구매 효과가 별로 없더라도 당신이 이미지 개선을 위해 노력하고있다고 판단해 '자기계발' 점수를 추가할 수도 있다).

당신이 방문하는 사이트마다 비슷비슷한 광고가 따라다닌다는 것외에도 이런 점수는 당신의 삶에 어마어마한 영향을 미칠 것이다. 빅데이터 세계에서는 오직 광고회사만이 당신이 다이어트 상품에 관심이 있다는 것을 안다. 그러나 다가올 평판경제 사회에서는 다른 수많은 회사들과 개인들까지도 즉시 그 정보를 접하게 된다. 그러면 심지어 당신의 재정 상태에도 문제가 생길지 모른다. 안 그래도 허리띠를 졸라매고 살아야 하는데 한밤중에 인터넷 쇼핑을 즐긴다는 사실을 은행이 알게 된다면 저금리로 대출을 받기는 글렀다. 연애시장에서 잘나가고 싶다고? 행운을 빈다(다이어트 광고를 클릭한 당신은 뚱뚱하거나 자존감이 낮은 사람으로 보일 수 있다). 어쩌면 좋은 일자리를 얻을 기회마저 날아갈지도 모른다(장래 고용주 입장에서 한밤중에 과장 광고를 클릭한 당신은 충동적인 성격으로 보일 수 있다). 물론 냉정하게 볼 때 멍청한 배너 광고 한 번 클릭했다고 취직 기회를 놓칠 리는 없다. 그렇지만 사이비 과학 관련 광고나 뱀 오일 광고를 지나치게 자주 클릭한다면 당신도 모르는 사이 잠재 고용주가 사용하는 알고리즘이 수많은 지원서 중에서 당신의 이름을 자동으로 걸러낼지도 모를 일이다.

따로 말할 필요는 없겠지만 한밤중에 인터넷 서핑을 하는 습관은 평판경제에서 참고하는 유일한 데이터가 아니다. 당신의 친구와 동료, 고객, 거래처, 애인과 배우자 등 모든 사람들과의 상호작용이 전부 수집되고 분류되고 평가되고 점수로 변환되고 나아가 영구히 저장된다. 심지어 온라인 게임처럼 고립된 것처럼 보이는 환경에서도 데이터가 수집돼 당신의 평판 프로필에 통합될 것이다. 가령 당신이 '마인크래프트(Minecraft)'나 '월드 오브 워크래프트(World of Warcraft)' 등 온라인 게임에서 뛰어난 전략가로 활약하고 있다면 아직 적절한 활용 기회를 얻지 못한 전략적 사고의 소유자라는 평가를 받을 수도 있다. 반대로 이런 게임에서 자주 패한 뒤 욕설을 퍼붓거나 화를 내는 거친 플레이어라는 꼬리표가 붙는다면, 보험회사는 이렇게 쉽게 흥분하는 사람들은 '도로 폭행 사고'에 연루될 가능성이 높다고 판단해 자동차 보험료를 할인해주지 않을 수도 있다. 더구나 저장 매체의 가격마저 저렴해진 까닭에(2장에서 보게 되겠지만) 이 모든 데이터가 영구히 저장된다. 즉, 데이터 전문가들이 데이터를 분석할 참신한 방법을 고안해낸다면(3장에서 읽게 되겠지만 모든 징후가 곧 그렇게 될 것임을 말해주고 있다) 오늘 있었던 단 한 번의 마우스 클릭이 내일이면 어마어마한 파장을 불러일으킬 것이다.

'어디에 가든' 보이지 않는 눈이 따라다닌다는 말은 너무 추상적이고, 버거킹에 갈 때마다 다이어트 광고를 보게 된다는 것도 어떤 이들에게는 그저 귀찮게만 느껴질지 모른다. 그렇다면 보험회사가 그런 데이터를 이용해 당신의 기대 수명을 계산하고, 그에 따라 보험료를 책정한다면 어떨까?[12] 고용주가 당신을 고용하면 보험료를 얼마나 내야 하는지 알기 위해 그런 데이터를 조사한다면? 그 와중에 데이터가 잘못 해석되거나(당신은 버거킹에서 샐러드를 샀다) 오인되거나(어쩌면 친구나 길가의 노숙자에게 주기 위해 햄버거를 샀을지도 모른다) 또는 완전히 틀렸다면(신용카드를 도난당했어!) 어떨까? 만약 이런 데이터가 목적에 상관없이 무조건 높은 값을 부르는 사람에게 팔린다면?

안면 인식 기술이 고도로 발달해 공공장소에 설치된 카메라로 반전 시위에 참가하거나 인공수정 전문병원에 출입하는 사람들, 게이 퍼레이드에 참여한 사람들의 신원을 추적할 수 있다면 어떨까? 아니면 토요일 밤에 술집에 죽치고 앉아있는 사람들의 이름을 알아낼 수 있다면? 이런 데이터를 수집할 수만 있다면(곧 그렇게 되겠지만) 누군가 그것으로 돈을 벌 방법을 찾아내리라는 사실은 자명하다. 페이스북이 현대 사회의 스토킹 도구라고? 그렇다면 좋든 싫든 당신의 일거수일투족을 감시하고 분류하는 사이트가 있다고 상상해보라. 현존하는 법률로는 그것을 막을 도리가 없다. 데이터 유통자들은 표현의 자유를 보장하는 수정헌법 1조의 권한을 마음껏 누릴 것이다.[13] 공공장소에서 개인의 행동을 기록하는 행위 또한 법적으로는 아무 문제도 없다. 다른 사람이 볼 수 있는 열린 공간에서는 일반적으로 '사생활의 보호'를 기대할 수 없기 때문이다. 따라서 미래의 법 체제는 디지털 스토킹을 어느 수준까지 허용할 것인지 결정해야 할 것이다.

이른바 빅데이터가 방대한 양의 데이터를 수집할 수 있게 한다면, 거대 분석은 기업이나 개인이 그런 데이터를 당신 삶의 모든 분야에 영향을 끼칠 수 있도록 사용하게 한다. 그나마 다행인 것은 당신 자신의 평판을 신중하게, 때로는 놀라운 방식으로 관리한다면 그러한 결정에 어느 정도 영향력을 행사할 수 있다는 것이다. 새로운 평판경제의 사회에서 현명하게 살아가는 방법을 배운다면, 당신은 평판이 가장 중요한 자산인 세상에서 진정한 부자가 될 수 있다.

평판경제가 가져올 나쁜 소식과 좋은 소식

평판의 상업화는 새로운 평판경제 사회의 단면에 불과하다. 평판경제에서 정부와 기업은 온갖 형태의 평판을 수치화하고 판매하여 그것으로 이익을 얻기 위해 매진할 것이다. 평판은 화폐화할 수 있는 원자재와 같다. 평판은 상품화되고, 수집되고, 정제되고, 부패하고, 악화되고, 분쟁을 일으키고, 교환되고, 매매되고, 재포장되고, 저장되고, 의도치 않은 방식으로 이용될 것이다. 사막 아래 묻힌 석유를 찾는 여정이 현 중동의 정치와 역사를 구축한 것처럼 평판을 둘러싼 갈등은 새로운 세계를 형성하게 될 것이다. 평판 엔진이 데이터를 중심으로 형성된다면, 희소 자원의 분배를 놓고 분쟁이 일어났듯 데이터 통제권에 대한 분쟁이 발생할 것은 불 보듯 뻔한 일이다.

이런 갈등을 피할 길은 없다. 오늘날 컴퓨터 기술은 이미 우리가 따라잡기 힘들 정도로 급속하게 발전하고 있고, 매초마다 어떻게 다뤄야 할지도 모를 신기술이 탄생하고 있다. 첨단 기술이 도덕과 윤리, 나아가 사회 전체를 붕괴시킬지도 모른다는 두려움은 늘 있어왔지만 평판과 첨단 기술의 관계는 유독 개인적이다. 현대의 첨단 기술은 우리 삶에서 가장 친숙하고 사적인 부분에까지 영향을 끼치며 때로는 진실로 내밀한 부분을 건드리기도 한다. 하지만 그보다 더 두려운 점은 이 거대한 시스템이 우리 눈에 보이지 않는 곳에서 끊임없이 점수를 매기고 있다는 것이다. 아니, 평판 점수는 둘째 치고 도대체 어떤 정보가 수집되고 있는지조차 알지 못한다. 따라서 잘못된 정보가 하나만 섞여들어가도—사실이 아닌 정보, 나쁜 소문, 컴퓨터 에러 등—자신도 모르는 사이 끔찍한 피해를 입을 수 있다. 당신은 평판 때문에 차별 대우를 받고 있다는 사실을 눈치챌 수조차 없다. 꿈의 직장으로부터 면접을 보러 오라는 전화도 오지 않고, 매치닷컴 (Match.com)은 파트너에게 아예 당신의 프로필을 보여주지 않을 것이며, 당신의 사업에 투자를 하겠다고 나서는 엔젤 투자가도 나타나지 않을 것이다. 그리고 당신은 자신이 이 모든 기회를 놓쳤다는 사실을 평생 알지 못할 것이다.

하지만 나쁜 소식만 있는 것은 아니다. 나쁜 평판이 당신을 투명인간으로 만든다면, 좋은 평판은 새로운 기회와 혜택을 얻을 수 있는 티켓이 되어준다. 전 세계 어디로든 순식간에 정보를 전달할 수 있는 인터넷 덕분에 수천 킬로미터 떨어진 지구 반대쪽에서도 일생일대의 기회가 날아든다. 뿐만 아니라 평판경제에서 좋은 평판은 일종의 '탈매개체'로 기능할 것이다. 무언가를 하기 위해서 반드시 통과해야 하는 관문과 문지기를 제거함으로써 모두에게 평등한 기회를 제공하는 것이다. 그 결과, 흔히 볼 수 있는 평범한 사람이라도 근사한 목소리를 지녔다면 유튜브 채널을 통해 이름을 날려 수백만 달러짜리 음반 계약을 맺을 수도 있고, 스포츠 천재가 좋은 평판 하나만으로 다른 나라의 유명 프로 팀과 계약을 맺을 수도 있다. 일례로 노르웨이 출신의 하버드 러글란드(Havard Rugland)를 보라. 그는 미국에 단 한

번도 가본 적이 없었지만 그가 미식축구 공을 자유자재로 다루는 영
상을 유튜브에 올려 유명해지자 그를 알아본 디트로이트 라이언스와
계약을 맺었고, 이후 그는 미국으로 건너와 프리시즌 게임에서 두 번
의 필드골을 성공시켰다.

훌륭하고 적절한 평판을 널리 퍼트린다면 천하를 쥘 수도 있다. 컴
퓨터 알고리즘은 수천 수만 개의 지원서 중에서 곧장 당신의 이름을
뽑아낼 것이고, 은행과 대부업체들은 너 나 할 것 없이 낮은 금리와
우대 상품을 제시할 것이다. 틴더(Tinder)와 매치닷컴, 오케이큐피드
(OkCupid) 같은 데이트 사이트나 앱은 파트너에게 당신의 프로필을
가장 먼저 추천하고, 당신이 운영하는 오프라인 또는 디지털 상점에
는 늘 고객들로 북적일 것이다.

다음 장에서는 평판경제의 성장이 의미하는 바를 알아보고 그것을
어떻게 유리하게 활용할 수 있을지 알아보자.

지금부터 당신은 평판을 다듬고 가꿔 평판경제의 이점을 누리
는 방법을 배울 것이다. 우리는 당신에게 수백만 레퓨테이션닷컴
(Reputation.com) 이용자들이 자신의 삶을 바꿀 수 있었던 비결을, 다
시 말해 고용주와 은행, 보험회사와 투자가 등 온갖 분야의 사람들에
게 당신을 더욱 매력적으로 보이게 할 온라인 평판을 기획하고 관리
하는 법을 알려줄 것이다. 이력서와 업무 평가, 링크드인 프로필에 어
떤 핵심어를 넣어야 당신의 이름이 채용 담당관과 잠재고객들의 최
상위 검색 결과에 올라가고, 온라인과 오프라인 활동을 어떻게 관리

해야 당신에 대한 보험회사의 위험 평가도를 낮출 수 있을지(그래서 보험료를 낮출 수 있을지) 알려줄 것이다. 또 사업을 시작하는 데 필요한 벤처 자금을 모으거나 투자가로부터 저금리로 돈을 빌리고, 구글이나 마이크로소프트 같은 대기업의 주목을 끌 수 있는 방법을 귀띔해 줄 것이다. 뿐만 아니라 디지털 세계에 가짜 흔적을 뿌리고 연막을 피워 부정적인 정보나 원치 않는 인상을 줄 수 있는 자료를 감추는 법도 가르쳐줄 것이다. 디지털 세계에 이미 뿌려져있는 흔적, 즉 정보를 지울 수 있는 방법은 없다. 하지만 적어도 사람들의 눈에 띄지 않게 교묘한 솜씨로 살짝 감출 수는 있다. 또한 이런 기술을 활용해 미래의 직원이든 투자가든 혹은 데이트 상대든 남들의 평판을 평가하는 방법에 관해서도 알려줄 것이다. 간단히 말해 당신은 온라인 평판이 지갑 속 현금만큼이나 중요한 세상에서 '평판 부자'가 되는 방법을 배울 것이다.

새로운 디지털 세상에서는 오직 준비된 자들만이 온라인 평판을 이용해 돈을 벌고 부자가 될 수 있다. 그렇지 않은 자들은 영문도 모른 채 하릴없이 뒤처질 것이다. 당신은 어느 쪽인가? 준비된 사람인가, 아니면 무지한 사람인가?

2장

디지털 세계의 발자국은
지워지지 않는다

– 모든 것이 저장되는 사회

디지털 저장 혁명이 가져온 가장 명백한 결과는

평판의 오점 역시 영원토록 남게 될 것이라는 점이다.

이 왕국에서는 단 한 번의 실수도 당신을 영원히 따라다니게 된다.

요즘 그렇지 않은 게 어디 있는가?

고객에게 말실수를 했는데 그 영상이 유튜브를 돌아다닌다고?

자기 가게의 사이트에 직접 후기를 올렸다가 들킨 적은 없는가?

가장 최악의 경우는 데이터가 너무 오래 보존되는 나머지

심지어 당신이 저지르지도 않은 실수 때문에

당신의 온라인 평판에 금이 갈 수도 있다는 것이다.

　미래의 평판경제에서는 일단 디지털 세계에 한번 편입된 정보는 아주 저렴한 가격으로 거의 영구히 저장된다. 실제로 디지털 데이터의 저장 비용은 소량일 경우 무료일 때가 많고 대용량일 경우에도 매우 저렴하다. 게다가 저장 방법은 또 얼마나 간편한지 모른다. 옛날에는 방대한 데이터베이스를 구축하는 데 크고 무거운 하드웨어와 전문 지식이 필요했다면, 요즘에는 '클라우드(cloud, 인터넷을 사용해 원격으로 접근할 수 있는 온라인 저장 및 정보처리 기능 - 옮긴이)'라는 것이 있어 굳이 컴퓨터에 박식할 필요도 없다(심지어는 컴퓨터도 필요 없다. 스마트폰만 있으면 삽시간에 뚝딱이니까). 그 결과 데이터의 대량 저장은 더 이상 CIA나 NSA 같은 정부기관만의 전유물도 아니고, IBM이나 SAP 같은 거창한 첨단 기업의 영역도 아니다. 아마존 계정만 있으면 누구나 무한하게 데이터를 저장할 수 있고, 은행에서부터 소매상,

집 앞의 조그만 식료품점에 이르기까지 다양한 규모의 사업체도 꾸릴 수 있다. 그러니 오늘날 인터넷 서핑에서 신용카드까지 전자 기기를 활용하는 모든 행위가 영구히 기록되고 저장되는 것도 어찌 보면 당연하다.

그렇다면 컴퓨터의 메모리 저장 능력은 어디까지 발전했을까? 이 문제에 관해서는 우주공학자들이 가장 잘 알 것이다. 이것은 결코 농담이 아니다. 우주탐사선 보이저 1호는 인간이 만든 물체 중 최초로 태양계 밖으로 진출했다. 1977년에 발사된 보이저 1호는 2012년 혹은 2013년에—태양계의 끝을 어디로 보느냐에 따라 달라질 수 있겠지만—태양계 밖으로 벗어났다. 보이저 1호에는 당시로써 최신형 컴퓨터 여섯 대가 설치되었는데, 이 컴퓨터에 장착된 메모리의 총 용량은 68킬로바이트였다. 그런데 2013년에 출시된 아이폰 5S의 가격은 이 우주선 컴퓨터의 수백분의 1에 불과하고 크기 역시 주머니에 들어갈 정도로 작지만, 메모리 용량은 우주선 컴퓨터의 98만 6,000배에 이른다.

펀치카드에서 7세대 아이팟 나노까지

디지털 데이터 혁명의 시초는 1890년 미국 통계국으로 거슬러 올라간다. 당시에 미국은 10년마다 인구 통계조사를 실시했는데 수집한 자료를 정리하고 통합하는 데에만 자그마치 8년이 걸렸다. 즉, 다음번 조사에 착수할 준비를 할 즈음에야 최종 계산이 끝났다는 이야기다. 조사원들은 집집마다 문을 두드리며 종이에 거주자의 이름을 적어내려갔고, 이렇게 수집된 자료는 모두 거대한 중앙 센터에서 취합되었다. 나름 유용한 방식이긴 했지만, 통계학자인 허먼 홀러리스(Herman Hollerith)가 손으로 쓴 세대 정보를 펀치카드(punch card, 정보의 검색, 분류, 집계를 위해 일정한 자리에 몇 개의 구멍을 뚫어 짝 맞춤으로 숫자, 글자, 기호를 나타내는 카드 - 옮긴이)로 대체하자는 아이디어를 내놓으면서 모든 것이 급변했다. 홀러리스가 의견을 내기 전까지만 해도 펀치카드는 천을 짤 때나 사용하는 것이었다. 하지만 인구 통계조사의 지지부진함에 지쳐있던 정부는 1890년 홀러리스에게 통계조사 직무를 일임했고, 이 같은 새로운 아이디어는 그가 이 일과 관련된 경험이 전무했음에도 불구하고 예상했던 것보다 훨씬 좋은 결과를 이끌어냈다. 펀치카드는 자료 처리 기간을 8년에서 1년으로 단축시켰다. 인간의 삶을 한 장의 펀치카드로 압축할 수 있다는 사실은 한 세기 뒤에 도래할 디지털 데이터 혁명에 대한 예언이었다. 그 결과 홀러리스는 회사를 창립하기에 이르렀는데, 후에 IBM이 된 이 회사는 약 8년 동안 펀치카드를 제작하며 초기 컴퓨터 시장을 지배했다.

1960년대까지 '홀러리스 카드'라고도 불리던 이 펀치카드는 최첨단 디지털 데이터 저장 시스템이었다. 어찌나 다양한 용도로 사용되었는지 버클리대 학생들이 '접거나 휘거나 훼손하지 마시오'라고 적힌 배지를 달고 다닐 정도였다. 그것은 식당에서 주문 용지를 끼우는 회전판에 IBM 펀치카드를 찔러넣어 훼손하는 것을 방지하는 경고 문구였다. 샌프란시스코 만 건너편에 살았던 반체제주의자 스튜어트 브랜드(Stewart Brand)는 가장 아이러니한 방법으로 펀치카드를 사용한 것으로 유명한 인물이다. 1968년 브랜드는《지구 백과*The Whole Earth Catalog*》라는 책을 출간했다. 이 책은 420쪽이 넘는 일종의 '백과 사전'으로, 표지에는 우주에서 내다본 지구 사진이 실려있었다(브랜드가 직접 NASA를 구슬려 공짜로 배포하게 만든 사진이었다). 간단히 말해 《지구 백과》는 아크 용접기에서부터 측지선 돔(geodesic dome), 홍합 양식장의 인(燐) 성분 유입에 대한 수학적 예측과 수도원의 장례 식 절차에 이르기까지 자연 친화적이고 지속 가능한 삶을 영위하는 데 필요한 물품과 정보로 구성된 광범위한 설명서였다.

그의 책에는 컴퓨터가 사라진 후 문명 세계를 유지하는 데 필요한 모든 정보가 나열되어있었지만, 재미있게도 브랜드는 책의 유통과 배급을 관리하기 위해 IBM 펀치카드를 사용했다. 구독자 전원에게 카드를 한 장씩 배정한 것이다. IBM 카드는 수천 명의 구독자를 재빨리 분류하고, 우편용 라벨과 송장을 인쇄하였으며, 구독자 명단의 사본을 만들 수 있게 해주었다. 브랜드는 당시에 꽤 유명한 미래학자였다. 그는 대용량 디지털 데이터의 저장이 가능해진다면 정보와 정보 처리 능력에 대한 접근 역시 더욱 널리 대중화될 것이라고 믿었다.

브랜드의 평판을 드높이는 데 가장 큰 역할을 한 것은 1984년에 열린 컨퍼런스일 것이다. 컨퍼런스에 참가한 그는 애플의 공동 창립자인 스티브 워즈니악(Steve Wozniak)에게 그 유명한 "정보는 자유로워지기를 원한다"는 말을 했다. 브랜드의 이 발언은 곧 기술자유주의의 핵심 원리로 발전했고, 초기 인터넷 사용자들을 규정지었으며, 오늘날 만연한 데이터 수집 문화를 고취시켰다.

이제 15년 뒤로 가보자. "정보는 자유로워지기를 원한다"는 브랜드의 발언은 스탠퍼드 대학생인 세르게이 브린(Sergey Brin)과 래리 페이지(Larry Page)의 구글 설립 강령인 "전 세계의 정보를 체계화해 누구나 자유롭게 접근하고 유용하게 사용할 수 있게 한다"로 이어진다. 정보는 스스로 자유로워지기를 원한다는 브랜드의 발상은 이처럼 데이터 공유의 발판을 마련해주었다. 브랜드의 철학 덕분에 《지구 백과》에 실린 사소한 사실들은 이 세상과 개개인에 대한 온갖 자료로 확장되었고, 이는 곧 '정보에 대한 무한한 접근권'이라는 개념으로 발전했다.

브랜드의 생각은 옳았다. 하지만 펀치카드에는 문제점이 있었다. 자료가 계속 축적되면서 어마어마한 공간이 필요해진 것이다. 1959년의 연방정부 기록관리보관소 사진을 보면 창고 가득 목재 팔레트가 층층이 쌓여있고 각각의 팔레트에는 45개의 펀치카드 상자가 차곡차곡 쟁여져있다. 4.3기가바이트의 정보가 미식축구 경기장만 한 창고를 가득 메우고 있는 것이다.[1] IBM에는 커다란 자기 디스크 50장에 데이터를 보관하는 '350 디스크 저장 시스템'이 있었다. 크기는 대형 냉장고만 하고, 무게는 1톤이 넘었으며, 저장 용량은 약 4메가바이트였다. 요즘이면 고화질 사진 한 장이나 노래 한 곡을—그것도 중간 음질로—겨우 저장할 수 있는 용량이다. 이런 저장 시스템의 가격이 당시 100만 달러, 임대료는 월 3,200달러였다(지금 가치로 따지면 월 2만 7,000달러 정도다).

하지만 IBM은 최초의 디스크 드라이브 제품을 출시하는 동시에 한편으로는 그것의 가장 큰 경쟁 상품을 업그레이드하고 있었다. '727 오픈릴(reel to reel) 테이프 시스템'은 당대 컴퓨터 기술의 상징이다. 727 테이프 시스템은 말하자면 우리가 아는 카세트테이프와 똑같은 자기테이프에 데이터를 저장한다(1980년대 이후에 태어난 세대를 위해 설명하자면, 카세트테이프는 아이팟이나 CD가 발명되기 전에 사용하던 휴대용 음악 저장장치다).

IBM의 테이프 시스템은 빙빙 돌아가는 거대한 디스크(정보에 빨리 접근할 수 있다는 장점을 지닌) 대신에 긴 자기 테이프에 데이터를 저장했다. 테이프의 장점은 단순하다. 저장 용량은 테이프의 길이에 따라 결정된다. 정보가 너무 많아 테이프가 길어지면 그저 릴을 바꿔 끼우기만 하면 된다. 단점이 있다면 긴 테이프 릴에서 특정 데이터를 찾아내려면 몇 분에서 때로는 몇 시간까지 다소 긴 시간이 걸린다는 것이었다. 따라서 테이프 저장 시스템은 속도는 느리지만 저장 용량에 있어서는 확실히 우위를 차지할 수 있었다. 예를 들어 IBM의 경쟁사인 스토리지텍(StorageTek)이 제공하는 가장 작은 상업용 테이프의 저장 시스템은 1,448개의 카트리지를 사용하는데, 1.4페타바이트의 데이터를 저장할 수 있다(1페타바이트는 1,024테라바이트로, 1,048576기가바이트, 1,576,000,000,000,000바이트와 같다). 가장 유명한 스토리지텍 시스템은 457페타바이트를 저장할 수 있으며, 이는 미국에 거주하는 모든 사람들에게 각각 1.5기가바이트 이상의 저장 공간을 할당할 수 있는 양이다. 이것이 저장 매체 하나의 용량이다. 만약 상상하기 힘들 정도로 어마어마한 양의 데이터를 보관하고 싶다면 몇 개의 매체를 연결해 한꺼번에 사용할 수도 있다.

그러나 테이프 시스템은—그리고 그보다 큰 하드 드라이브 팜 역시—크고 무겁고 복잡했다. 여기에는 특수한 전력 시스템과 서버, 소화 설비가 필요했으며 냉각 시스템과 케이블 때문에 이중 마루를 설치해야 했고, 시스템을 설치할 일꾼들도 고용해야 했으며, 때로는 특별 허가도 받아야 했다. 테이프 보관소는 외관상으로도 형편없었다.

무게는 자그마치 6,860킬로그램으로 자칫하면 건물 한 채를 무너뜨릴 수도 있었고, 이 엄청난 무게를 지탱하는 바닥이 꺼지지 않게 하려면 특수 설계가 필요했다. 게다가 시간당 13킬로와트의 폐열(廢熱)을 배출한다. 가스난로를 하루 종일 최대치로 켜놓을 때보다도 더 많은 열이 발산되는 셈이다.

데이터 저장 시스템이 얼마나 급속도로 발전했는지 오늘날 가장 흔하고 잘 알려진 제품 중 하나와 비교해보자. 7세대 아이팟 나노는 크기와 기능 모든 면에서 창의적인 직사각형의 음악 플레이어다. 조금 두껍고 큰 손목시계만 한 크기에 무게는 겨우 31그램, 완전히 충전한 상태에서 24시간 연속 재생이 가능하고 약 16기가바이트의 음악을 저장할 수 있다. 16기가바이트면 146미터(엔드존까지 포함한 미식축구 경기장과 비슷한 길이다)짜리 책장에 담긴 내용을 모조리 담을 수 있는 용량이다. 이런 물건을 2013년 기준으로 149달러면 구매할 수 있는데, 미국에 거주하는 모든 인구의 주소와 전화번호를 저장하고도 노래를 넣고도 저장 공간이 남는다.

하지만 손목시계 크기의 아이팟도 저장 용량에 있어서는 최첨단과 거리가 멀다. 요즘 저장 매체는 어디서든 쉽게 구할 수 있고 노트북과 데스크톱 컴퓨터에 연결하는 외장 하드 드라이브의 경우 용량은 몇 테라바이트가 훌쩍 넘으며(가격은 아이팟 나노 128기가 정도) 크기는 트럼프 카드 한 벌과 비슷하다(발전 속도로 유추해보면 얼마 안 가 셔츠 앞주머니에 들어갈 정도로 작아질 것이다). 1테라바이트 디스크 드라이브에는 나무 5만 그루만큼의 종이와 맞먹는 정보를 담을 수 있다. 2테라바이트면 일반적인 학술 도서관을 통째로 저장할 수 있다. 그리고 아마존 계정만 있으면 누구나 바로 구입할 수 있는 5테라바이트 디스크 드라이브는 미국 국민 한 사람당 1만 7,500바이트의 정보를 저장할 수 있다. 그 정도면 미국 국민 전체의 페이스북 프로필 사진과 과거 및 현재 주소를 담고도 공간이 남는다. 단돈 200달러면 이런 저장 매체를 금방 손에 넣을 수 있고, 지난 30년 동안의 추세대로라면 가격은 앞으로도 계속 떨어질 것이다.

더욱 놀라운 점은 이런 어마어마한 용량이 우리처럼 평범한 사람들이 소유한 데스크톱 컴퓨터로도 쉽게 처리할 수 있는 수준이라는 것이다! 온갖 크고 작은 사업체들도 이른바 '클라우드'를 이용해 거의 공짜나 다름 없는 가격으로 기하급수적으로 늘어나는 방대한 양의 데이터를 저장할 수 있다. 아마존닷컴이라는 온라인 기업 덕분에 전 세계 어디에 있는 회사도, 신용카드나 비트코인(bitcoin)을 갖고 있는 개인도 이제는 클릭 한 번으로 대용량 저장 시스템을 개설할 수 있다. 특수 제작한 서버룸도 필요 없고 이케아를 무색케 하는 조립 설명서나 지게차도 필요 없다. 그저 신용카드만 있으면 집 근처 커피숍에 가는 것보다도 더 짧은 시간 안에 테라바이트 이상을 보관할 수 있는 당신만의 저장 공간을 가질 수 있다.

디지털 데이터 혁명, 모든 것이 저장되는 사회

이 모든 일의 시초는 2006년으로 거슬러올라간다. 당시 아마존닷컴의 CEO 제프 베조스(Jeff Bezos)는 회사를 성장시켜야 한다는 투자가들의 압박에 시달리고 있었다. 베조스는 상품을 포장해 전국으로 배송하는 사업 방식이 사실상 한계에 이르렀음을 알고 있었다. 소비자들이 온라인으로 물건을 주문하는 양에는 한도가 있었기 때문이다. 다행히 남아프리카 공화국의 아마존 기술팀은 컴퓨터 서버를 활용해 초당 수백 개의 주문을 동시 처리하는 기술을 개발했고, 덕분에 아마존은 웹사이트 운영에 사용되는 컴퓨터의 수를 줄일 수 있었다 (수백만 개에 달하는 상품들과 초당 2,750달러씩 생성되는 매출 때문에 아마존은 막강한 데이터 처리 능력이 필요했다). 이로써 상당한 비용을 절약하게 된 아마존은 컴퓨터 시스템을 더욱 확장할 수 있었다.

베조스는 이 기술에 엄청난 가치가 있음을 깨달았다. 자사의 비용을 줄일 수 있을 뿐만 아니라 다른 회사에도 도움을 줄 수 있음을 알게 된 것이다. 문제가 있다면 아마존은 소프트웨어 회사가 아니라는 점이었다. 소프트웨어 사업에 섣불리 뛰어들었다가는 소비자 규모에 의존하는 아마존의 핵심 사업 모델과 충돌할 수도 있었다. 게다가 이 소프트웨어는 '앱스토어' 같은 곳에 올려 사람들이 자유롭게 내려받도록 할 수도 없었다. 수백 대의 컴퓨터가 연결된 대규모 '클러스터'가 있어야 사용할 수 있는 기술이었기 때문이다.

그렇지만 베조스는 불가능에 도전하는 인물이었고, 곧 두 가지 문제(사업 성장에 필요한 대량 판매 시장과 주문형 소프트웨어를 판매할 시장)를 동시에 해결할 수 있다는 사실을 깨달았다. 그는 (주변의 도움을 받아) 아마존의 컴퓨터 연산능력(EC2, Elastic Computing Cloud)과 온라인 저장 공간(Simple Storage System, 줄여서 S3)을 대여한다는 발상을 내놓았다. 즉, 아마존 계정을 갖고 있거나 아마존에 접속할 수 있다면 아마존 서버팜에 지시를 내려 '클라우드'에 데이터를 저장하거나 그 데이터를 처리할 수 있도록 한 것이다. 다시 말해 아마존은 이 새로운 소프트웨어로 대량의 컴퓨터 연산능력이 필요하지만 구매하고 싶지는 않거나 자신의 하드웨어로는 이를 감당할 수 없는 고객들을 끌어모았다. 어느 논평가의 말을 빌리자면 이 근사한 계획은 말하자면 월마트가 그들의 전설적인 유통 센터와 물류 체제를 대여해 다른 소매업자들이 화장지에서 백신, 자동차 부품에 이르기까지 무엇이든 유통할 수 있게 만든 것과 흡사했다.

물론 공간이 있어봤자 그것을 채울 데이터가 없다면 무의미하다. 영화 〈꿈의 구장Field of Dreams〉에서 나온 "그것을 지으면 그들이 올 거야"라는 유명한 대사처럼 일단 공간을 만들어놓자 정말로 사람들이 몰려왔다. 그리고 그들은 공간을 채우기 시작했다. 2013년 초반 아마존 S3 서비스에 저장되어있는 '오브젝트(ojbect)'—파일이나 데이터베이스—의 개수는 2조 이상이다. 넷플릭스(Netflix) 같은 거대 기업부터 헤로쿠(Heroku) 같은 작은 신생 기업에 이르기까지 고객들의 범위도 아주 다양하다. 넷플릭스는 아마존 S3로 1만 7,000개가 넘는 스트리밍 영상을 보급하고, 헤로쿠는 그들만의 데이터센터를 구축하고 엔지니어 팀을 고용해 직접 무거운 하드웨어를 운용할 때와 비슷한 업무들을 처리한다.[2] S3와 EC2는 데이터의 저장과 접근에 있어 작은 혁명이나 다름없었다. 하지만 여기에 드는 비용이 비교적 비싼 편이었으므로 아마존은 이 문제를 해결하기 위해 2012년 '글래시어(Glacier)'라는 무료 데이터 저장 공간 서비스를 출시했다. 다만 약점이 있다면 특정 파일에 접속할 때 다소 시간이 걸릴 수 있다는 점이었는데, 실제로 사용자들의 보고에 의하면 네 시간까지도 지체될 수 있었다. 아마존은 글래시어 서비스를 매월 기가바이트당 0.01달러라는 파격적인 가격으로 판매했다. 쉽게 말해 앞에서 말한 아이팟에 상응하는 저장 공간을 한 달에 약 16센트로 사용할 수 있다는 이야기다. 몇몇 고객은 여전히 비싸다고 불평했지만, 5테라바이트를 저장하는 데 한 달에 50달러면 나쁘지 않은 가격이다. 5테라바이트면 남녀노소할 것 없이 미국에 살고 있는 모든 사람들의 작은 사진이나 지금까지 접수된 모든 세금 신고서를 저장할 수 있다.

아마존 글래시어는 믿기 힘들 만큼 저렴한 가격으로 대량의 데이터를 저장할 수 있는 수많은 서비스 중 하나일 뿐이다. 예를 들어 이 글을 쓰고 있는 지금도 드롭박스(Dropbox)는 모든 사용자에게 2기가바이트의 무료 저장 공간을 제공하고 한 달에 10달러를 내면 100기가바이트를 추가로 제공한다(기가바이트당 0.10달러). 또 구글 드라이브

(Google Drive)는 지메일 피카사(Gmail Picasa)와 다른 구글 사용자들에게 사진과 이메일을 저장할 수 있는 15기가바이트를 공짜로 제공한다. 야후(Yahoo)가 소유하고 있는 유명한 사진 공유 사이트 플리커(Flickr)는 계정 하나당 1테라바이트를 제공하는데, 이는 보통 화질의 사진을 60만 장이나 저장할 수 있는 용량이다. 그리고 이런 무료 저장 공간의 규모는 나날이 증가하고 있다. 지메일 홈페이지에 설치된 카운터는 구글의 무료 저장 용량이 계속해서 증가해왔으며, 2012년에는 지금의 3분의 1 수준인 5기가바이트에 불과했음을 보여준다.

이 모든 저장 공간의 총량이 얼마나 어마어마할지 생각해보라. 2007년 초반 전 세계의 총 디지털 데이터 저장 용량은 자그마치 2,950억 기가바이트였다.[3] 한 학자는 이렇게 표현하기도 했다. "이 모든 정보를 모아 책으로 출간한다면 그 책으로 미국이나 중국 본토를 가득 메우고도 13단으로 쌓아올릴 수 있다."[4]

요약하자면 오늘날 기업들은 아이팟의 몇십 분의 1도 안 되는 비용으로 당신에 관한 거의 모든 데이터를 저장할 수 있다. 당신이 클릭한 배너 광고에서부터(하루 중 언제 어떤 사이트를 방문했고 해당 상품을 구입했는지) 도로 통행료 지급 내역(자동차를 운전하는 한 실질적으로 방문했던 모든 장소를 추적할 수 있는), 신용카드 사용 내역과 페이스북에 올린 사진 한 장(당신이 올린 사진이든 당신 친구가 올린 사진이든)까지도 말이다.

마음대로 가져가시오

데이터 저장 가격의 추락이 가져온 진정한 의미는 데이터를 삭제하는 것보다 저장하는 편이 더 쉽고 저렴하다는 것이다. 데이터의 삭제 여부를 선택할 때는 아주 어려운 결단이 필요하다. '지금 삭제했다가 나중에 필요해지면 어떻게 하지?', '이게 실은 중요한 데이터라면 어떻게 하지?', '실수로 고객의 주문을 삭제하면 어떡하지?' 이런 걱정들을 뒤로하고 일단 데이터를 삭제하기로 결정하면 컴퓨터 프로그래머나 데이터베이스 엔지니어들은 이에 필요한 조치를 취해야 한다. 이상적으로야 어떤 데이터베이스든 완벽한 설계 구조를 갖추고 있어 오래된 데이터를 간단히 삭제할 수 있어야 하지만, 현실적으로는 그런 문제를 간과하기가 쉽다. 만일 구조가 복잡하다면 낡은 데이터와 새로운 데이터를 구분하고 불필요한 것을 추려내는 데만도 수십 시간 혹은 그 이상이 걸릴 수도 있다.

이런 복잡한 데이터베이스를 다룰 수 있는 유능한 프로그래머를 고용하려면 시간당 100달러 이상은 줘야 하고, 시간의 흐름과 비례해 비용은 더욱 늘어난다. 예를 들어 당신이 고객이 수천 명쯤 되는 작은 웹사이트를 운영하고 있다고 하자. 이런 경우 데이터베이스를 낱낱이 분석해 옛 기록을 지우는 방법을 알아내는 데만도 10시간(데이터베이스가 잘 정돈되어있다는 가정 하에)은 족히 걸린다. 이럴 경우 기회비용이나 추가로 들어가는 시간은 둘째 치고라도 프로그래머에게 지급해야 하는 비용만 최소한 1,000달러가 든다. 여기에 백업 테이프나 오프라인 복사본이 없다면 이 프로젝트에 드는 시간은 한없이 늘어날 수도 있다. 페이스북은 여러 개의 서버팜에 수십조에 달하는 기록들이 저장되어있는데, 이 데이터베이스 구조를 아주 조금만 바꿔도 수십만 달러가 지출된다.

얼마 전까지만 해도 데이터베이스에서 데이터를 삭제하는 데 드는 그 1,000달러로 살 수 있는 저장 공간은 겨우 80만 바이트, 즉 페이스북 프로필 사진 용량보다도 더 적었다(1980년대 애플 매킨토시 컴퓨터의 기본 하드 드라이브 가격은 500달러였는데 요즘으로 따지면 실소가 나올 정도로 보잘 것 없는 용량이다). 지금에 비하면 저장 비용이 워낙 비쌌기 때문에 당시에는 데이터를 삭제하는 것이 공간을 아끼는 유용한 전략이었다. 그러나 요즘 기업들은 그들 나름대로의 해결책을 갖고 있을 뿐만 아니라 1,000달러로 20테라바이트짜리 하드 드라이브를 영구히 소유할 수 있다. 1980년대 매킨토시 드라이브의 4,000만 배나 되는 용량을 말이다. 테이프 저장기기의 경우에는 같은 가격으로 그 다섯 배인 100테라바이트를 구입할 수 있다.[5] 게다가 데이터 저장 가격이 어찌나 급격히 하락하고 있는지, 오늘 1테라바이트짜리 드라이브를 샀다면 몇 년 후 새 컴퓨터로 바꿔야 할 즈음엔 같은 가격으로 하드 용량이 훨씬 큰 컴퓨터를 구입할 수 있을 것이다. 따라서 기업들은 위험 부담을 감수하면서까지 데이터를 군이 삭제할 필요가 없다. 저장 공간을 더 구입하는 편이 훨씬 싸게 먹히는데 말이다.

그 결과 많은 사람들이 데이터를 지우기보다 남겨두는 편을 선호하게 되었다. 개인용 컴퓨터나 페이스북에 담긴 정보에만 국한된 문제가 아니다. 업무용 이메일도 고용주가 그것을 삭제할 이유가 없는 한 수년 동안 백업 테이프에 보관된다(일부 현명한 고용주들은 디지털 데이터가 영구히 돌아다니는 세상에서 나름 균형을 유지하기 위해 이메일 삭제 정책을 실시하기도 하지만). 프레젠테이션과 보고서, 재무 계획 파워포인트 등 당신의 업무 기록도(칠칠치 못하게 업무용 컴퓨터에 저장해놓고 미처 삭제하지 못한 개인정보를 포함해) 회사 컴퓨터 속 어딘가에 영원히 보관될 것이다. 다시 말하지만 저장 공간이 꽉 차봤자 그보다 더 저렴하고 간단히 저장할 수 있는 저장기기를 사면 그만이기 때문이다. 한도 끝도 없는 옛날 파일들을 뒤지면서 무엇을 삭제할지 고민하기보다 훨씬 효율적이고 비용도 적게 든다. 어떤 대형 법률회사의 기록 시스템은 1980년대 이후 자료라면 클릭 한 번으로 무엇이든 금방 찾아낼 수 있다. 어떤 변호사가 시간당 수백 달러의 수당을 포기하고 파일 정리나 하면서 귀중한 시간을 낭비하겠는가?

개인용 이메일도 예외가 아니다. 2004년에 구글이 지메일을 내놓기 전, 웹메일 회사들의 저장 공간은 1인당 10메가바이트에 불과했다. 한때 시대를 풍미한 마이크로소프트의 핫메일(hotmail) 서비스는 겨우 2메가바이트였는데, 요즘에는 휴대전화로 찍은 사진 파일도 그보다는 용량이 더 크다.[6] 그래서 당시 이메일 사용자들은 쉴 새 없이 수신 메일을 지워야 했다. 받은 편지함을 확인할 때마다 중요한 메일만 남겨두고 대부분은 읽은 즉시 삭제하는 것이다. 핫메일 같은 웹메일 회사들은 받은 편지함을 쉽게 정리할 수 있도록 '삭제' 버튼을 일부러 눈에 잘 띄는 곳으로 옮겨두기도 했다.

그러나 2004년 구글이 모든 사용자에게 1기가바이트를 무료로 제공한다고 선언한 순간 모든 게 바뀌었다. 1기가바이트는 기존 이메일 저장 용량의 100배, 마이크로소프트의 500배였다. 구글은 '삭제' 버튼을 '보관(archive)' 버튼으로 바꾸고 오래된 이메일을 삭제하는 대신 받은 편지함 밖으로 내보내 지메일 클라우드에 영구히 보관하도록 했다. 구글은 그 뒤로도 꾸준히 저장 공간을 늘려나갔다. 수년 동안 온라인 저장 용량은 거의 매일 불어났고 이제 구글은 클라우드를 비롯해 15기가바이트의 저장 공간을 제공한다. 그러자 다른 웹메일 업체들도 재빨리 그 뒤를 따랐고, '보관' 버튼을 '삭제' 버튼보다 더 잘 보이는 곳에 위치시켰다. 이메일을 삭제하는 것을 저장하는 것보다 더 어렵게 만듦으로써(물론 삭제하는 게 불가능한 건 아니지만 '삭제' 버튼을 전보다 눈에 덜 띄는 곳으로 옮겨두었다) 구글은 디지털 데이터에 대한 사용자의 기대를 변화시키고 데이터는 영원하다는 인식을 각인시켰다.

페이스북도 몇 년에 걸쳐 저장 용량을 늘려나갔다. 데이터를 삭제하기보다 저장하는 편이 더 쉽고 비용 면에서도 효율적이기 때문이다. 페이스북은 매일같이 늘어나는 새로운 사용자와 사진, 게시물, 메시지와 10억 명이 넘는 회원들의 광고 클릭 속도에 맞춰 하드 드라이브를 새로 구입했고, 날마다 500테라바이트의 저장 용량을 추가했다. 즉, 날마다 미국 국회 도서관의 50배에 달하는 저장 공간을 추가하고 있다는 이야기다. 심지어 당신이 삭제한 정보들도 실은 어딘가에 저장되어있을 확률이 크다. 법 집행기관에서 요청만 한다면 페이스북은 사진, 상태 메시지, '좋아요' 등 당신이 예상할 수 있는 정보 외에도 '삭제한 친구', 당신이 지웠다고 생각한 게시물, 로그인 IP 주소, 방문한 페이지 등 눈에 보이지 않는 정보들까지 모두 긁어모아 몇 십 페이지가 훌쩍 넘는 자료를 제공할 것이다. 몇몇 데이터 전문가들은 페이스북 사용자가 '사진 삭제' 버튼을 눌러도 실제로 서버에서는 사진이 삭제되지 않는다고 믿는다.[7] 그렇다면 트위터는 어떨까? 트위터에는 매일 4억 개의 트윗이 생성되고 있으며, 심지어 국회 도서관은 모든 공개 트윗을 저장하고 있다.

다른 분야의 데이터들도 마찬가지다. 실제로 온라인에서 이뤄지는 모든 상호작용은 최소한 한 곳 이상에 영구히 보관된다고 봐야 한다. 아직 분석되거나(3장에서 보게 되겠지만 그것도 머지않았다) 사용되지 않고 있을 뿐(4장과 7장을 보라) 분명히 존재하고 영구히 보관되고 있으며, 언젠가 당신이 가장 기대하지 않는 순간에 그 모습을 드러낼 것이다. 신용 점수에서부터 ATM 사용 내역, 주식 거래에 이르기까지 개인의 재정 기록도 예외가 아니다. 블로그, 트위터, 공식 홍보물에 당신이 일하는 회사나 업무에 대해 쓴 단어 하나하나도 마찬가지다. 미국의 어떤 주에서는 재산세 납부 기록을 전부 공개하고 보관하며, 또 다른 주에서는 모든 범죄 용의자의 머그샷(경찰의 범인 식별용 얼굴 사진 - 옮긴이)을 유무죄에 상관없이 심지어 잘못 체포한 경우라도 무조건 온라인에 게재하고 수십 개의 사이트에 공개한다. 당신이 온라인에 올린 모든 호텔, 책, 영화, 레스토랑에 관한 후기와 인스타그램(Instagram) 사진들, 거기에 스마트폰 사진에 자동적으로 포함되는 메타데이터(metadata) — 예를 들어 당신의 현재 위치 — 도 빠트릴 수 없다. 유명 온라인 광고업체들은 벌써 오래 전부터 당신이 마우스를 클릭할 때마다 그에 관해 상세한 정보를 수집하고 저장해왔다. 그저 법적인 문제 때문에 몇 달 뒤에 그 정보로부터 당신 이름을 지울 뿐이다. 하지만 정보 자체는 그대로 남아있다.

당신의 신용카드 사용 내역은(온오프라인 모두) 신용카드 회사뿐만 아니라 결제 대행업체에 의해 추적되고 보관되며 후에는 또 다른 업체들에 판매된다. 모든 약 처방전은 한때 대법원 소송으로까지 이어졌던 거대한 데이터베이스에 통합된다. 20대 때의 온라인 데이트 프로필은(흑역사라고 할 수 있는) 당신이 세 자녀를 키우며 행복한 결혼 생활을 지속해가는 동안에도 여전히 서버에 남아있다. 당신의 휴대전화와 연결되는 모든 기지국은 당신이 발걸음을 내디딜 때마다 영구한 디지털 발자국을 남기며, 날마다 휴대전화와 컴퓨터로 접속하는 모든 웹사이트와 공공장소의 보안 카메라까지 목록은 끝도 없이 이어진다.

당신의 직업적 경력과 연관된 모든 데이터도 온라인에 흔적을 남기고 영원히 저장된다. 당신이 링크드인에 가입하지 않았더라도 링크드인이 당신 친구나 동료들의 주소록에 접근해 당신을 자동적으로 '동료'로 등록하기 때문이다. 그러면 링크드인의 복잡한 알고리즘은 이제 당신의 개인적 발전과 승진 내역을 추적할 수 있게 된다. 이 가운데 연봉 인상 내역은 급여 관리 시스템의 데이터베이스에 저장된다. 그 정보를 지금 당장 어떻게 사용해야 할지는 몰라도 어쨌거나 일단 저장을 해두는 것이다. 당신이 직장생활에 대해 떠들어댄 블로그 게시글 역시 남아있다. 익명으로 썼으니 안심해도 된다고 생각할지 모르지만 요즘에는 조금만 솜씨를 발휘하면 익명 게시물도 쉽게 그 게시자를 추적할 수 있고, 특히 강력한 소프트웨어만 있다면 자주 사용하는 단어나 문장 스타일만으로도 게시자를 찾아낼 수 있다.

국도를 운전하다가 '공짜로 흙을 드립니다. 마음대로 가져가세요'라고 적힌 표시판을 본 적이 있는가? 흙을 공짜로 나눠주는 이유는 그것이 어디에나 존재하지만 버리거나 폐기하기는 불가능하기 때문이다. 흙은 구하기도 쉽고 보관하기도 쉽지만 버리기는 어렵다. 대부분의 사람들은 땅을 판 뒤 흙더미를 그 자리에 내버려두는데, 간혹 커다란 흙더미는 수백 년 동안이나 그 자리에 남아있기도 한다. 미국의 일부 지역에는 남북전쟁 때 요새로 사용되던 흙더미가 남아있기도 하고, 일리노이 주에는 무려 14세기에 만들어진 카호키아 원주민의 고분 유적도 있다. 이처럼 흙은 아마 영원토록 우리 옆에 남아있을 것이다. 당신에 관한 데이터도 마찬가지다. 쌓기는 쉬워도 없애기는 어렵다.

지워지지 않는 흔적

디지털 저장 혁명이 가져온 가장 분명한 결과는 평판의 오점 역시 영원토록 남게 될 것이라는 점이다. 디지털 왕국에서는 단 한 번의 실수도 당신을 영원히 따라다니게 된다. 사실 요즘 그렇지 않은 게 어디 있는가? 직장에서 고객에게 말실수를 했는데 그 영상이 유튜브를 돌아다닌 적이 있는가? 당신이 운영하는 가게의 사이트에 직접 후기를 올렸다가 들킨 적은 없는가? 호기심 많은 이웃 사람이 구글 글라스를 쓰고 당신 집을 기웃거리다가 남편이 출장 간 사이 당신이 낯선 사람과 촛불을 켜고 낭만적인 저녁 식사를 하는 모습을 봤다면? 그리고 이웃 사람이 그 장면을 찍은 사진을 페이스북에 올렸다면 어떻게 할 것인가?

그러나 가장 최악의 경우는 데이터가 너무 오래 보존되는 나머지 심지어 당신이 저지르지도 않은 실수 때문에 당신의 온라인 평판에 금이 갈 수도 있다는 것이다!

2012년 '침 뱉은 맥도널드 직원' 사건을 생각해보라. 남캘리포니아의 한 맥도널드 직원이 고객의 음료수에 일부러 침을 뱉었다는 혐의를 받게 되었다. 그러나 아무런 증거가 없어 고소가 취하되었는데(지금은 고발자가 거짓 주장을 한 것으로 추정되고 있다), 몇 년이 지난 지금도 구글에서 그 직원의 이름을 검색하면 관련 기사가 우르르 쏟아져 나온다. 맥도널드 직원은 자신이 저지르지도 않은 일 때문에 오랜 시간 동안 평판이 더럽혀진 것이다.

캘리포니아에서는 주 정부의 아동학대 부모 명단에 일단 이름이 오르게 되면 무혐의로 밝혀진다 하더라도 이름이 삭제되지 않는다. 캘리포니아 주 발렌시아에 거주하는 한 부부는 이 사건을 대법원까지 끌고 갔지만 하위 법원에서 '사실상 무죄'라는 판결을 받았음에도 여전히 명단에서 이름을 삭제할 수가 없었다.[8]

더구나 요즘에는 기억도 안 나는 아주 먼 옛날의 디지털 정보마저 거의 영구적으로 저장된다. 영국의 경우에는 지나치게 험한 욕설을 하는 학생들의 데이터베이스를 만든 적도 있다. 원래는 다른 학군으로 옮겨가면 기록을 삭제하게 되어있지만 정부는 그런 삭제 방침이 존재한다는 사실을 공표하지 않았고, 따라서 이 학생들이 성인이 된 후에도 기록은 늘 그들의 뒤를 따라다녔다. 이처럼 흙더미는 쌓는 것보다 제거하는 쪽이 훨씬 어렵다.

남들이 당신에게 저지른 짓 역시 영구히 보존된다. 예를 들어 당신이 어렸을 때 친구들로부터 괴롭힘을 당했다고 치자. 같은 학교 학생들이나 동료들로부터 따돌림을 당했다는 사실은 남들로 하여금 좋지 않은 편견을 갖게 하거나 당신이 피해 의식을 지녔다고 오해하게 만들 수 있다. 구글에서 '카렌 클라인(Karen Klein)'이라는 이름을 검색하면 '학생들에게 괴롭힘을 당하는 카렌 클라인'이나 '괴롭힘을 당하는 스쿨버스 지킴이 카렌 클라인' 같은 결과가 나온다. 2012년 귀가 어두웠던 68세의 여성 카렌 클라인은 스쿨버스 지킴이로 봉사활동을 했다. 그러던 중 7학년 학생들 여럿이 그녀를 짓궂고 잔인하게 괴롭히는 모습을 누군가 영상으로 찍어 유튜브에 올렸다. 그녀의 이름을 검색한 사람들은 그녀가 어떻게 어린 학생들로부터 괴롭힘과 조롱을 당했는지 알게 될 것이다. 그러나 그녀가 지역사회를 위해 얼마나 열심히 봉사해왔고, 60년이 넘는 세월 동안 어떤 인생을 살아왔는지에 관해서는 아무것도 모를 것이다.

구글 검색에서 찾을 수 있는 것들만 영원히 저장되는 것은 아니다. 검색에서 찾을 수 없는 자질구레한 사건들, 가령 동료에게 욕을 하는 메일을 보내거나 신용카드 대금이 밀리거나 감당하기 힘든 빚을 지고 있다거나 한밤중에 광고를 보고 상품을 구입하거나 이웃집의 와이파이 혹은 케이블을 슬쩍하다가 걸리는 등의 정보들도 평판 엔진에 수집되어 당신의 디지털 기록에 영구적인 오점을 남길 수 있다.

카드 대금이 연체된다거나 부당한 불평을 늘어놓는 것처럼 일회성의 실수만 저장되는 것도 아니다. 정상적이고 아무 해도 되지 않는 장기간의 행동 패턴도 영원히 기록되고 저장된다. 이를테면 샌프란시스코 시가 운영하는 819대의 버스에는 한 대도 빠짐없이 디지털 카메라가 설치돼있어 버스 전용 차선으로 끼어드는 차량의 사진을 찍고[9], 비질런트 솔루션(Vigilant Solution)이라는 회사는 수백 개의 비디오카메라를 이용해 차량 데이터를 수집한다. 비질런트 솔루션의 정보는 채권추심업체에서 체납자의 자동차를 찾는 데 활용되고 공동 데이터베이스에 추가되며 법 집행기관도 접속할 수 있다. 2010년 즈음 이 데이터베이스에는 1억 8,500만 대 이상의 차량 위치 기록이 저장되었는데, 매달 새로운 데이터가 2,300만 개씩 추가되고 있다. 좋든 나쁘든 알리바이를 위해서든 유죄를 증명하기 위해서든, 민간 기업들도 당신의 상세한 위치 정보를 얻을 수 있게 된 것이다.[10]

거대 분석으로부터 디지털 페르소나를 보호하는 법

디지털 데이터가 영구 보존되는 세상에서는 언제 어디서든 당신의 개인정보가 불쑥 튀어나올 수 있다. 평판경제에서는 당신이 속한 여러 '세상들' 사이의 경계가 사라지기 때문이다. 온라인 데이트 사이트에서 가명이나 닉네임만 사용한다면, 또는 진짜 신분을 감추기 위해 철저하게 자신을 숨긴다면 정체가 들통나지 않을 거라고 생각하는가? 하지만 이미 사람의 사진만으로 페이스북에서 매치닷컴 사용자를 가려내는 안면 인식 프로그램이 개발되었다.[11] 페이스북은 이 사실을 알게 된 뒤에도 프로그램을 차단하거나 프로그래머를 고소하지 않았다. 오히려 그 프로그램을 개발한 회사를 사들인 다음 서비스를 닫아버렸다. 이제는 아무도 그 소프트웨어를 사용할 수 없지만, 앞으로 페이스북이 그 프로그램으로 어떤 일을 할 수 있을지 생각해보라.

데이트 사이트만 위험한 것은 아니다. 얼마 전 아크(Ark)라는 회사는 페이스북과 링크드인 같은 SNS의 데이터를 뉴스와 웹정보로 연결하는 기술을 개발해 초기 자금으로 420만 달러를 조달하는 데 성공했다. 스포키오라는 회사는 개인의 공공 기록을 수집해 SNS의 프로필과 연결했는데, 몇 달러만 내면 당신이 궁금해하는 사람의 집 주소와 페이스북 주소, 링크드인 프로필을 알 수 있다. 만약 당신의 거래 은행이 보안용 질문으로 옛날에 살던 집 주소나 우편번호를 요구한다면, 스포키오가 있는 이상 당신의 거래 은행 보안도 믿을 수 없다. 인터넷의 바다 어디에 숨어있든, 정보는 한번 노출되면 영구히 보존될 뿐만 아니라 예상치도 못한 곳에서 언제든 튀어나올 수 있다.

어떤 사람들은 "그래서 어쩌라고?" 하고 물을지도 모른다. 누구든 창피한 기억이나 경험은 갖고 있기 마련이다. 언젠가는 그런 어두운 과거를 극복할 수 있으리라고 진심으로 믿는 사람도 있을 것이다. 어차피 잊고 싶은 과거는 누구에게나 있고, 디지털 정보가 아무리 영구한들 인생에 아주 작은 한 점에 불과할 뿐 지금은 아무런 해도 끼치지 못하고 있으니 오프라인 삶과는 상관이 없다고 말이다. 그러나 최근 발생한 몇몇 사건들은 설사 그런 날이 오더라도 아주 머나먼 미래가 될 것임을 시사한다. 웹에서 수집한 데이터로 가장 유능해 보이는 구직자를 고용하고, 신용 위험도를 평가하고, 위험도가 높은 고객에게 보험료를 높게 책정하는 것이 합법적인 한, 사람들은 앞으로도 계속 그렇게 할 것이다. 그러므로 이런 상황에 맞서 우리가 할 수 있는 최선의 방책은 나 자신의 디지털 정보를 평판경제에 유리한 방식으로 다듬고 기획하는 것이다.

그나마 다행인 것은 디지털 기록의 시대에도 우리 자신을 빅데이터와 거대 분석 요원들로부터 보호할 방법이 존재한다는 것이다. 첫 번째는 아주 뻔한 방법이다. 언제 어디서 무슨 일을 하든 당신의 '일거수일투족'이 기록되고 저장된다는 것을 잊지 말아라. 안전하고 평온한 삶을 바란다면 온라인이든 오프라인이든 당신이 하는 모든 일들이 기록되고 있다는 사실을 늘 명심해야 한다.

둘째, 자신에게 흠이 될 만한 일을 털어놓을 때는 반드시 신중하라. 물론 페이스북 같은 곳에 자신의 잘못을 털어놓으면 마음이 가벼워질지도 모른다. 하지만 평판경제에서는 아무리 사소한 실수라도 일단 본인이 시인하고 나면 그 정보는 더욱 활기차게 인터넷을 떠돌게 된다. 그러니 페이스북이나 트위터에 회사 출장비를 부풀려서 신청했다느니, 졸업 시험에서 커닝을 했다느니 하는 글들을 올리기 전에는 반드시 곰곰이 생각해보기 바란다. 보다 심각한 경우를 예로 들어보자. 요즘 당신이 직장에서 도덕적으로 약간의 문제가 있다는 다소 억울한 비난을 받고 있다고 하자(회사 규정을 어기고 집에 회사 비품을 가져갔다거나 며칠 연속 지각을 했다거나 등). 상사는 당신이 잘못을 했다고 인정한다면 따로 공적인 조치를 취하지 않을 것이라고 약속한다. 옛날이라면 고개를 끄덕이며 "네"라고 대답하면(실제로는 그 일을 하지 않았더라도) 아무 일 없는 듯 넘어갈 수 있었을 것이다. 하지만 디지털 시대에는 당신의 자백이 다수의 평화를 위한 거짓이라 할지라도 그것은 변할 수 없는 사실이 되어 거짓 그 자체로 영원히 기록된다. 심지어 다른 일자리에 지원할 때도 과거의 기록이 끊임없이 영향을 미칠 것이다. 너무 과장하는 게 아니냐고? 아니, 이미 눈앞으로 다가온 현실이다. 일례로 퍼스트 어드밴티지 코퍼레이션(First Advantage Corporation)이라는 회사는 형사 고발을 당하지는 않았지만 회사에서 물품을 훔쳤다고 시인한 직원들의 명단이 담긴 데이터베이스를 판매하고,[12] 타깃(Target)이나 CVS, 패밀리 달러(Family Dollar) 같은 대형 소매업체들은 이 데이터를 구직자들의 배경을 체크하는 데 이용한다. 〈뉴욕타임스〉에는 이런 기사가 실리기도 했다. "많은 직원들이 절도를 시인할 경우 그 정보가 데이터베이스에 남는다는 사실을 전혀 알지 못한다." 상사가 없던 일로 한다고 말하면, 정말로 없던 일이 되는 줄로 아는 것이다.

당신이 저지르지도 않은 행위를 거짓으로 인정하여 '기록으로 남게' 되면 더욱 암울하다. 얼마 전에는 경범죄로 기소되었을 때 불항쟁 답변—간단히 말해 법정에서 "죄를 인정하지는 않지만 법정 싸움을 포기한다"고 선언하는 것—을 한 이들이 후에 영주권이나 총기 허가권을 거절당했던 문제를 놓고 정치적으로 격렬한 항의와 다툼이 일어난 적이 있었다. 평판경제가 도래하기 전, 모든 판결이 종이에 기록되던 시절에는 수십 년이 지나면 모든 게 잊혔다. 그러나 모든 판결 결과가 디지털 데이터베이스에 저장되는 시대에는 과거에서 벗어나는 것이 불가능하다.

마지막으로, 원치 않는 검색 결과가 나오는 것을 막기 위해 디지털 연막을 뿌리는 방법도 있다. 첫 번째로 할 일은 어떤 종류의 정보가 문제인지 알아내는 것이다. 구글이나 빙(Bing), 야후에서 공개적으로 찾을 수 있는 검색 결과라면 그나마 간단하다. 상을 탔다거나 운동으로 체중을 감량했다는 등 긍정적인 '노이즈' 포스팅을 마구 작성해 부정적 정보를 가려버리면 되기 때문이다.

어떤 경우든 연막은 최대한 많이 뿌리는 게 좋다. 인터넷에서 떠도는 잘못되었거나 오해하기 쉽거나 쓸데없이 한 부분만 강조된 정보를 상쇄시키는 가장 기본적인 전략은 레퓨테이션닷컴이나 다른 사이트에서도 쉽게 찾아볼 수 있다. 당신 자신에 대한 긍정적 컨텐츠를 최대한 많이(말 그대로 어마어마하게 많이) 만들 것, 그런 다음 그것을 최대한 널리 흩뿌려 검색 엔진과 평판 엔진이 긍정적인 정보에 압도돼 기존의 부정적 정보를 거짓이나 이례적인 자료로 판단할 때까지 이를 반복하고 또 반복한다. 또 트위터와 링크드인, 페이스북, 텀블러(Tumblr), 핀터레스트(Pinterest) 같은 사이트에 공개 계정을 만들고 그 외에도 당신의 대외적인 이미지와 연결하고 싶은 사이트가 있다면 즉시 가입해라(가령 진보적인 정치관을 갖고 있고 자기 의견을 거리낌 없이 드러내고 싶다면 〈허핑턴포스트〉 같은 매체에서 활동하면 되고, 당신이 일하는 분야와 관련된 전문 사이트에 가입하는 것도 좋다). 그런 다음 컴퓨터가 그 계정들을 서로 연결할 수 있는 정보로 프로필을 채우고(학교나 회사, 위치 정보 등을 동일하게 기입해 일관된 개인정보를 제공한다. 설사 그런 정보들이 사실이 아닐지라도 항상 일관성이 있어야 한다) 꾸준히 글을 올린다. 컴퓨터나 다른 사람이 읽었을 때 호감을 느끼거나 적어도 부담스럽지 않은 온라인 인격을 만들어내라.

약간의 속임수를 첨가하는 것도 좋은 방법이다. 컴퓨터는 여러모로 멍청하다. 예를 들어 당신이 운동이나 건강 관리에 관심이 있다는 거짓 정보를 심었다고 하자. 그런 경우에는 스마트폰과 연동되는 핏빗(Fitbit)을 구입해 하루에 얼마나 걷고 움직였는지에 관한 데이터를 온라인에 올리도록 한다. 정말로 약삭빠른 사람이라면 핏빗을 자신의 개에 부착함으로써(개가 주인만큼 게으르다면 활동적인 아이들이나 페인트 믹서라도 좋다) 인터넷에서만큼은 몸짱이 될 수도 있을 것이다. 핏빗 프로필을 공개로 설정하고, 그것을 페이스북과 연동하여 핏빗 사이트와 당신이 자주 가는 전문가 사이트(링크드인 같은)에 똑같은 프로필 사진을 올려라. 평판 알고리즘이 최소한 당신이 같은 사람이라는 것을 알아차릴 수 있도록 힌트를 줘야 한다. 좀 치사한 방법이라고? 그럴지도 모른다. 하지만 이것이 당신에 대한 잘못된 비난과 정보를 상쇄할 유일한 방법일 수도 있다. 아니면 실제로는 감자튀김을 먹으면서 인스타그램에는 당신 동료가 먹고 있는 샐러드 사진을 올리는 방법도 있다. 언젠가는 평판 엔진도 이런 속임수를 간파하겠지만 어쨌든 그 언젠가는 아직 한참 먼 이야기다.

분야가 어찌 됐든 사업을 운영하거나 전문직에 종사한다면 단골 고객들에게 자신을 평가해달라고 요청해보라. 많은 사이트들이, 예를 들어 어떤 레스토랑을 이용한 고객들이 남긴 후기의 양과 질(후기는 많을수록, 별점은 높을수록 좋다)을 참고해 그 레스토랑의 순위를 매긴다. 서비스가 어땠는지 묻거나 자체 설문 조사를 하거나 무엇을 구매했는지 조사하여 충성도가 탁월한 고객들을 찾은 다음, 그들에게 평가나 후기를 남겨달라고 부탁하라. 물론 미국 연방거래위원회는 후기를 남기는 대가로 뭔가를 제공할 경우 반드시 그 사실을 명시하도록 규정하고 있다. 하지만 쿠폰을 제공하면서 후기를 남겨달라고 부탁하는 것은 실질적인 가치와 후기를 교환하는 것이 아니므로 그런 규정에 어긋나지 않는다. 그렇지만 많은 사업체들이 이미 수십 년 동안 설문 조사라는 형태로 이런 일을 해오고 있는 것도 사실이다. 옐프(Yelp)나 구글 플러스 같은 사이트가 제일 유용하지만, 특정 분야에 전문화된 사이트들도 좋다. 직원들의 입장도 고려해야 한다. 취업 사이트인 글라스도어(Glassdoor)는 직원들의 평가를 기준 삼아 회사들에 순위를 매기는데, 당신이 운영하는 회사가 글라스도어에 부정적으로 평가되고 있다면 직원을 채용하기가 힘들지도 모른다.

사생활은 철저하게 숨기고 해가 될 만한 정보는 절대로 공개하지 마라(어떤 정보든 맥락에서 벗어나면 생뚱맞을 수 있고 지금은 평범한 행동이 20년 뒤에는 금기가 될 수도 있다). 사적으로 사용하는 트위터나 페이스북 계정이 있다면 최대한 비밀로 해서 개인적인 생각이나 의견이 노출되지 않게 한다. 또한 사람들에게 반감을 일으키지 않는 대외용 페르소나를 따로 구축하라. 요즘에는 페이스북에서 친구나 다른 사람들은 알아차리기 쉽지만 컴퓨터는 구분할 수 없게 이름의 철자를 살짝 바꿔(가령 'Michael Fertik'을 'Michael Frtk'이나 'Mchl Firtek'으로 바꾸는 것처럼) '친구 공개' 계정을 두는 것이 유행이다. 물론 이런 꼼수도 완벽하지는 않다. 언젠가는 컴퓨터도 속임수를 눈치챌 테니 말이다. 하지만 당신의 좋은 평판을 위해 아무것도 안 하는 것보다는 이런 얇은 보호막이라도 두르는 것이 낫다.

어떤 사람들은 아예 완전한 본명으로 공개 계정을 따로 만든 다음, 일과 관련된 중립적인 내용으로만 채우는 경우도 있다. 규정에는 어긋나는 일이지만 페이스북 측도 이에 대해서는 별로 신경쓰지 않는다. '개인용'과 '대외용' 계정을 따로 만들면 총 사용자 집계 수가 늘기 때문이다. 여기서 한 가지 주의할 점이 있다. '사적'인 세계와 '공적'인 세계를 분리하고 싶다면 각각의 계정에 사진을 올릴 때 각별히 조심해라. '대외용' 프로필에 올린 사진이 '개인용' 계정에 노출되어서는 절대로 안 되며, 그 반대도 역시 마찬가지다.

최근에는 메시지를 확인했거나 메시지가 온 뒤 일정 시간이 지나면 저절로 삭제되는 소프트웨어나 어플리케이션이 폭발적인 인기를 끌고 있다. 십대들이 주로 애용하는 유명한 메시지 서비스인 스냅챗(Snapchat)은 주로 가십이나 비밀 이야기, 나체 사진을 주고받을 때 사용되는데, 수신자가 메시지를 확인하고 나면 저절로 지워진다. 물론 이런 서비스라고 완벽한 것은 아니다. 2014년에는 한 해커가 스냅챗 사용자의 이름과 연결된 전화번호를 내려받는 방법을 알아내기도 했다. 물론 없는 것보다는 낫지만 전화기로 주고받는 메시지가 안전하다고 과신하지는 말기 바란다. 메시지를 저장하는 방법은 불가능해도 메시지를 받은 사람이나 해커 같은 중간자가 화면을 캡쳐하는 것을 막을 길은 없기 때문이다. 타이거텍스트(TigerText)처럼 보다 수준 높은 보안 메시지 서비스는 메시지를 받은 후 영구히 그리고 완벽하게 삭제할 수 있는데, 사업체나 조직 내에서 대화를 나누기에 안성맞춤이다. 철저한 보안으로 유명한 메신저 서비스인 텔레그램(Telegram)은 거의 군에서 사용하는 것과 맞먹는 복잡한 암호화 프로그램을 사용하고 있는데, 심지어 그 앱의 창시자마저 프로그램을 해독할 수 없다고 한다. 텔레그램은 자사 앱을 해킹할 수 있는 사람에게 20만 달러의 상금을 걸기도 했다.

요컨대 당신의 평판을 보호하려면 단순히 들키면 부끄러울 물건을 살 때 현금을 사용하거나, 부적절한 페이스북 사진을 지우거나, 악플을 익명으로 다는 것보다도 훨씬 엄격한 주의가 필요하다. 앞에서 언급한 방법들도 시간과 노력만 있으면 충분히 추적이 가능하고, 필요한 노력과 시간 역시 나날이 감소하는 추세다.

디지털 기록에 남은 당신의 오점을 지우기는 힘들지만 그것이 발견되지 않게 할 수는 있다. 이 책에서 우리는 긍정적 정보로 부정적인 정보를 덮고, 당신이 원치 않는 정보를 숨기고, 당신의 디지털 페르소나를 가능한 한 보기 좋게 만드는 비법을 알려줄 것이다.

3장

구글과 페이스북에서
당신은 몇 점짜리 인생인가

– 평판점수로 달라지는 인생

평판경제가 발전할수록 평판 점수가 더 이상 사적 자산에

머무르거나 그것을 활용하는 회사들의 전유물에 그치지 않고

누구든 쉽고 간단하게 손에 넣을 수 있는 정보가 될 것이다.

당신의 일거수일투족이 점수로 환산돼 당신 뒤를 따라다니는 것은

그리 내키지 않는 일이지만, 거기서 벗어나려고 발버둥 칠 필요는 없다.

온라인에서 흔적을 남기지 않고 살아갈 방법은 없다.

페이스북 사진과 게시글을 숨기는 것만으로는 부족하다.

당신이 페이스북을 사용하지 않더라도 페이스북을 사용하는

친구들이 올리는 모든 정보는 평판 점수의 참고 자료가 될 것이다.

그리고 설사 방문 기록을 지우고 구매 내역을 비밀로 하더라도

당신이 들렀던 모든 웹페이지는 여전히 기록되고 저장된다.

　이제 당신은 매일같이 엄청난 양의 개인정보가 수집되고, 이것이 영원히 저장된다는 사실을 알게 되었다. 하지만 데이터 그 자체는 아무 의미도 없다. 중요한 것은 그것을 어떻게 활용하느냐다. 당신의 직장 생활에 대해 온갖 상세한 데이터를 수집하더라도(고해상 카메라가 부착된 작은 드론이 하루 종일 당신 뒤를 따라다니게 될지도 모른다), 그것을 관료주의 제도 아래 어둡고 칙칙한 창고—자료들의 무덤—에 쌓아두기만 한다면 결국 아무런 변화도 일어나지 않을 것이다. 그런 세상에서는 개인정보의 가치나 그와 관련된 위험도 어느 정도 한계가 있다. 말하자면 당신이 체포되거나 감시 대상이 될 때나 표면 위로 드러날 뿐, 평상시에는 아무도 당신의 정보에 신경 쓰지 않으며 이용하지도 않을 것이라는 이야기다.

　다행이라면 오늘날에는 아직 작은 드론이 우리 뒤를 졸졸 쫓아다닐 만큼 정보 수집 절차가 철저하지 않다는 것이다(물론 그럴 날도 머지않았다). 하지만 그렇다고 이미 수집된 데이터가 안전한 상자에 담겨 보이지 않는 곳에서 썩어가고 있는 것도 아니다. 아니, 지금 이 순간에도 데이터는 활용되고 있다. 당신이 이 책을 읽는 동안에도 데이터 저장은 점점 더 쉽고 저렴하고 영구해지고 있으며, 그런 데이터를 더욱 쉽고 저렴하고 간단하게 분석하고 수량화하고 결론을 도출해낼 수 있는 새로운 첨단 기술이 우후죽순처럼 쏟아져나오고 있다.

공짜로 저장되는 데이터, 공짜로 분석되는 데이터

앞 장에서도 봤듯이, 오늘날의 평판경제 사회에서는 어마어마한 양의 데이터가 오가고 있다. 구매 습관에서 업무 능력, 재정 기록 등 당신에 관해 무엇이든 알아낼 수 있는 세상이 된 것이다. 하지만 복잡하고도 세밀한 과정을 거쳐 데이터를 거르고 통합하고 분석하여 미래 행동을 예측하는 것—다음에는 어떤 상품을 살 것인가, 얼마나 생산적인 직원이 될 수 있는가, 대출금을 갚을 확률은 얼마나 되는가 등—은 근래에 와서야 비로소 가능해진 일이다. 이런 대량의 데이터를 분류하고 해석해 유용하고 예측 가능한 정보로 만들기 위해 우리가 활용한 방법은 체계적인 논리가 아닌 무차별적인 대입이었고, 겨우 얼마 전까지만 해도 이런 데이터를 토대로 복잡한 질문에 답하거나 신뢰할 만한 예측을 내놓을 수 있는 컴퓨터 시스템은 존재하지 않았다. 하지만 지금은 모든 것이 바뀌고 있다. 그것도 급속도로 말이다.

2004년, 구글에서 일하던 두 엔지니어 제프리 딘(Jeffrey Dean)과 산제이 게마와트(Sanjay Ghemawat)가 한 편의 논문을 발표했다. 이른바 〈자동 병렬화와 대규모 계산 처리 할당이 가능한 인터페이스, 그리고 인터페이스의 구현을 위한 범용 PC 클러스터의 활용과 효율성 증진〉이라는 긴 제목의 논문이었다.[1] 평범한 언어로 번역하자면, 그들은 한 대의 커다란 컴퓨터가 아닌 수천에서 수백 대의 작은 컴퓨터를 이용해 막대한 양의 미가공 데이터를 분석하여 어렵고 복잡한 문제를 해결하는 방법을 발견하고 그에 대한 연구 결과를 발표한 것이다.

예전의 데이터 분석 모델을 떠올려보라. 대형 컴퓨터 한 대로 어렵고 복잡한 문제를 해결하는 것은 한 사람이 100문항이 넘는 어려운 시험을 치르는 것과 비슷하다. 딘과 게마와트가 제시한 새로운 모델은 그런 긴 시험지를 100명의 학생들에게 조금씩 공평하게 할당하는 것이다. 한 사람이 한 문제씩만 풀어도 모두의 답안지를 합치면 한 장의 긴 답안지를 얻을 수 있다. 간단히 말해 이 시스템을 사용하면 한 사람이 몇 시간에 걸쳐 해결할 문제를 여러 사람이 단 몇 분 내에 끝낼 수 있다. 컴퓨터 한 대로 분석하면 몇 시간이나 걸리는 데이터 세트를 여러 대의 컴퓨터로 나누어 사용하면 몇 분, 아니 몇 초 만에 끝낼 수 있는 것이다. 그들은 문제를 할당하고 해결하는 과정을 '맵

(map)', 각각의 대답을 합치는 과정을 '리듀스(reduce)'라고 지칭했으며, 시스템 내의 어떤 컴퓨터도 맵(문제를 할당하고 계산)과 리듀스(답을 합치는 것) 기능을 수행할 수 있도록 설정했다.

다수의 컴퓨터를 병렬로 연결해 문제해결에 활용한다는 발상을 제시한 것은 그들이 처음은 아니었다. 그러나 그들이 고안한 방식은 그 중에서도 가장 우아하고도 간단했다. 이 간단한 방법은 일반 엔지니어들에게 완전히 새로운 세상을 열어주었다. 뿐만 아니라 이들이 만든 시스템은 다지선다형 100문항 시험보다도 훨씬 크고 방대한 양의 데이터를 분산하고 종합하여 처리할 수 있었다. 수천 명의 학생들이 스스로 여러 개의 작은 하위 집단을 구성해 엄청나게 길고 복잡한 시험을 치르는 모습을 상상해보라. 어떤 학생들은 동료들에게 문제를 나눠주고, 어떤 학생들은 직접 그 문제를 풀며 또 다른 이들은 답을 받아 결과를 취합한다. 무엇보다 중요한 것은 언제든 서로의 역할을 바꿀 수 있다는 것이다. 당장 시급한 문제가 무엇이냐에 따라 문제를 할당하던 이들이 문제를 풀 수도 있고, 그 반대도 마찬가지다.

그렇다면 맵 리듀스 모델은 어떤 일을 할 수 있을까? 예를 하나 들어보자. 구글의 컴퓨터 과학자들은 코딩을 할 필요가 없는 간단한 형상 인식 프로그램(가장 기본적인 형태의 컴퓨터 시각)을 개발하고 싶었다. 그래서 그들은 아무런 사전 정보 없이 이미지를 그저 픽셀의 집합체로만 인식하는 컴퓨터 알고리즘을 개발했다. 그런 다음 맵 리듀스와 유사한 시스템을 이용해 1,000대의 컴퓨터 클러스터를 구성했다. 그 후로 사흘 동안 엔지니어들은 컴퓨터 클러스터에 인터넷에서 추출한 1,000만 개의 이미지를 입력하며 거기서 패턴을 찾아내라고 지시했다. 컴퓨터는 다양한 패턴을 발견했다. 그중에서 가장 인상적인 것은 인간의 몸이나 얼굴과 고양이를 구분하는 인식 시스템인데, 무시무시할 정도로 다양하고 세세한 규칙을 지닌 시스템들보다도 정확도가 훨씬 높았다.[2] (백지 상태인 컴퓨터가 가장 먼저 배운 것이 사람과 고양이 사진을 구분하는 법이라면, 인터넷에 어떤 사진이 제일 많은지 대충 짐작이 갈 것이다.)

얼마 후 더그 커팅(Doug Cutting)이라는 엔지니어가 이 기술을 보다 실용적으로 활용할 방도를 생각해냈다. 그는 구글과 나란히 경쟁할 검색 엔진을 구축하고 싶었는데, 닫힌 소스를 사용하는 구글과 달리(구글은 검색 엔진에 사용되는 소스 코드를 철저하게 보호하는 것으로 유명하다) 무료 '오픈 소스' 엔진을 만들고 싶었다. 원하는 사람이라면 누구나 그의 소스 코드와 검색 엔진을 사용할 수 있게 하고 싶었던 것이다. 그는 그 시스템을 '너치(Nutch)'라고 불렀다. 맵 리듀스 논문이 발표되고 얼마 되지 않아 커팅과 그의 동료인 마이크 카파렐라(Mike Cafarella)는 맵 리듀스 모델을 활용해 무수한 작은 컴퓨터들을 연결하여 웹페이지를 분류한다면(예전에는 엄두도 나지 않을 만큼 거대하고 비싼 컴퓨터가 필요했다) 너치 엔진에 그야말로 놀라운 속도 혁명을 불러일으킬 수 있음을 깨달았다.

너치 엔진에 맵 리듀스 모델을 통합시키려면 산더미 같은 양의 코드를 다시 짜야 했지만, 일단 개발팀이 그 임무를 완수하고 나자 검색 속도가 놀라울 정도로 향상되었다. 맵 리듀스 모델을 장착한 너치는 한 달에 수천만 개의 웹페이지를 읽고 분석할 수 있었다. 그뿐만이 아니었다. 시스템을 거의 무한한 규모로 끝없이 확장하는 것도 가능했다. 더 많은 컴퓨터를 살 수 있거나 인터넷 선의 속도만 충분하다면 웹페이지 수십억 개도 분석할 수 있을 터였다.[3]

그러나 결과적으로 너치는 구글의 경쟁 상대가 되지는 못했다 ("나 너치에서 네 이름 찾아봤다"라는 말 들어본 사람?). 그러나 너치의 일부 혁신은 과거에 구글이 인터넷 검색업계에 엄청난 영향을 끼쳤던 것처럼 데이터 분석업계의 판도를 뒤바꿔놓았다. 너치는 아직도 오픈 소스 소프트웨어 프로젝트를 유지하고 있지만, 실제로 디지털 세계에 가장 큰 영향을 끼친 것은 그들의 곁다리 프로젝트다. '하둡 (Hadoop)'이라는 이름의 이 소프트웨어 시스템은(혹시나 궁금해할까봐 말해두는데 '하둡'은 커팅의 아들이 아끼던 코끼리 인형의 이름이다. 그가 이 이름을 선택한 이유는 짧고, 쓰기 쉽고, 발음하기 쉽고, 아무 의미도 없고, 다른 어디에도 같은 이름이 없기 때문[4]이다) 간단히 말해 대중이 테라바이트 규모의 데이터를 분석할 수 있도록, 적어도 더 쉽게 다가갈 수 있도록 만들어주었다. 하둡이 출현하기 전까지만 해도 대량의 데이터를 분석하려면 수천 수백 대의 컴퓨터를 감독하고 각각의 결과를 일관된 기준으로 정리하기 위해 맵 리듀스 이상으로 엄청나게 긴 코드를 써야 했다. 하지만 하둡만 있으면 이 능력 밖의 작업들을 자동으로 실행할 수 있다. 하둡은 주어진 작업을 분산하고, 결과를 종합하고, 어마어마한 양의 데이터를 저장하고, 전체 작업이 적절한 절차에 따라 진행되고 있는지 검토한다. 하둡 소프트웨어 패키지는 심지어 존재하는지조차도 몰랐던 수많은 소소한 설정들을 조정한다. 예를 들어 물리적으로 가장 가까운 곳에 저장된 데이터를 사용자의 컴퓨터에 할당해 속도를 높이고 네트워크의 혼잡성을 최소로 줄인다. 뿐만 아니라 무료로 배포되는 오픈 소스 프로그램이기 때문에 연산 능력만 갖추고 있다면 거의 무한한 양의 데이터를 최소한의 비용과 노력으로 처리할 수 있다.

이런 혁신 덕분에 하둡은 커팅이 예상했던 것보다도 훨씬 빠르고 널리 퍼져나갔다. 2007년, 하둡이 배포되고 얼마 지나지 않아 페이스북은 자사의 어마어마한 사용자 데이터를 정리, 분류하는 데 하둡을 사용하기 시작했다.[5] 2008년 즈음에는 2,500대 이상의 컴퓨터에 하둡을 설치해 사이트 통계나 이용 데이터를 거의 실시간으로 분석했다.[6] 그리고 2012년에는 100페타바이트 이상으로 성장한 방대한 데이터베이스를 하둡으로 분석하였으며, 그 규모가 매일 거의 2분의 1페타바이트씩 증가하고 있다고 밝힌 바 있다.[7] (100페타바이트면 파일 캐비닛 20억 개를 가득 채울 수 있는 분량이다. 일렬로 늘어놓으면 지구와 달 사이를 세 번 왕복할 수 있는 길이고, HDTV를 1,300년 동안 시청할 수 있는 용량이기도 하다) 이 모든 작업을 누구든 무료로 내려받아 사용할 수 있는 시스템으로 해결하고 있는 것이다.

그 외의 수많은 다른 기업들도 하둡을 이용한다. 아마존은 수백만 개의 구매 내역을 뒤져 일정 패턴을 발견해 고객들에게 상품을 추천하고, 링크드인은 하둡을 이용해 '당신이 알지도 모르는 사람'을 추천한다. 야후의 경우에는 거의 4,000대에 이르는 컴퓨터 시스템으로 스팸을 거르고 당신의 홈페이지를 관리하며, 무엇보다 광고 동향을 분석한다.[8] 이베이(Ebay)는 500대의 하둡 클러스터로 인기 있는 판매자와 상품들을 분석하며 다른 공개되지 않은 목적으로도 활용한다.[9] 지온스 뱅코퍼레이션(Zions Bancorporation)은 하둡 클러스터로 거짓이나 사기 거래를 적발하며, 신흥 기업인 아이피트러스트(ipTrust)는 하둡으로 인터넷 아이피 주소에 '신뢰 점수'를 할당하는데 이 역시 사기 행위를 감시하기 위한 것이다.[10] 심지어 미 육군도 이런 추세에 동참하고 있다. 디지털 리즈닝(Digital Reasoning)이라는 도급업체를 통해 확인되지 않은 컴퓨터를 돌려 첩보 정보들 사이의 연관성을 분석하는 것이다.[11]

다른 데이터 분석 회사들, 가령 텍사스의 델피 애널리틱스(Delphi Analytics)는 하둡을 사용한다고 공표하지는 않았으나, 실제로 그와 유사한 방식으로 대량의 고객 데이터 세트를 분석한다. 델피는 대부 업체들이 이른바 '대출 실적'을 가늠할 수 있도록 돕는다. 간단히 말해 빌려준 돈을 돌려받을 확률을 예측하는 것이다. 그들은 대출금을 상환한 고객과 그렇지 않은 고객을 분석해 적용 가능한 '행동 평가 알고리즘'을 구축하고, 이 데이터를 활용해 어떤 고객이 채무를 연체할지를 예측한다. 그들은 고객의 '같은 블록 내 이웃들과의 재정 상태 비교'에서부터 자동차 연비에 이르기까지 온갖 자료를 활용하고 최근에는 SNS 상의 데이터까지 이용한다. 그들은 이렇게 말했다. "SNS의 정보를 이용함으로써…… 그들이 어떤 사람들과 어울리고 어떤 취미와 관심사를 갖고 있으며, 어떤 분야에 '연줄'을 갖고 있고 소셜미디어 활동에 얼마나 열심인지 등 활용할 수 있는 정보가 풍부해졌다."[12] 페이스북에 하루 종일 상주해있는 고객들은 대출금을 갚았을까, 갚지 않았을까? 정확한 사실을 알 길은 없지만, 당신이 소셜미디어의 열렬한 팬이라면 델피를 사용하는 대부업자가 그런 당신을 면밀히 관찰하고 있다고 가정하는 편이 안전할 것이다. 만일 당신이 신용 등급이 낮은 사람들이 많은 페이스북 그룹과 잦은 교류를 한다면 당신도 특별 감시 대상일 가능성이 크다. 다시 말해 델피는 당신의 SNS에서 데이터를 추출하고 '행동 평가 알고리즘'을 사용해 당신과 다른 수많은 차용인들을 비교해본 뒤 당신의 채무 상환 가능성을 평가한다. 그들만 그러는 것이 아니다. 다른 무수한 분야에서도 이와 비슷한 방법이 사용되고 있다.

　간단히 정리하자면 현재 대량의 데이터를 분석하는 비용은 0을 향해 달려가고 있고, 개인이든 기업이든 이제는 우리의 데이터 흔적을 놀랍도록 빠르고 정확하게 그리고 세밀하게 추적할 수 있다. 그래서 어떻게 되었느냐고? 여러분, 평판 점수의 세계에 온 것을 환영하는 바이다.

평판 점수는 누가 어디에 어떻게 사용하는가

컴퓨터는 기계다. 컴퓨터는 100만분의 1초도 안 되는 사이 거의 무한한 계산을 할 수 있지만, 반면에 일몰의 아름다움이나 출산의 감동, 승리의 기쁨 같은 것을 이해하지는 못한다. 그러므로 앞으로 한동안 컴퓨터 코드는 그저 0과 1의 나열에 불과할 것이다.

그러므로 컴퓨터가 당신을 일련의 숫자로 인식하는 것도 별로 놀라운 일은 아니다. 당신이 웹에 올리는 모든 사진과 방문하는 사이트, 마우스를 클릭해 컴퓨터에 제공하는 모든 정보는 결국 알고리즘이 처리할 수 있는 숫자 체계로 변환된다. 컴퓨터가 당신을 모욕하려고 그러는 것이 아니다. 그저 당신을 표현할 다른 방도가 없기 때문이다. 컴퓨터는 오직 숫자만을 이해할 뿐이다.

컴퓨터가 수집한 정보를 체계적으로 정리하고 분석할 때 점수에 의존하는 이유도 이 때문이다. 컴퓨터는 인간의 행동을 판단하지 못한다. 하지만 특정 숫자(예를 들면 신용도)가 다른 숫자보다 높은지 낮은지는 계산할 수 있다. 컴퓨터는 도덕적으로 당신이 좋은 사람인지 나쁜 사람인지 판단할 수는 없지만, 당신의 기부 내역을 조사하거나 탈세로 징계받은 횟수나 체포 횟수를 추출하거나 페이스북 페이지에서 다른 사람을 속이거나 거짓말을 한 전적을 계산하여 당신의 도덕성에 관한 점수를 매길 수는 있다.

오늘날 컴퓨터가 우리의 디지털 흔적을 구성하는 데이터를 얼마나 쉽고 저렴하게 분석할 수 있는지를 고려하면(하둡과 다른 여러 가지 소프트웨어 덕분에) 우리는 머지않아 평가 가능한 모든 특성에 대한 점수를 받게 될 것이다. 일례로 어떤 소매업자가 당신이 얼마 전에 출시된 명품 핸드백을 구입할 가능성이 얼마나 되는지 알고 싶어 한다고 하자. 그들은 당신의 가처분 소득 점수를 계산하고(재정 상태와 과거의 소비 패턴을 참고해), 당신의 온라인 활동과 광고에 대한 민감성을 참고해 고객 충성도와 패션 민감도 점수를 매길 것이다. 당신에게 어떤 보험 상품을 제시할지 고민하는 보험회사는 병원 방문 횟수, 헬스클럽 회원권 유지 기간, 치즈케이크팩토리에서 신용카드를 사용한 횟수, 그 외에 당신의 건강이나 기대 수명과 연관된 다른 수많은 요인을 토대로 당신의 건강 점수를 매길 것이다. 즉, 앞으로는 어떤 회사나 개인이든 당신의 신용도에서 사회적 인식, 정치적 성향, 친구나 애인과의 궁합에 이르기까지 말 그대로 거의 무한한 사항에 대해 이른바 '평판 점수'를 매길 것이라는 이야기다.

평판 점수라고 하니 이게 뭔가 하고 겁부터 날지 모르겠지만 사실 본질적으로 나쁜 것은 아니다. 이는 서로 다른 수백만 개의 사건이 포함된 거대한 데이터 세트를 유용하게 사용할 수 있는 방법이다. 예를 들어 미식축구 경기의 승패 결과가 시합 내내 펼쳐진 다양한 전술과 각 선수들의 뛰어난 플레이를 모두 고려하는 것이 아니라 최종 점수로만 결정나듯이, 평판 점수는 개인의 무수한 기호와 결정을 종합하는 쉽고 간단한 방법이다. 즉, 당신이 클릭하거나 지나친 모든 광고를 나열하는 것이 아니라(모두 합치면 수십만 개도 넘을 것이다) 당신이 어떤 종류의 광고를 얼마나 자주 클릭했는지를 통계적으로 나타내 한눈에 보여주는 것이다. 이런 점수들이 얼마나 큰 위력을 지니고 있는지는 금세 알게 될 것이다. 이것은 쉽고 단순하고 명확하며, 사람들이 인간적 편견이라는 골치 아픈 문제를 배제하고 객관적인 양적 기준에 따라 결정을 내리고 있다고 믿게 한다. 문제는 경기 점수가 잘못된 인식을 줄 수 있듯이(신문으로 읽으면 엄청 화려하고 신나는 경기였던 것 같지만 실은 우승팀이 마지막 5분 동안 크고 작은 반칙을 써서 두 번의 터치다운에 성공했다거나) 평판 점수 역시 잘못된 결론을 가져올 수 있다는 것이다. 가령 당신의 노트북을 빌린 누군가가 그랬을 수도 있고, 당신이 시장 조사를 하기 위해 일부러 배너 광고를 눌렀을지도 모른다. 그 외에도 컴퓨터가 이해할 수 없거나 분석할 수 없는 수많은 요소들이 존재할 수밖에 없다.

그렇다면 평판 점수는 어째서 그렇게 중요하며 앞으로 얼마나 일반적인 것이 될 수 있을까? 이와 관련해서 아마도 가장 먼저 등장하는 것은 '직업 점수'일 것이다. 직업 점수에 대해서는 4장에서 더 자세히 다루겠지만, 간단히 말해 이것은 고용주와 잠재 고용주의 컴퓨터가 데이터를 분석해 당신이 얼마나 생산적이고 충실한 직원이 될 것인지 예측 점수를 뽑아내는 것이다. 직업 점수가 낮으면 초봉이 낮거나 아예 취직자리를 제안받지 못할 수 있다. 그러나 반대로 지나치게 충직해도 유리하지 않을 수 있다. 당신의 생산성이 상위 10퍼센트 이내고 회사에 대한 충성도가 아주 높다면 고용주는 급여를 적게 줘도 당신이 알아서 열심히 일할 거라고 생각하거나, 또는 승진이 안 되면 회사를 떠날지도 모를 덜 충직한 직원을 승진시키고픈 유혹을 느낄 수 있기 때문이다. 이런 점수 평가의 가장 무서운 점은 모든 일이 닫힌 문 뒤에서 일어나기 때문에 연봉 인상이나 취직, 또는 승진 기회를 오직 관련 점수가 낮다는 이유만으로 당신도 모르는 사이에 놓칠 수 있다는 것이다.

지금도 다수의 기업들은 이미 고객의 가치를 점수로 환산하고 있다. 사치품에서부터 할인 품목, 직장인 소액대출(payday loan)에서부터 전통적인 은행 상품에 이르기까지 당신이 거기에 돈을 쓸 것인지 말 것인지를 측정하는 것이다. 미네소타 주 세인트 클라우드에 소재한 이뷰로(eBureau)라는 회사는 그들의 이스코어(eScore)를 사용하면 1초도 안 돼 온라인 상점의 잠재고객들의 등급을 매길 수 있다고 주장한다.[13] 그들은 얼마나 광범위한 데이터를 보유하고 있을까? 이뷰로는 미국의 거의 모든 성인과 가정을 망라하는 수천 개의 데이터베이스와 거기 포함된 수십억 건의 기록에 접근할 수 있으며 인터넷, 쇼핑 카탈로그, 직접 마케팅을 통한 구매 이력을 포함해 매달 30억 건의 새로운 기록이 추가된다고 말한다.[14] 고객서비스센터에 전화를 걸었다가 디즈니랜드에서 가장 긴 줄의 끝에 서서 기다리는 느낌을 받은 적이 있는가? 이제 이뷰로 같은 회사 덕분에 기업들은 당신이 서비스센터에 전화를 걸기도 전에 유망한 고객인지(즉각적인 응답) 아니

면 돈도 없는 불평분자인지(어디 한번 우리가 받을 때까지 기다려보시지)
알 수 있다.

기업들은 머지않아 '신뢰 점수'를 산출해 당신이 자동차 나눠 타기
나 아파트 나눠 쓰기 등의 공유 서비스에 참가할 자격이 있는지 판단
할 수 있을 것이다. 예를 들어 공항 렌터카의 절반 비용으로(더구나 렌
터카 특유의 지독한 냄새도 맡을 필요 없이) 얼굴 한 번 본 적 없는 낯선
사람의 자동차를 빌릴 수 있는 서비스가 있다고 하자. 신뢰 점수가
높으면—깨끗한 신용 기록, 교통사고 기록 전무, 청구서 체납 기록
없음 등—자동차 주인은 안심하고 당신에게 자신의 차를 내어줄 수
있다. 그러나 신뢰 점수가 낮다면 공유 서비스를 제공하는 회사나 개
인은 당신에게 더 높은 가격을 청구하거나 아예 자동차를 빌려주지
않을 것이다.

'건강 및 수명 점수'도 빠트릴 수 없다. 보험회사에서부터 투자가,
고용주에 이르기까지 많은 이들이 이를 이용하게 될 것이다. 리지 캐
피털 파트너스(Rigi Capital Partners)라는 회사는 다소 으스스한 평점
시스템을 사용해 어떤 잠재고객이 일찍 사망할지(그래서 생명보험금을
타게 될지)를 계산한 다음, 그런 고객들에게 생명보험금 권리를 구입
한다. 고객들이 살아있는 동안 현금을 지급하는 대신 고객이 사망하
고 나면 그들의 사망보험금을 가져가는 것이다. 어떤 고객이 빨리 죽
을지를 예측하기 위해 회사는 평범한 의료 병력은 물론, 페이스북 사
진과 게시글까지도 참고한다. 만약 고객이 페이스북에서 사회적으로

활발하게 활동하고 있다면—록밴드 콘서트에 참가하고 스키 여행에 가는 등—리지가 이들에게 투자할 확률은 줄어든다. 일반적인 통념에 따르면 활발한 사회활동을 하는 이들은 수명이 길고, 따라서 보험금을 빨리 회수할 수가 없기 때문이다.[15]

사람들의 습관을 토대로 환자를 골라낸 다음, 이 정보를 보험회사에 판매하는 회사도 있다. 대외적으로는 임상 실험 지원자를 찾기 위한 방법이라고 하지만, 실제로 그들이 수집한 데이터가 어디서 어떻게 사용되고 있는지는 아무도 모른다. 블루칩 마케팅(Blue Chip Marketing)은 프리미엄 케이블 TV와 패스트푸드 소비 데이터를 이용해 비만 연구를 위한 광고 타깃층을 선정한다. 아큐리안(Acurian)은 재즈 음악과 애완용 고양이의 유무, 경품 이벤트 데이터를 활용해 관절염 연구에 필요한 환자들을 검색한다.[16] 기업들은 이런 데이터를 바탕으로 환자들에게 무작위로 전화를 걸어 비만이나 관절염 임상 실험에 참가하지 않겠느냐고 제안한다.

보험회사와 고용주들은 보상을 요구하는 직원들을 조사할 때 그들의 페이스북을 참고한다. 예를 들어 아칸소 출신의 어떤 직원이 허리 부상을 당했다며 보상금을 요청했지만, 페이스북에 파티장에서 멀쩡하게 술을 마시는 사진을 올린 까닭에 보상금 지급 요청을 거절당했고[17], 캘리포니아의 한 여성은 손목 부상 때문에 타자를 칠 수가 없다고 주장했지만, 페이스북에 200개 이상의 블로그 게시글을 올려(그리 현명한 일은 아니었다) 산재 보험사기로 유죄가 선고되기도 했다.[18]

이런 모든 데이터가 컴퓨터에 의해 자동으로 처리된다고 생각하면 더욱 불안하게 느껴질 수밖에 없다. 가령 보험회사인 알피난츠(Allfinanz)와 TCP 라이프시스템스(LifeSystems)는 당신과 보험 계약을 맺기 전에 당신이 청구서를 현금으로 지불했는가 수표로 지불했는가에서부터 온갖 종류의 데이터를 상세하게 분석함으로써 수명 예측 과정을 자동화하기 위해 노력 중이다(이유는 아무도 모르지만 현금 사용자들이 수표 사용자들에 비해 더 오래 사는 것은 분명하다).[19] 사용 가능한 데이터가 늘어날수록 별별 종류의 점수가 생겨날 것이다. 그리고 점점 더 많은 회사들이 그런 점수를 토대로 대상자에게 특혜를 제공하거나 그로부터 기회를 박탈할 것이다.

차세대 평판 점수 시스템

컴퓨터의 복잡한 점수 계산 체계를 이해하려면 초기의 검색 엔진과 구글이나 빙 같은 최근의 검색 엔진이 사용하는 복잡한 알고리즘을 비교할 필요가 있다. 구글은 검색창에 단어를 입력해 넣는 순간—가령 '평판경제'를 검색해보자—인터넷에서 '평판경제'라는 단어가 포함된 모든 페이지를 검색해 각각의 점수를 계산한다. 그런 다음 가장 높은 점수를 얻은 페이지부터 순차대로 결과 페이지에 띄운다.

중요한 것은 이 점수가 객관적 사실뿐만 아니라 컴퓨터의 계산 방식에 따라 달라지며 각각의 사실에 부여되는 중요도가 사실 그 자체만큼이나 중요하다는 점이다. 1990년대 중반까지 알타비스타 (AltaVista) 같은 초기 검색 엔진들은 단순히 웹페이지 내에 해당 단어가 얼마나 자주 등장하는지 그 빈도를 계산해 점수를 매겼다. 이를테면 한 웹페이지 내에서 '평판경제'라는 단어가 계속해서 반복되면 점수가 높아지고, 따라서 검색 결과의 상단에 표기되었다. 그러나 이런 방식은 스팸이라는 문제를 낳았다. 사람들이 검색 엔진을 속일 양으로 웹페이지 아래쪽에 일부러 반복적으로 단어를 삽입했던 것이다 (지금은 끔찍하게 무의미하고 쓸모없는 전략이지만 아직도 많은 사람들이 이런 방법을 시도하고 있다). 중요도를 부여하는 방식이 오히려 나쁜 행동을 부추기고 좋은 콘텐츠를 끌어내는 데에는 실패한 셈이다.

그러나 1996년, 이런 평점 방식에 대격변이 일어났다. 스탠퍼드대 박사 과정을 밟고 있던 세르게이 브린과 래리 페이지가 웹페이지에 점수를 부여하는 새로운 방식을 고안한 것이다. 그들이 발명한 알고리즘(후에 최초의 구글 검색 엔진이 된)은 단순히 해당 단어가 반복되는 빈도를 계산하는 것이 아니라, 해당 웹페이지로 이어지는 링크의 수를 중요도를 나타내는 '득표 수'로 인식했다. 예를 들어 100개의 웹페이지가(당시에는 어마어마한 숫자였다) IBM 홈페이지(IBM.com)의 링크를 연결하고 있다면, IBM 홈페이지는 100점을 얻게 되고, 구글의 페이지랭크(PageRank)는 이를 10점으로 계산한다. 그리고 사용자가 검색창에 'IBM'을 입력하면 알고리즘은 IBM 홈페이지의 인기도와 더불어 해당 웹페이지가 IBM이라는 단어를 얼마나 자주 사용했는지까지를 모두 고려해 검색 결과를 도출했다. 브린과 페이지는 자신들의 기숙사 방에서 이 시스템을 시험했는데, 그들이 처음 사용한 'google.stanford.edu'라는 도메인은 후에 우리에게 익숙한 'Google.com'이 되었다. 몇 달 후 그들은 이 검색 엔진이 얼마나 유용한지 깨닫고 구글을 창립한다.

구글의 점수 계산 체계는 여러 측정값과 다른 요소들을 포함시키며 발전해나갔다. 세부 사항은 아직 비밀로 남아있지만 기본적인 핵심은 각각의 점수가 굉장히 복잡하면서도 즉각적인 수학적 계산을 토대로 한다는 것이다. 얼마나 많은 웹사이트가 해당 페이지를 링크하고 있는가? 얼마나 많은 사용자들이 그 링크를 클릭했는가? '.edu' 도메인을 사용하고 있는가, '.com' 도메인을 사용하고 있는가? 이런 조건들이 한도 끝도 없이 이어진다. 컴퓨터는 사이트의 검색 요청(search query)이 얼마나 신뢰할 수 있고 정확한지, 또는 얼마나 높은 관련성이 있는지에 대해 직감이나 다른 인간적 감정에 기댈 필요가 없다. 그저 주어진 공식에 따라 계산할 뿐이다.

구글이 거대한 검색 데이터를 사용해 웹페이지에 점수를 부여하는 법을 찾아낸 것처럼 기업들은 방대한 데이터를 활용해 개인이나 사업체, 인간관계 등을 점수로 환산하는 방법을 발견했다. 옐프닷컴은 이런 평판 점수를 계산하는 '버전 1.0'이라 할 것이다. 옐프는 레스토랑과 상점, 호텔 등 온갖 종류의 서비스를 사용하는 고객들에게 후기를 남기고 1에서 5까지 별점을 매겨달라고 요청한다. 그러면 알고리즘은 주어진 정보를 컴퓨터 언어로 변환한 다음 특정 후기가 진짜인지 혹은 이른바 '알바생'에 의한 것인지 등을 판단하는 여러 기준을 적용해 중요도를 평가하여 최종 점수를 산출한다. 하지만 이제 옐프와 수많은 경쟁사들은 '버전 2.0'을 향해 전진 중이다. 평가 대상의 특성(예를 들어 별점)뿐만 아니라 평가자 자신을 고려하는 100퍼센트 개인 맞춤 평가 시스템으로 말이다. 예를 들어 당신이 대담하고 호기심이 강한 '식도락가'이고, 그 지역 식당들에 대해 꾸준히 믿음직한 후기를 써왔다고 하자. 그러면 당신의 화면에 뜨는 유명 레스토랑 체인점의 평점은 가령 애플비의 오섬 블로섬(Applebee's Awesome Blossom)에 높은 평점을 준 다른 사용자가 보는 것보다 더 낮을 것이다.

클라우트 같은 서비스에도 유사한 혁명이 찾아올 것이다. 클라우트는 트위터나 페이스북 같은 소셜미디어를 수학적으로 계산해 사람들의 인터넷 영향력을 평가하는데 아직까지는 '버전 1.0'에 머물러있다. 즉, 누가 접속하든 똑같은 점수를 보게 되는 것이다. 그러니 대중문화의 아이콘인 저스틴 비버(Justin Bieber)가 엄청나게 높은 점수를 얻은 것도 별로 놀랍지 않다(비버의 클라우트 점수는 한동안 오바마 대통령을 능가하기도 했다).[20] 하지만 만약 당신이 비버의 팬이 아니고 당신 친구들도 마찬가지라면 어떨까? 평판 점수 '2.0'의 시대에는 실제로 당신 주변인들에게 영향을 끼치는 인물이—정치가나 비즈니스 리더, 운동선수, 또는 어떤 분야의 리더가 됐든—비버보다 더 높은 클라우트 점수를 받게 될 것이다.

간단히 말해 '당신에게 중요한 사람들' 사이에서 당신의 인기와 영향력이 점수화된다는 이야기다. 미래에는 지금처럼 모두에게 똑같은 기준이 적용되는 것이 아니라 당신이 어떤 집단에 속해있느냐에 따라 각각 다르게 평가될 것이다. 당신은 ABC 회사에서 가장 영향력 있는, 또는 인기 있는 마케팅 부장인가? 이 지역 물류창고 매니저들을 이끄는 인물이 당신인가? 당신은 경쟁사가 높은 보너스와 새 직책을 제안할 만큼 훌륭한 직원인가? 얼마 후에는 이런 질문들이 평판 점수 시스템의 미래가 될 것이다.

그렇다면 이런 맞춤형 점수라는 동향을 활용하려면 어떻게 해야 할까? 첫째, 당신이 원하는 시장을 알아야 한다. 당신이 영향력을 행사하고 싶은 사람들을 목표로 삼아 대외용 페르소나를 구축해라. 허황된 이야기처럼 들린다고? 의도적으로 대외용 이미지나 페르소나를 만들어낸 유명한 리더들을 떠올려보라. 만약 리처드 브랜슨(Richard Branson)이 기상천외한 라이프스타일을 과시하지 않았다면 어땠을까? 하워드 슐츠(Howard Schultz)가 사회 비판을 하지 않았다면? 그러니 쓸데없는 사적인 이야기는 그만두고, 컴퓨터가 인식할 수 있고 당신 분야에서 중요한 인물로 떠오르는 데 도움이 될 훌륭한 식견을 퍼트리는 데 집중하라.

'나는 네가 지난 여름에 한 일을 알고 있다' 엔진

소위 사람은 고독한 섬이 아니라고들 한다. 원래 이 말은 인간은 사회적 관계를 필요로 한다는 뜻이지만, 차세대 평판 점수 시스템을 묘사하는 데 아주 적절한 표현이기도 하다. 미래의 평판경제는 당신 자신은 물론 당신의 친구나 동료들의 행동까지도 평가할 것이다. 좋은 친구들과 어울리면 융자를 받거나 보험에 가입하거나 일자리를 구할 때 당신도 높은 점수를 받을 수 있지만, 만약 컴퓨터 알고리즘이 당신의 친구들이 당신에게 나쁜 영향을 끼친다고 분석한다면 당신은 자신도 모르는 사이 여러 번의 중요한 기회를 놓칠 수도 있다.

사실 오늘날 평판 점수 회사들은 아직까지 동료 집단의 영향력까지 고려할 정도로 발달하지는 않았다. 그러나 관련 연구 조사에 따르면 친구들은 당신의 소비 행위부터 정치적 성향, 심지어 건강 상태에 이르기까지 여러 면에 걸쳐 강력한 영향을 끼친다고 한다. 예를 들어 매사추세츠 주 프레이밍햄에 거주하는 5,000명의 이력을 30년간 추적 조사한 결과, 연구 대상자가 비만일 경우 그 친구 역시 똑같이 비만일 확률이 두 배 이상이라는 놀라운 사실이 밝혀졌다.[21] 이 연구는 건강 증진과 관련해 지역사회 개입의 필요성을 뒷받침하는 가장 기본적인 자료일 뿐만 아니라 보험회사에서도 매우 귀중한 참고 자료로 활용되고 있다. 선택권만 있다면 어떤 보험사도 짧은 시간 동안 몸무게가 25킬로그램이나 늘어난 친구가 있는 사람에게 좋은 상품을 팔지는 않을 것이다.

　아직은 초기 단계에 불과하지만 다른 연구들 또한 융자금을 연체하는 것처럼 바람직하지 못한 행동들이 가까운 사람들 사이에 전염될 수 있다는 사실을 보여준다. 어쨌든 주변 친구들이 서로 비슷한 가치관과 취향, 소비 습관을 갖고 있다는 사실을 알기 위해서는 굳이 전문가에게까지 의뢰할 필요는 없다. 거대 분석의 세계에서 데이터 전문가들이 당신 친구나 동료 집단의 과거 행위를 기반으로 당신의 미래 행동을 예측하는 방법을 발명해내리라는 것을 짐작하는 것도 별로 어려운 일이 아니다.

　문제는 평판경제가 발전할수록 평판 점수가 더 이상 사적 자산에 머무르거나 그것을 활용하는 회사들의 전유물에 그치지 않으리라는 데 있다. 평판 점수는 곧 누구든 쉽고 간단하게 손에 넣을 수 있는 정보가 될 것이다. 이런 추세는 결국 '평판 엔진'의 탄생으로 이어질 것이다. 검색 엔진과 비슷하지만 웹페이지에서 특정 주제에 관한 자료를 찾는 것이 아니라 개인정보가 담긴 광범위한 데이터베이스를 뒤져 개인에 대한 모든 자료를 검색하거나 특정 기준에 부합하는 인물을 잡아내는 것이다. 2010년대를 지배한 트렌드가 검색 엔진이었다면, 다음 10년은 평판 엔진이 풍미하는 시대가 될 것이다. 실제로 평판 엔진의 초기 형태는 지금도 존재하고 있다. 이를테면 스포키오는 당신이 찾는 사람의 인구 통계학적 정보와 '재산 점수'를 알려줄 것이다. 한동안 이름을 날렸던 어니스틀리닷컴(Honestly.com)에서는 사람들의 업무 능력에 대한 익명 댓글을 볼 수 있다. 뉴슬(Newsle.com)은 페이스북 친구들이 언급된 뉴스를 찾아 웹사이트에 게재하고 이를 뉴스레터로 작성해 구독자들에게 메일로 발송한다(당신의 페이스북 친구가 뉴스에 나올 때마다 진짜로 소식을 듣고 싶은가? 그건 정말 간단한 일이다). 사람들의 소셜미디어 영향력을 평가하는 클라우트와 크리드(Kred)는 뉴슬 점수를 모두에게 공개한다.

다음 세대의 평판 엔진은 이 모든 정보를 하나의 간단한 인터페이스로 통합함으로써 앞으로 더 나아갈 것이다. 우리는 농담 삼아 이를 '나는 네가 지난 여름에 한 일을 알고 있다' 엔진이라고 부르는데, 아직은 예상일 뿐이지만 이 엔진에 접속하면 인터넷 친구(전 애인이라든가 짝사랑 상대 등)의 활동 내역을 빠짐없이 상세하게 알 수 있을 것이다. 그중 일부는 이미 현실이 되고 있는데, 페이스닷컴(Face.com)은 태그가 되어있지 않은 당신 친구의 사진까지 찾아준다(지금은 페이스북이 인수해 서비스가 종료되었다). 신생 기업인 아크는 각종 SNS와 공개 검색을 통해 수집한 정보를 종합하여 '지인에 대한 모든 것을 알 수 있다'라고 홍보하고 있으며, 스포키오는 정부 기록물과 주소 데이터베이스를 보유한 커다란 공개 인터페이스다. 아직까지 없는 게 있다면 이 모든 개념과 자료를 하나로 통합하는 사이트다. 그러나 그것이 도래할 날도 그리 머지않은 형편이다. 가십을 속닥이고 정보를 수집하고자 하는 인간의 욕망은 이런 지저분한 상황을 곧 실현시킬 것이다.

내가 좋은 사람이라는 걸 컴퓨터가 알게 하라

당신의 일거수일투족이 점수로 환산돼 영원히 당신 뒤를 따라다니는 것은 그리 즐거운 상황은 아니지만, 그렇다고 거기서 벗어나기 위해 발버둥 칠 필요는 없다. 사실 온라인에서 '흔적을 남기지 않고 살아갈' 방법은 없다. 페이스북 사진과 게시글을 숨기는 것만으로는 부족하다. 미래의 평판 엔진은 더 이상 사용자의 동의를 필요로 하지 않을 것이며, 따라서 좋든 싫든 무조건 그 세계에 들어가야만 한다. 당신이 페이스북을 사용하지 않더라도 페이스북을 사용하는 당신의 친구들이 올리는 모든 정보는—심지어 당신 이름이 언급되지 않은 사진들도—평판 점수의 참고 자료가 될 것이다. 그리고 설사 방문 기록을 지우고 구매 내역을 비밀로 설정하더라도 당신이 실행한 모든 전자 거래와 당신이 들렀던 모든 웹페이지는 변함없이 기록되고 저장된다. 물론 수집되는 데이터를 줄이거나, 일부 쿠키 파일의 추적에서 벗어날 수는 있을 것이다. 또 브라우저에 '추적 방지' 기능을 설정할 수도 있다. 그러나 그런 속임수 역시 절대로 안전하지 않다.

실제로 온라인 활동 내역을 의도적으로 삭제하는 것(페이스북 계정이나 트위터 계정 삭제)은 부정적인 인식을 주기 때문에 신뢰성이나 진실성과 관련돼 낮은 점수를 받을 수 있다. 가령 에어비앤비(Airbnb, 숙박 공유 서비스를 제공하는 온라인 사이트 - 옮긴이)나 넥슨(Nexon, 온라인 게임회사 - 옮긴이) 등 수많은 서비스가 당신이 진짜 사람인지를 확인하기 위해 페이스북이나 트위터 계정을 검색한다고 하자. 그런데 아무것도 발견하지 못하면 그들은 당신이 사기꾼이나 스팸 계정이라고 생각할 수도 있고, 그렇게 된다면 당신의 접속을 거부할 것이다. 다른 많은 사이트들이—특히 사회적 신뢰도를 크게 중요시하는 카셰어링이나 숙박 공유 서비스—페이스북이나 링크드인 계정으로 사용자의 신원을 파악하며 부적절한 행위를 할 경우 당신의 평판을 망가뜨리겠다고 넌지시 협박할 수도 있다(예를 들어 당신의 페이스북 담벼락에 당신이 집을 빌린 뒤 너무 지저분하게 사용했다는 글을 올린다거나). 따라서 계정을 삭제하지 않고 일상생활을 너무 많이 노출시키지 않는 범위 내에서('햄버거 먹는 중 #우걱우걱') 트위터 계정을 꾸준히 유지하는 것만으로도 당신의 온라인 활동을 추적하는 알고리즘에 긍정적 정보를 제공할 수 있다.

컴퓨터는 불확실한 것을 좋아하지 않기 때문에, 만약 당신의 데이터에 다른 모든 이들에게 있는 자료가 빠져있다면 특정한 추론 결과를 이끌어낼 수도 있다. 가령 당신이 파산이나 장기간의 실업, 또는 그보다 더 나쁜 부정적 정보를 의도적으로 삭제한 것은 아닌가 하고 말이다. 당신과 같은 분야에서 일하는 대다수 사람들이 페이스북과 링크드인, 웹 이메일과 다른 서비스를 사용하고 있다면 그렇지 않은 사람은 눈에 띄기 마련이고 그들은 대개 바람직하지 않게 인식된다. 한 독일 신문의 예를 들어보자. 그 신문은 최근에 대량 학살을 저지른 범인 두 명이 모두 온라인 활동을 하지 않았다는 이유로 페이스북 등 온라인 도구를 사용하지 않는 다른 보통의 사람들까지도 어딘가 의심스럽다는 결론을 내렸다.[22] 이것은 정말 말도 안 되는 소리다! 그렇지만 납득이 되든 안 되든 요즘 사람들은 이런 말도 안 되는 논리를 너무도 자연스럽게 받아들인다.

오늘날 안면 인식 프로그램과 차량 번호 스캐너 그리고 더 이상 피할 수 없는 수많은 첨단 기기의 발전을 생각하면(차량 번호판을 가리는 것은 불법이며, 종교적 이유가 있지 않은 한 절대 은행에 얼굴을 가린 채 들어가지 마라), 차라리 당신이 온라인과 오프라인에서 행하고 있는 모든 일은 하나같이 기록되며 저장되고 있다고 가정하는 편이 안전하다.

그러므로 부정적인 정보를 애써 숨기려 하지 마라. 당신이 할 수 있는 최선의 전략은 디지털 흔적을 신중하게 관리하여 '긍정적' 정보만을 남김으로써 통제 불가능한 '부정적' 데이터를 상쇄시키는 것이다. 다행히도 이럴 때 도움을 줄 수 있는 몇 가지 방법이 있다.

첫째, 평판 점수를 계산하는 것은 컴퓨터이므로 컴퓨터가 이해할 수 있는 방식으로 긍정적 정보를 남겨라. 아무리 좋은 정보라 한들 점수로 환산하거나 수치화할 수 없다면 아무 쓸모도 없다. 당신의 모든 행동이 단순히 숫자에 불과하다는 뜻이 아니다. 이제는 컴퓨터도 문자를 통해 의미를 파악하는 데 나날이 능숙해지고 있다. 다만 아직까지 컴퓨터는 문자보다는 숫자와 구체적인 정보를 훨씬 효과적으로 이해하기 때문에(예: 졸업 학점 4.0, 5퍼센트 매출 증가, 직원 이직률 20퍼센트 감소, 자선 단체 열 곳에 기부 등) 학점 처리가 안 되는 강의를 듣거나, 직원들에게 주인의식을 심어주거나, 다른 부서 직원이 실적을 올리는 것을 도와주거나, 노숙자에게 잔돈을 주는 등 수량화나 검증이 힘든 정보는 장기적으로는 더 중요할지라도 평판 점수에는 큰 영향을 끼치지 못한다.

분명히 말해두지만, 단기적인 자기 홍보를 위해 보다 중요한 목표를 포기하라고 말하는 것이 아니다. 중요한 것은 컴퓨터가 당신이 이룬 유무형의 성취를 모두 인식할 수 있도록 최대한 그것을 검색과 저장이 가능한 디지털 자료의 형태로 제공해야 한다는 것이다. 예를 들어 당신이 아무리 훌륭한 팀원들과 어깨동무를 하고 사진을 찍었다 해도, 그 사진 밑에 팀의 성취 내용과 당신의 이름이 적혀있지 않다면 그 사진은 아무 쓸모도 없다. 긍정적 정보를 쌓아올리고 강조함으로써—직장에서의 성공, 친구들과의 굳건한 신뢰, 바람직한 사회생활—알려주고 싶은 정보를 컴퓨터와 점수 계산 시스템에 흘려라. 체육관에 운동을 하러 갈 때나 보고서가 훌륭하다고 칭찬을 들을 때마다 페이스북에 자랑을 하라는 뜻이 아니다. 그리고 솔직히 당신이 조깅을 얼마나 오랫동안 했든, 이번 달에 체육관에 몇 번이나 갔든, 또 보고서를 얼마나 잘 썼든 아무도 상관하지 않는다. 그저 건전한 사회생활과 관련된 사진, 그에 대한 긍정적인 댓글을 꾸준하게 노출시킨다면 컴퓨터는 그런 일련의 흐름을 포착할 것이다.

비슷한 이치로 부정적인 콘텐츠는 온라인에 올리지 않는 게 좋다. 주변 사람들이 쉽게 볼 수 있는 블로그나 페이스북은 해고를 당했다거나 애인에게 차였을 때 하소연을 늘어놓기 안성맞춤인 공간이지만 동시에 불쾌한 사건이 일어났다는 사실과 그에 대한 당신의 반응이 영구히 박제되는 공간이기도 하다. 부정적인 글을 쓸 때는 적어도 구독 범위를 제한해 가까운 친구들만 볼 수 있게 하는 것이 좋다. 그보다 더 좋은 방법은 친구에게 직접 전화를 걸어 하소연하는 것이다. 아직까지 전화 통화를 감시하는 개인정보 회사는 없으니까 말이다.

직업적인 면에서는 링크드인이나 그와 유사한 네트워크에 당신이 맡은 프로젝트나 요즘 하는 업무에 대해 꾸준히 글을 올리고 피드백을 하라. 그렇다고 지나치게 열심히 할 필요는 없다. 평범한 직장생활을 하고 있는 한 이런 사이트에 매주 또는 매달 보고할 만큼 큰 일이 생기는 경우는 드물다. 그렇지만 업무상 큰 전환점이 될 만한 중대한 사건이 생기면 조금도 지체하지 말고 공개해라. 트위터나 다른 SNS에서는 당신이 속한 분야의 유명인과 친구가 되거나 최소한 팔로잉이라도 해라. 가장 좋은 것은 회사의 유력 인사들과 친분을 쌓거나 관련 분야에서 인정받는 실력자들과 서로 아는 사이임을 드러내는 것이다. 서로의 블로그에 댓글을 달아주고 트윗을 리트윗하는 것만으로도 충분하다. 만약 당신이 직장에서 두드러진 실적을 올렸다면 그에 대해 트윗하라. 그보다 더 좋은 방법은 겸손한 태도로 동료들을 칭찬하거나 남에게 공을 돌리는 것이다. 그렇게 하면 사람들에게 좋은 인상을 심어줌과 동시에 점수를 얻는 데 긍정적인 영향을 줄 수 있다.

100

다른 사람을 치켜세우면(공개적으로 팀의 유능함을 칭찬하는 등) 당신도 높은 점수를 얻을 수 있다. 칭찬받은 동료들은 언젠가 호의를 되갚을 것이고, 당신이 앞장서서 칭찬 문화를 다져놓는다면 많은 이들이 당신의 기여에 감사를 표할 것이다. 링크드인 사용자들을 예로 들자면, 굳이 자기 홍보를 하지 않더라도 동료나 친구들을 칭찬하거나 지지하면 보답으로 그에 상응하는 칭찬이나 지지를 돌려받는다는 사실이 밝혀진 바 있다. 이러한 긍정적 인식의 자기 강화를 트위터나 링크드인, 페이스북, 블로그 등 다양한 피드백 기제로 확장하면 매우 훌륭한 결과를 얻을 수 있을 것이다.

평판 엔진을 유용하고 긍정적으로 사용할 수 있는 방법은 수없이 많다. 베이비시터를 찾고 있는가? 면접을 보기 전에 그 사람이 친절하고 책임감 있고 믿음직한 사람인지 미리 알아볼 수 있다면 어떨까? 혹은 동업자나 투자가를 찾고 있는데 이 잠재 파트너가 재정 능력이 있는지, 뛰어난 판단력을 지니고 있는지, 또는 과연 정직한지 확인하고 싶은가 그렇다면 정보를 이용하여 그들의 평판을 조사하고 당신에게 유리하게 활용하라.

평판 점수는 간단히 말해 일종의 화폐와 같다. 점수가 높으면 넘치는 기회를 접할 수 있고 점수가 낮으면 기회의 문이 닫힌다. 다음 장에서는 당신에 관한 모든 정보가 기록, 분석, 평가되는 세상에서 평판 부자가 되는 구체적인 방법에 대해 알아보자.

4장

필리핀 밤무대 가수가
어떻게 세계적 록스타가 되었을까

– 성공을 좌우하는 평판경제

디지털 평판은 필리핀의 무명 가수를 록스타로 만들 수 있다.

물론 하루아침에 세계적인 밴드와 월드 투어를 할

기회를 얻는 사람이 세상에 몇이나 되겠는가.

어느 날 갑자기 대기업의 CEO로 모시고 싶다는 전화를 받는

사람도 전 세계에서 열 손가락 안에 꼽힐 것이다.

그렇지만 평판경제 사회에서는 평소에 좋은 평판을 쌓으며

준비한다면 소소한 기회들을 얻게 될 것이다.

크고 중요한 기회를 가져오는 것은 바로 이런 작은 기회들이다.

작은 기회는 큰 기회를, 큰 기회는 보다 큰 기회를 불러오고,

그렇게 소소한 기회를 얻는 당신은 목표를 향해 굴러가는

눈덩이 효과를 경험하게 될 것이다.

평판은 개개인의 경력에 엄청난 위력을 떨칠 수 있다. 심지어 무명 가수가 하룻밤 만에 세계적인 록스타가 될 수도 있다. 2007년 2월, 아넬 피네다(Arnel Pineda)는 필리핀 마닐라에서 활동하는 작은 밴드의 뮤지션이었다. 그는 2년간 집도 절도 없이 떠돌다가 작은 밴드에서 보컬로 일하기 시작했는데, 주로 필리핀에서 공연을 하고 가끔은 홍콩에 가기도 했다. 시간이 지나면서 피네다는 뮤지션으로 인정을 받긴 했지만 상업적으로는 크게 성공을 거두지 못했다. 그는 '주(Zoo)'라는 밴드의 보컬로 마닐라의 하드락카페(Hard Rock Cafe) 같은 술집이나 레스토랑에서 노래를 불렀고 그가 낸 앨범들 가운데 한 장은 소소한 성공을 거두기도 했다.

하지만 그로부터 1년 뒤인 2008년 2월, 그는 완전히 다른 삶을 살게 되었다. 피네다는 미국의 유명 록밴드 '저니(Journey)'의 새로운 보컬이 되어 월드 투어에 참가한 것이다. 투어는 가는 곳마다 매진을 기록했다. 그가 저니와 함께한 첫 공연은 약 2만 명의 군중이 모인 칠레 뮤직 페스티벌이었고, 그 뒤로는 미국 전역을 돌며 야외 공연을 펼쳤다. 2008년이 끝날 무렵에는 100만 명의 팬들 앞에서 무려 57번의 공연을 성공리에 마친 상태였다. 2009년 초반, 그는 마닐라로 돌아왔고, 금의환향한 피네다와 저니는 마닐라의 아시아몰 콘서트장에서 3,000명의 관객들과 라이브 앨범을 녹음했다.

유튜브가 만든 또 하나의 신화

피네다는 어떻게 필리핀의 작은 동네 술집에서 벗어나 〈USA 투데이〉의 표현을 빌리자면 '시대를 초월한 미국 최고의 록밴드'인 저니의 멤버가 되어 함께 공연을 하게 되었을까? 바로 디지털 명성 덕분이었다.

피네다는 2006년부터 밴드에서 함께 공연하던 동료의 도움을 받아 유튜브에 에어로스미스(Aerosmith)와 에어서플라이(AirSupply), 이글스(Eagles), 케니 로긴스(Kenny Loggins) 그리고 저니의 히트곡을 부른 영상들을 올리고 있었다. 그의 노래는 '강남 스타일'처럼 하룻밤 만에 수백만 명으로부터 관심을 받지는 못했지만 수천 명의 관심을 끄는 데는 나름 성공했다. 그의 노래는 많은 사람들에게 꾸준히 좋은 인상을 남겼고, 그중 대다수가 '좋아요' 버튼을 눌렀으며, 그의 또 다른 영상을 찾아보았다. 피네다가 부른 저니의 발라드 곡 '페이스풀리(Faithfully)'는 대략 '싫어요' 하나 당 70개 이상의 '좋아요'를 받았다.[1]

유튜브의 순위 시스템은 이 '좋아요'의 수치를 그 영상이 얼마나 훌륭한가를 입증하는 시청자의 충성도로 해석했다. 물론 컴퓨터는 피네다가 누군지도 몰랐고 그가 얼마나 훌륭한 가수인지도 알지 못했다. 그저 수천 명의 사용자가 피네다의 노래를 클릭했고 그것을 좋아한다는 사실만을 알 따름이었다. 분석 시스템은 '좋아요' 수치를 기반으로 피네다의 영상이 '훌륭하다'고 결론지었고, 곧 그의 영상을 검색 결과 상단에 올려놓았다. 그 결과 피네다를 몰랐던 사람들도 손쉽게 영상을 발견하였고 그들 역시 '좋아요'를 누를 수 있었다. 시간이 어느 정도 흐르자 피네다의 영상은 '충실하게 커버곡'과 '저니 커버곡' 검색 결과에서 점점 더 위쪽으로 올라갔다. 물론 유튜브의 검색 결과 상위권에 오른다고 해서 단번에 유명 인사가 되는 것은 아니다. 그랬다면 지금쯤 레이저포인터를 갖고 노는 수많은 새끼고양이들도 TV 프로그램 하나쯤은 진행하고 있어야 하니 말이다. 피네다가 대중으로부터 더욱 큰 주목을 받으려면 명망 있는 누군가가 그를 발견해야 했다.

2007년 중반, 저니의 기타리스트 겸 가장 오래된 멤버인 닐 숀(Neal Schon)은 밴드의 새로운 리드 싱어를 찾고 있었다. 원래 저니의 싱어였던 스티브 페리(Steve Perry)는 수년 전 솔로로 전향했고, 그 자리를 채운 스티브 오게리(Steve Augeri)는 성대결절로 밴드를 그만두었다. 그 다음에 합류한 사람은 제프 스콧 소토(Jeff Scott Soto)였는데, 그 역시 알 수 없는 이유로 얼마 뒤 탈퇴했다. 1980년대를 갈망하는 대중의 욕구가 하늘을 찌르던 그때 리드 싱어 자리를 비워둔 채로 투어를 할 수는 없었다.

다른 모든 방법들이 수포로 돌아가자 닐 숀은 유튜브에서 후보를 탐색하기 시작했다. 그가 정확히 무슨 검색어를 사용했는지는 모른다. 하지만 어쨌든 그는 검색 결과 상단에서 피네다가 부른 '페이스풀리' 영상을 발견했다.

숀은 피네다의 이름을 그때까지 단 한 번도 들어본 적이 없었지만, 그 영상을 보고 깊은 감명을 받았다. 심지어는 피네다의 영상을 보자마자 저니의 키보드 주자였던 조너선 케인(Jonathan Cain)에게 한밤중에 전화를 걸어 마침내 '적임자'를 찾았다고 말했다. 숀은 케인에게어서 빨리 피네다의 '페이스풀리' 영상을 볼 것을 독촉했다. "지금 당장! 컴퓨터를 켜서 찾아봐!"[2] 숀은 훗날 이렇게 말했다. "그 영상을 수없이 돌려본 뒤에 컴퓨터를 끄고 한참 동안 생각에 잠겼죠. 이건 현실이 아니다라고 느껴질 정도였거든요. 어쩌면 실제로는 그렇게 잘부르지 못할지도 모른다고 생각했죠. 그 정도로 좋았어요. 완전히 보석 같더라고요."[3]

숀은 피네다에게 오디션을 보러 오라는 이메일을 보냈다. 필리핀 음악계에서 나름 잔뼈가 굵은 피네다는 저니의 멤버가 되지 않겠느냐는 제안은 둘째 치고 그 이메일도 당연히 가짜라고 생각해 하마터면 답장을 하지 않을 뻔했다. 하지만 피네다는 결국 마음을 바꿔 답장을 보냈고, 며칠 후 캘리포니아행 비행기 좌석에 앉아있었다. 유튜브에 영상을 올린 덕에 전설적인 록밴드의 오디션을 본다는 이야기에 회의를 품은 것은 피네다만이 아니었다. 미국 이민국도 처음에는 말도 안 되는 소리라고 생각했다. 피네다는 그가 정말로 저니의 리드 싱어 오디션을 보기 위해 캘리포니아로 간다는 것을 증명하기 위해 이민국 관리들 앞에서 저니의 히트곡인 '휠 인더 스카이(Wheel in the Sky)'를 불러야 했다.[4] 어쨌든 그의 노래 실력은 정말로 뛰어났던 모양이다. 피네다는 결국 비자를 받아 미국에 입국할 수 있었다.

피네다는 캘리포니아 마린 카운티에서 이틀간 오디션을 봤고, 마침내 저니의 새로운 리드 싱어가 되어 함께 월드 투어를 하자는 제안을 받았다. 이 모든 이야기는 〈비하인드 더 뮤직Behind the Music〉(뮤지션들의 이야기를 다룬 MTV 프로그램 - 옮긴이)의 소재로도 손색이 없다. 수백만 달러의 수입, 스타디움을 가득 메운 관중과 함께하는 크고 화려한 공연, 환호성을 내지르는 팬들과 열광하는 소녀들, 록스타가 되면 자동적으로 딸려오는 수많은 특권들까지.

평판경제가 무르익으면 온라인 평판은 인재 선별 방식을 완전히 뒤바꿀 것이다. 록스타뿐만이 아니다. 컴퓨터의 도움을 받은 평판 심사 시스템은 사람들이 채용되고 스카우트되고 승진하고 좌천되고 해고되는 방식을 신속하게 변화시키고 있다. 앞 장에서 온라인 평판의 영속성과 장소에 구애받지 않는 강력한 영향력에 대해 논했다면, 이번 장에서는 평판이 어떻게 직업적 경력에 영향을 미치고(특히 컴퓨터를 통해 누군가의 선택을 보조하는 의사결정 도구로 사용될 때), 어떻게 하면 경력 발전에 유리하게 활용할 수 있는지 이야기해보자.

기계가 거의 모든 결정을 내리는 시스템

컴퓨터 연산 능력이 발달하고 개인적 평판에 대한 디지털 정보가 풍부해지면서 채용에서 해고, 승진, 처벌에 이르기까지 예전에는 인간만이 내릴 수 있었던 중요한 결정들이 조금씩 컴퓨터의 손으로 넘어가고 있다. 우리는 이런 추세를 '기계가 거의 모든 결정을 내리는 시스템(decisions almost made by machine, 즉 농담 삼아 DAMMed 과정)'이라고 부른다. 이 용어에 내포된 의미는 다음과 같다. 이제 의사결정 과정에서 인간의 역할은 최소한에 그칠 것이다. 컴퓨터는 점점 더 많은 중요한 결정들을 내리게 될 것이며(실수나 에러가 생긴다 할지라도) 우리의 상호작용 역시 인간이 아닌 컴퓨터에게 어필하는 방식으로 이뤄질 것이다.

DAMM이 확산된다고 해서 인간의 의사결정권이 완전히 박탈되는 것은 아니다. 기계가 '거의 모든' 결정을 내린다는 것은 기계가 '100퍼센트 모든' 결정을 내린다는 의미는 아니기 때문이다. 하지만 때때로 인간이 결정 과정에 개입하더라도 기껏해야 최종 단계에서 결정을 내리는 정도에 그칠 것이다. 후보군 가운데 최종적으로 누구를 고용할 것인가, 또는 직원들 가운데 누구를 해고할 것인가와 같은 결정말이다. 이 시점에서 컴퓨터는 최종 목록에 남을 후보들을 선정하고, 그들의 등을 약간 앞으로 떠밀거나 옆으로 밀침으로써 결과를 대충 결정짓는다.

록밴드 저니의 경우를 예로 들어보자. 아넬 피네다를 오디션에 초청한 것은 닐 숀이었고, 피네다를 투어에 합류시킨 것은 밴드 전체의 결정이었다. 하지만 애초에 피네다가 그런 기회를 얻게 된 것은 DAMM 덕분이었다. 피네다가 오디션을 볼 수 있었던 것은 닐 숀이 유튜브를 검색했을 때 유튜브 서버팜의 컴퓨터가 수백 수천 개의 저니 커버곡 영상들을 분류해 그중 피네다의 영상을 검색 결과의 첫 페이지 상단에 올려놓았기 때문이다. 유튜브 시스템은 피네다의 영상을 다른 잠재 후보자들의 영상보다 상단에 배치함으로써 숀의 선택에 지대한 영향을 끼쳤다. 솔직히 숀이 첫 번째 검색 페이지에 있는 영상들을 모두 확인해봤을지도 의심스럽다. 만약 유튜브가 검색 결과를 다르게 내놓았다면, 또는 아예 영상을 무작위로 나열했다면 숀은 피네다의 인상적인 '페이스풀리' 영상을 보지도 못했을 테고, 그랬다면 피네다는 지금도 마닐라의 술집들을 전전하며 공연하고 있었을 것이다. 유튜브가 만약 다른 알고리즘을 사용했다면 저니는 밴드 역사상 최초로 여성 싱어를 맞아들이지 못했을지도 모르고, 아니면 적당한 후보를 찾지 못해 싱어 찾는 일을 아예 포기했을지도 모른다. 어쨌든 피네다가 스타덤에 오르는 과정에서 컴퓨터는 닐 손만큼이나 중요한 역할을 수행했고, 이것은 기계가 거의 모든 것을 결정짓고 최종 결정만 사람이 내린 완벽한 사례가 되었다.

이 장에서는 당신이 좋은 평판을 보유하고 있을 때 DAMM이 어떻게 당신의 경력을 단숨에 도약시키거나 원하는 방향으로 움직이게 이끄는지 살펴볼 것이다. 반대로 나쁜 평판을 갖고 있다면 DAMM은 거센 역풍이 되어 당신을 목표로부터 멀어지게 만들 수 있다. 어찌 됐건 평판경제가 성장하면서 DAMM과 온라인 평판은 당신의 직업적 경력에 점점 더 강력한 영향을 끼칠 것이며, 일단 그 메커니즘을 이해하면 그것을 활용해 성공으로 한 걸음 더 나아갈 수 있을 것이다.

컴퓨터가 좋아하는 방식으로 이력서 쓰는 법

직업적 경력에 있어 평판의 위력은 어마어마하다. 특히 기계가 거의 모든 결정을 내리는 세상에서는 더더욱 그렇다. 그 가운데 고용은 온라인 평판이 개인에게 가장 직접적이고 강력한 영향을 끼칠 수 있는 분야 중 하나다. 앞으로는 컴퓨터 검증 시스템이 누구를 고용할지를 결정할 것이며, 그 이유를 짐작하기란 그리 어렵지 않다.

컴퓨터는 지루한 인재 선별 과정에서 벗어날 수 있는 매우 솔깃한 방법을 제공한다. 사람이 이런 일을 하게 되면 속도도 느리고 비용도 많이 들지만, 컴퓨터는 초당 수천 개의 결정을 내릴 수 있고 쉬는 시간도 필요하지 않으며 지루함을 느끼지도 않고 매달 월급을 줄 필요도 없다. 많은 기업과 단체들이 예전에는 오로지 인간의 몫이었던 결정들을 점점 더 컴퓨터에게 위임하고 있으며, 컴퓨터가 저렴하고 흔해질수록 이런 추세는 계속될 것이다.

지원자가 많을수록 컴퓨터에 의존하는 자동 심사 절차는 필수가 된다. 비영리 재단인 마르스 원(Mars One)을 예로 들어보자. 그들은 인류 최초의 화성 거주 정착 프로그램을 추진하고 있는데, 어쩌면 평생 실현되지 못할 이 프로젝트(총 60억 달러가 들 것으로 추정되고 있지만 아직 57억 달러가 부족한 상태다)에 지원한 사람만 해도 20만 명이 넘는다.[5] 한 사람이 지원서 한 장을 검토하는 데 5분이 걸린다고 치면 그가 모든 지원서를 검토하는 데는 하루 24시간 일한다 해도 꼬박 9년이 걸린다. 이 정도면 민간 경제 기준으로도 그리 크지 않은 숫자다. 월마트만 해도 매년 입사 지원자가 500만 명에 이르기 때문이다.[6] 컴퓨터 자동 심사가 매력적인 이유는 또 있다. 채용 과정에 드는 시간을 줄이고 절차를 개선하는 것 외에도 컴퓨터는 심사 과정 중에 발생할 수 있는 편견을 줄이거나 없앨 수 있는데, 그것만으로도 회사는 잘못된 채용에 따른 소송 비용 등 잠재적으로 수백만 달러를 절감할 수 있다.

채용 과정에서 부지불식간에 발생하는 차별은 꽤 흔한 문제다. 이 문제에 대해서는 학계에서도 이미 각별한 관심을 갖고 주목한 바 있다. 2001년 시카고 대학과 MIT 대학 연구진이 미국의 대기업들을 대상으로 간단한 실험을 했다. 구인 공고를 낸 1,300개 회사에 5,000개가량의 가짜 이력서를 보낸 것이다. 이력서 중 절반은 통계상 백인 가정에서 흔히 사용하는 이름을 썼고('에밀리 월시'), 나머지 절반은 흑인 가정에서 흔히 볼 수 있는 이름을 적었다('라키샤 워싱턴').[7] 이름을 제외하면 경력이나 특기 등 다른 모든 점에 있어서는 완전히 동일한 이력서였다. 이 실험 결과는 우리 사회에 얼마나 많은 고용 차별이 만연해있는가를 보여주는 대표적인 사례로 꼽힌다. 인종을 고려하지 않는다던 회사의 장담과는 달리, '백인' 이름의 이력서는 응답율이 9.65퍼센트였던 반면, '흑인' 이름의 이력서는 6.45퍼센트의 응답률을 기록했다.

자동 심사 시스템은 이런 차별적인 요소를 제거할 수 있다는 점에서 아주 매력적인 도구다. 누군가 말해주기 전까지 컴퓨터는 '에밀리 월시'와 '라키샤 워싱턴'의 차이를 구분하지 못한다. 바로 그런 이유로 벌써 많은 대기업들이 컴퓨터 심사 과정의 첫 단계를 시행 중이다. 지원서가 접수되면 가장 먼저 컴퓨터가 특정한 기준—대학 졸업증이나, 또는 그에 준하는 자격증 혹은 경력—에 따라 이력서를 검토한다. 최종 결정은 인간의 몫이지만 그 단계에 이르기 전에 수백 수천 장의 이력서가 컴퓨터에 의해 걸러진다. 당신이 인간적으로 얼마나 매력적인지는 중요하지 않다. 컴퓨터의 심사를 통과하지 못하면 면접관을 만나볼 기회조차 얻지 못할 테니까 말이다.

그러나 컴퓨터가 쉽게 이해할 수 있는 방식으로 이력서나 지원서를 작성한다면 그런 심사 과정은 간단히 통과할 수 있다. 이 장과 다음 장에서 논하겠지만, 약삭빠른 지원자들이 사용하는 이런 수법은 단순히 문 안에 발을 들여놓을 때만 활용하는 것이 아니다. DAMM 세상에서 그것은 어떤 일자리에 지원하든 반드시 거쳐야 할 관문이다. 당신의 목표는 간접적인 정보를 인식할 수 없는 컴퓨터가 (1) 당신의 지원서가 최소한의 자격 요건을 갖추고 있는지 (2) 그리고 알고리즘이 찾고 있는 다른 모든 특성을 보유하고 있는지 재빨리 판단할 수 있게 하는 것이다.

이러한 움직임은 이미 현재 진행형이다. S2버리파이(S2Verify)는 고용주가 설정한 핵심어를 토대로 지원서를 '적격' 또는 '부적격'으로 분류하는 서비스를 제공한다. 핵심어는 '대학교'나 '전문대'처럼 이력서에 표기된 간단한 단어일 수도 있고 구인 광고에 언급되지 않은 특수한 기술이나 능력을 골라내는 것처럼 복잡할 수도 있다(아동 교육과 관련된 일자리를 찾고 있는가? 그렇다면 구인 광고에 특별한 언급이 없어도 이력서에 언어 발달 교육과 관련된 항목을 기입하는 게 좋을 것이다). 옛날에는 기껏해야 이력서에 자신을 어필할 수 있는 활동성이 담긴 동사를 자주 쓰라고 조언했다면('팀을 이끌어 공급망을 혁신함'), 요즘에는 아무리 멍청한 자동 검증 시스템이라도 추려낼 수 있는 핵심어를 사용해 당신의 능력과 역할, 기술에 대해 묘사하라는 조언이 유용할 것이다('구매 조달팀을 이끌어 공급망의 구매, 수령, 유통 기술 등을 혁신함').

이런 핵심어 서비스는 어떤 식으로 작동할까? 고용주가 지원자의 이력서를 이력서 심사 업체에 보내거나 관련 소프트웨어를 구입하면 고용주가 설정한 조건에 맞춰 컴퓨터는 핵심어를 탐색한다. 예를 들어 소매 또는 그와 비슷한 분야에서 최소 2년 이상의 경력자를 찾는다고 하자. 서비스 업체가 그 조건에 맞춰 골라낸 이력서를 채용 담당자에게 보내면 담당자의 손에는 3,000장이 아니라 30장의 이력서만 남게 된다.

어떤 점에서 이런 서비스는 사람이 일차적으로 심사하는 과정과 별반 다르지 않다. 그들 역시 최초 심사 과정에서는 수많은 이력서를 최소한의 요건에 따라 골라내기 때문이다. 그러나 컴퓨터 알고리즘에 적합한 이력서를 작성하는 것과 인간의 마음에 들 만한 이력서를 작성하는 것은 매우 다르다. 컴퓨터는 텍스트를 문자 그대로 해석할 뿐(적어도 아직까지는 그렇다) 문장이나 단어의 미묘하고 은근한 의미의 차이를 구분하지 못한다. 가령 '공인회계사'를 모집하는 광고가 있다고 하자. 그러면 대부분의 고용주들은 '회계'라는 단어가 포함된 이력서를 찾도록 소프트웨어를 프로그램할 것이다. 어쩌면 어떤 이들은 그보다 덜 직접적인 핵심어, 가령 '경리'나 '관리자'라는 관련 단어를 포함시키는 것을 깜박할지도 모른다('닌자'나 '귀재' 같은 표현은 말할 필요도 없다. 지금은 우스꽝스럽게 들릴지 몰라도 2010년대에 샌프란시스코에는 '공학'에서 '에스프레소'까지 온갖 분야의 '닌자'를 구하는 광고가 넘쳐났다).

'올바른' 핵심어가 포함된 이력서만 다음 단계로 진출하고 나머지는 쓰레기통으로 직행한다는 점을 고려하면, 동의어나 관련 단어를 교묘하게 삽입해 컴퓨터가 발견할 수 있게 해야 한다. 쓸데없는 기교는 부리지 마라. 설사 채용 담당자와 당신이 같은 똑같은 스탠퍼드 대학 출신이더라도 '팜(Farm, 스탠퍼드 대학의 별칭 - 옮긴이)'을 졸업했다고 적어서는 안 된다. 그 지역 출신이 아니면 알아듣기 힘들 뿐 아니라 컴퓨터는 당신이 대학 졸업생이 아니라 카우보이라고 생각할 것이기 때문이다(마찬가지로 마이애미 대학 미식축구 팀 '허리케인스(Hurricanes)'를 '유(U)'라고 부르거나 그 외에 특정한 사람들 사이에서만 통용되는 은어나 별명을 사용한다면 컴퓨터는 그것을 쓸데없는 정보로 치부할 것이다).

어떤 이력서 심사 업체는 범죄 기록이나 전 직장, 신용도처럼 배경 조사를 통해 얻은 기본 정보를 참고하기도 한다. 중범죄 전과자를 자동적으로 탈락시키거나(또는 법적으로 허용된다면 전과 기록이 있는 모든 후보들), 심지어 전 직장을 기재하지 않은 지원자는 제외하도록 시스템을 프로그래밍할 수도 있다. 후자의 경우에는 경력을 조회하거나 재직 기간 사이에 공백이 있는지 확인하는데 그러니 이력서 중간에 시간적으로 긴 공백이 있다면 프리랜서로 일하거나 자영업을 했다는 사실을 기재하여 빈칸을 채우는 것이 좋다. 어떤 프로그램은 최근에 재정적으로 파산한 사람을 걸러내기도 한다(이에 대해서는 아직 논란이 많지만 현금을 다루는 직장에서는 생각보다 흔하게 사용하고 있다).

이보다 더 발전된 시스템은 단순히 핵심어를 검색하는 데서 그치지 않을 것이다. 특정한 자격이나 경험을 찾는 것을 넘어 경험의 '수준'과 '질'을 나타내는 단서를 찾는다. 예를 들어 많은 회사들이 당신의 '승진'이나 '발전'을 최근의 '직급'보다도 더 중요하게 여긴다. 그러므로 머지않아 영리한 알고리즘은 한 자리에 정체되어있는 지원자와 빠른 속도로 승진 가도를 달린 지원자 사이의 차이점을 알게 될 것이다. 이런 고급 시스템이 개발되면 이력서에 '우편 관리실(이른바 지루하고 판에 박힌 일만 하는 가장 낮은 직급 - 옮긴이)'이란 단어를 포함시키는 편이 오히려 유리할 것이다. 왜냐하면 그것은 당신이 열심히 일해서 승진의 사다리를 타고 올라갔음을 의미하기 때문이다(물론 지금도 우편 관리실에서 일하고 있다면 곤란하겠지만). 이력서에 경력을 적을 때는 컴퓨터가 인지할 수 있는 뚜렷한 발전 과정을 제시하고, 이를 양적으로 표현하고 강조할 수 있어야 한다. 조직의 규모든 예산액이든 직속 부하의 수든, 컴퓨터가 이해할 수 있는 객관적인 수치를 제공해라.

또 성장 단계에 있는 회사에서 근무하는 편이 하락세에 있는 회사에서 근무했던 것보다 훨씬 유리하다. 특히 당신이 속해있던 부서나 해온 역할(마케팅, 영업, 엔지니어링 등)이 회사의 성장과 직접적인 연관이 있다면(가령 총무부에 비해서) 그런 독특한 경험을 강조해라.

당신이 꿈꾸는 목표에 맞춰 이력서를 다듬고 관리하라. 컨설팅 분야에 지원할 때는 당신이 얼마나 다양한 회사 및 산업 분야에서 일했는지를 강조하고, 직원들의 평균 재직 기간이 10년 이상인 보수적인 회사에 지원할 때는 안정성과 이직 경험이 거의 없다는 점을 강조해야 한다.

이제껏 살펴봤듯이, DAMM은 때때로 아주 극적인 역할을 수행한다. 때로는 무명 뮤지션이 유명 밴드의 새 멤버로 선발될 수도 있고, 때로는 수많은 지원자 중에서 신입사원을 뽑는 데 사용되기도 한다. 그리고 때로는 컴퓨터가 내린 중요한 결정이 인간의 선택을 좌우할 수도 있다. 여러 개의 적절한 핵심어를 지닌 이력서 한 장이 서류더미 꼭대기에 올라갈 수도 있는 것이다. 방법이 어찌 됐든 DAMM이 구직자에게 미치는 영향력은 실로 어마어마하다. 컴퓨터가 매긴 순위에 따라 새로운 일자리를 얻을 수도 있고, 애초에 문 앞에서부터 거부당할 수도 있는 것이다.

DAMM이 제아무리 큰 영향을 미치는 세계라도 마지막 결정을 내리는 것은 결국 인간이다. 아무 내용도 없이 핵심어로만 채워진 이력서는 컴퓨터의 심사 과정은 통과할 수 있어도 인간이 검토하는 최종 단계를 통과하기는 어렵다. 스팸 메일을 쉽게 구별하는 것처럼 사람들은 스팸 이력서를 금방 가려낼 수 있다. 요는 아무리 잘 쓰였다고 해도 중요 핵심어가 빠진 이력서는 사람들에게 좋은 인상을 줄 기회조차 얻지 못한다는 것이다. 지원자가 아무리 완벽한 자격 요건을 갖쳤더라도 중요 핵심어를 빠트렸다면 컴퓨터 심사 과정에서 탈락할 가능성이 크기 때문이다.

온라인 평판이 기회를 만든다

피네다의 일화로부터 DAMM의 세계에서 성공할 수 있는 세 가지 원칙을 배울 수 있다. 비록 의도하지는 않았지만, 그는 평범한 개인이 DAMM을 이용해 꿈의 일자리를 얻을 수 있는 방법을 알려주었다.

가장 먼저 피네다는 인터넷의 바다에 '넓은 그물을 던졌다.' 유튜브에 영상을 올린 순간, 그는 전 세계 사람들을 청중으로 만든 셈이었다. 어쩌면 그는 자신이 미국에서 활동할거란 생각은 전혀 하지 못했을지도 모른다. 그의 주 무대는 필리핀과 홍콩이지, 미국은 아니었기 때문이다. 하지만 어쨌든 그는 최대한 많은 사람에게 자신의 노래를 들려주고 싶었고, 덕분에 수많은 잠재 고용주와 파트너들도 그가 어떤 일을 하는지 살펴볼 수 있었다.

둘째로 그는 '솔직하고 진실되며 적절한 방식으로 자신을 홍보했다.' 그는 밴드 동료들과 함께 연주하는 영상을 올려 자기 자신뿐만 아니라 동료들 역시 널리 알렸다. 물론 밴드의 스타 멤버는 피네다였다. 그는 사람들에게 진실된 모습을 보여주었고, 가짜로 꾸미거나 지어내려 하지 않았다.

마지막으로 피네다는 '기회가 찾아왔을 때 그 즉시 행동할 준비가 되어있었다.' 그는 천부적인 재능을 갖고 있었지만 수년 동안 술집 공연을 하며 실력을 다듬고 공연 능력을 키웠다. 한마디로 그는 일생 동안 저니와의 오디션을 준비한 셈이었다. 그는 저니의 이메일이 진짜라는 사실을 알아차리고 모든 일을 포기한 채 캘리포니아로 날아갔다. 혹자의 말을 빌리자면, '블랙 스완(결코 예상할 수 없는 사건)'을 맞닥뜨릴 준비가 되어있었던 것이다. 피네다는 저니가 언젠가 그에게 연락을 취하거나 그런 엄청난 사건이 생기리라는 사실을 미리 알 방도가 없었다. 하지만 그는 늘 자신을 갈고 닦으며 만반의 준비를 갖췄고, 될 수 있는 한 많은 사람에게 자신을 홍보하는 것도 잊지 않았다. 만약 피네다가 현실에 안주한 채 연습을 게을리했다면 어땠을까? 연습을 하지 않아 거칠어진 목소리 때문에 평생 꿈꿔왔던 기회를 놓치고 다시 집으로 돌아와야 했다면? 피네다는 유튜브에 영상을 올릴 때도 저니와 함께 월드 투어를 할 기회가 생기리라고는 꿈에도 생각하지 못했다. 그러나 기회를 만났을 때, 그는 두 팔을 한껏 벌리고 기꺼이 그것을 끌어안았다.

　온라인 평판과 DAMM은 무명 가수를 하룻밤 만에 록스타로 만들 수 있을 만큼 강력한 위력을 지니고 있다. 올바른 평판과 DAMM은 그만큼 극적이지는 않더라도 당신을 꾸준히 성장시킬 수 있다. 한결같은 바람이 등 뒤에서 불어와 당신을 원하는 방향으로 밀어준다고 상상해보라(디지털 악평의 경우에는 그 반대가 될 수도 있지만).

솔직히 하루아침에 세계적인 밴드와 월드 투어를 할 기회를 얻는 사람이 이 세상에 몇이나 되겠는가. 어느 날 갑자기 대기업의 CEO로 모시고 싶다는 전화를 받는 사람도 전 세계에서 열 손가락 안에 꼽힐 것이다. 그러나 평판경제 사회에서 좋은 평판의 위력은 평소에 준비만 되어있다면 소소한 기회들을 얻을 수 있다는 데 있다. DAMM을 활용해 자신의 평판을 잘 관리하는 사람들은 사소하거나 때로는 별로 중요해 보이지 않는 기회들을 자주 만난다. 그러나 크고 중요한 기회를 가져오는 것은 바로 이런 작은 기회들이다. 작은 기회는 큰 기회를, 큰 기회는 보다 큰 기회를 불러오고, 그렇게 소소한 기회를 얻는 당신은 목표를 향해 굴러가며 자신의 덩치를 조금씩 키우는 눈덩이 효과를 경험하게 될 것이다.

사소한 계기들이 어떻게 보다 큰 기회를 가져올 수 있는지에 관해 구글이나 IBM 같은 대기업의 CEO가 되는 절차를 알아보자. 사실 컴퓨터가 차기 CEO를 일방적으로 지명하는 세상은 아직 한참 멀고도 먼 이야기다. 어쩌면 우리가 죽을 때까지도 그런 세상은 오지 않을지도 모른다. 그럼에도 DAMM은 최종적으로 누구를 선택할 것인가의 문제가 도마 위에 오르면 그 위력을 발휘하게 된다. 차기 CEO 후보 중 한 명인 앨리스는 아주 오래전부터 그 자리를 얻기 위해 열심히 노력해왔다. 승진에 필요한 교육을 받고, 중요한 컨퍼런스에 참가했으며, 조직 내에서 차근차근 임원이 되는 길을 밟아나갔다. 또 다른 후보자 밥은 앨리스와는 달리 몇 개의 중요한 관리자 교육 과정을 빠트렸기 때문에(연수 교육과 네트워크 회의로 이어지는) 앨리스의 이력서에 비해 상대적으로 부족해 보인다. 이런 경우에는 DAMM의 위력을 과소평가할 수 없다. 비록 컴퓨터가 최종 결정을 내리는 것은 아니라 해도 앨리스는 후보 명단에 오른 순간 이미 완벽한 경험과 경력의 소유자였다. 어찌 보면 그녀는 유일한 선택 대상자일지도 모른다. 교육이나 승진 대상을 고를 때 컴퓨터는 다음 단계로 진출할 준비가 되어 있는 사람만을 선택하기 때문이다.

그렇다면 컴퓨터는 수천 명의 간부와 관리자들 중에서 어떻게 앨리스를 선택하게 될까? 가장 먼저 떠오르는 것은 《헝거 게임*Hunger Games*》이겠지만, 현실에서 가장 많이 사용되는 도구는 소비자 점수 모델이다. 컴퓨터 알고리즘이 수천 개의 변수를 비교해 사람들의 행동을 예측하는 것이다. 반면에 고용 점수 모델은 소비자의 특성(예: 록밴드 니켈백의 음악을 듣는 사람은 일반적으로 좋은 소비자인가, 나쁜 소비자인가?)이 아니라 고용과 관련된 데이터를 분석한다. 일찍 출근하고 적당히 늦게 퇴근하는 사람(너무 늦게 퇴근하는 사람은 실적이 부족하거나 불륜을 저지르고 있거나, 시간 관리 능력이 부족한 사람인지도 모르니까)은 누구인가? 성공률이 높은 팀에서 일하는 사람은 누구인가? 누구의 이메일이 회사 고위 임원들과 지속적으로 친교를 유지하고 있는가? 어떤 이메일이 사무실 내 전쟁을 부추기고 불화를 조장하는가? 규칙을 어느 정도 잘 준수하는 사람은 누구인가(규칙에 지나치게 집착하는 사람은 독립적인 사고를 하지 못하는 경향이 있다)? 항상 링크드인에 접속하고 있어 언제든 배에서 뛰어내릴 조짐을 보이는 사람은 누구인가(필요에 따라 링크드인을 자주 사용해야 하는 영업 직원은 제외하고)?

어떤 경우에는 컴퓨터의 선택이 적절한 순간 적절한 상사 밑에 있어야만 정치적 영향력을 행사할 수 있는 낡아빠진 사내 정치에 의한 선택보다 더 나을 수 있다. 그러나 컴퓨터도 간혹 실수를 저지른다. 어쩌면 승진 문제가 결정되기 오래전부터 앨리스의 카드 더미에 카드를 쌓고, 밥의 카드 더미에서 카드를 빼온 컴퓨터의 모든 계산이 실은 잘못된 추정을 바탕으로 하고 있을 수도 있다.

온라인 평판은 시간이 지날수록 축적된다. 앨리스가 교육 프로그램에 참가했다는 이유만으로 컴퓨터가 앨리스를 선호하는 것은 단기적으로는 사소한 차이에 불과하고, 설령 밥이 자신의 이력서에 뭔가를 빠트리고 적었다는 사실을 알더라도 다소 아쉬워하는 데 그칠 것이다. 그러나 이런 작은 결정들이 계속해서 하나씩 쌓이게 되면 최종적으로 앨리스의 이력서는 밥의 것과는 아주 다른 모습을 띠게 된다. CEO나 운동선수, 유명한 예술가나 성공한 사업가가 되려면(어떤 분야에서든 최고가 되려면) 적절한 소질과 재능도 필요하지만, 오랫동안 수백 개의 작은 결정들을 거치며 조금씩 성장해가야 한다.

어떤 이들은 앨리스와 같은 사람들이 그저 적절한 순간 적절한 장소에 있었을 뿐이라고 생각할지도 모른다. 하지만 올바른 순간 올바른 장소에 있었다는 사실 자체는 오랫동안 열심히 일하고 평판을 갈고닦아 수많은 작은 결정들(앞으로는 주로 컴퓨터가 내리게 될)을 축적

124

함으로써 커다란 기회를 창조했다는 의미와 같다.

　당신이 스포츠 영화를 좋아하는지 모르겠지만, 스포츠 영화에서조차 주말에만 연습하러 나오는 벤치 선수들을 갑자기 중요한 시합에 투입하는 경우는 없다. 적절한 훈련을 받지 않은 직원을 갑자기 관리자로 승진시키는 일도 없다. 절호의 행운이 따르거나 독특한 경력을 갖고 있지 않는 한 경험이 전무한 관리자를 CEO로 승진시키는 법도 거의 없다. 유튜브를 통해 발탁된 피네다는 워낙 드문 사례라 역사에 길이 남을 만하지만(5장에서는 자수성가한 유명인이 평판을 이용해 짧은 시간에 높이 도약할 수 있는 일자리를 얻거나 두 눈이 휘둥그레질 만한 고액 보너스를 받는 경우에 대해 이야기할 것이다) '하룻밤 사이에' 성취된 예술적 성공은 대부분 수년 또는 수십 년 동안 각고의 노력을 기울인 결과다.

소셜미디어에서의 효율적인 경력관리법

　오해는 말도록. DAMM을 감쪽같이 속여넘기겠다는 것은 아니다. 사실 DAMM이 좋아하는 방식으로 이력서를 쓰는 것 외에도 눈에 띌 방법은 많다. 오늘날의 기업들은 유능한 인재를 찾는 것이 얼마나 힘든 일인지 잘 알고 있다. 이력서를 받아본 사람이라면 누구나 알 것이다. 이력서는 하루가 멀다 하고 수천 장씩 쏟아지는데 그들이 원하

는 능력과 경험, 성향을 지닌 사람은 그중 단 한 명도 없다. 그 결과 채용 담당자들은 점점 더 사전 대책을 강구하게 되고 뛰어난 인재들을 유혹하기 위해 안간힘을 쓴다. 다시 말해 당신이 모르는 사이, 설령 구인 광고가 나지 않았더라도 이미 채용 담당자들은 '당신이 원하는' 그 자리에 알맞은 사람을 구하고 있다는 이야기다. 그렇다면 DAMM의 세상에서는 어떻게 채용 담당자들의 관심을 끌 수 있을까?

먼저 목소리를 크고 널리 퍼트려라. 당신이 가진 것을 세상 밖으로, 인터넷 곳곳에 뿌려 평판 엔진이 포착할 수 있게 해야 한다. 15분마다 트윗을 올리라는 말이 아니다. 별것 아닌 이야기를 시시콜콜 떠들라는 이야기도 아니다. 페이스북에 포스팅 세례를 퍼부으란 소리 역시 아니다. 당신의 사생활은 여전히 보호받을 가치가 있고, 친구들을 수백 장이나 되는 파워포인트 안에서 허우적거리게 할 이유도 없다. 하지만 통찰력 있는 의견을 제시하거나, 흥미로운 기사를 게시하고, 같은 분야에서 일하는 사람들과 지적이고 정중한 내용의 대화를 나눈다면 당신이 그 분야에서 뛰어난 전문가이며 트렌드를 주도하는 선구자임을 온 세상에 보여줄 수 있다. 또한 유력 인사나 리더들과 친분을 쌓는 것만으로도 긍정적인 이미지를 만들 수 있으며, 다른 이들의 눈에 띄는 데에도 도움이 될 것이다.

두 번째, 디지털 세계에 간판을 세워라. 일단 사람들의 눈에 띄고 나면 당신의 검색 결과는 일종의 디지털 이력서와 같은 역할을 한다. 실제로 이 책의 저자인 우리들도 정식으로 이력서를 보내지 않고도 검색 결과만으로 일자리를 구했고, 그런 경우는 우리 말고도 허다하다. 실시간 디지털 검색 결과는 꾸준히 지원서를 뿌리고 다니는 것과 같은 효과가 있다.

당신이 가진 모든 온라인 자산에 언제든 새롭게 갱신할 수 있는 디지털 프로필을 확립해라. 예를 들어 독특한 이름의 도메인을 사서 당신의 직업이나 관련 콘텐츠로 채운 다음, 일과 관련된 블로그를 운영하고, 최근의 트렌드나 당신이 이룬 발전에 대해 글을 올리고, 링크드인 프로필을 꾸준히 업데이트한다. 또는 앞으로 몇 년간 다른 서비스가 유행할 것 같다면 재빨리 그 쪽으로 옮겨가라. 그렇다고 IT 전문가가 될 필요까지는 없다. 요즘에는 마우스만 클릭하면 뭐든 간단히 할 수 있는 서비스가 넘쳐나기 때문이다. 항상 참신한 콘텐츠를 활용하고 정기적으로 업데이트하는 것 또한 잊지 마라. 매일같이 들락거리진 않더라도 최소한 매달 혹은 매주 한 번씩은 새로운 소식을 올려야 한다.

온라인에 올리는 모든 글이 완벽하거나 탁월해야 할 필요는 없다. 특히 그중 상당수가 당신이 여전히 그 분야에서 일하고 있는지 확인하려는 컴퓨터를 위한 것이라면 말이다. 이런 경우엔 흥미로운 기사를 한두 줄로 요약한 다음, 링크 주소만 올려도 충분하다. 그 정도면 당신이 아직도 관련 분야에서 일하고 있으며, 최신 동향에도 민감하게 반응하고 있음을 충분히 어필할 수 있다. 링크만으로는 부족하다 싶은 생각이 든다면 블로그 서비스인 텀블러가 다른 이들의 콘텐츠를 공유하거나 재게재하는 서비스로 성공을 거뒀다는 사실을 기억하라. 거기에 흥미를 느낀 수백만 명이 텀블러에 가입했고, 결과적으로 텀블러는 야후에 자그마치 11억 달러에 인수되었다.

다음으로는 당신의 온라인과 오프라인 세상을 일치시켜야 한다. 가장 이상적인 것은 온라인 정보를 현실과 동일하게 만드는 것이다. 면접 때 고전문학을 좋아한다고 말했는데 간단한 검색만으로 당신이 《그레이의 50가지 그림자 *Fifty Shades of Grey*》 팬픽 블로그를 운영하고 있다는 사실이 들통난다면 당혹스럽지 않겠는가? 열렬한 동물 애호가라고 해놓고 블로그에 송아지와 푸아그라 조리법을 올려놓는다면 더욱 최악이다. 일관된 메시지는 긍정적 강화를 부추긴다. 당신이 오프라인에서 말한 내용은 사람들이 온라인에서 찾아낼 내용과 일치해야 하며, 온라인 검색 결과는 당신이 현실에서 말하고 행동하는 것과 일치해야 한다. 이렇게 돌고 도는 순환 고리가 완성되면 사람들은 당신의 메시지와 일치하는 방식으로 당신의 콘텐츠를 지지하고 대화를 나눌 것이며, 어쩌면 그것을 더욱 강화시킬지도 모른다. 그리고 그 모든 일은 저 밖에서 떠도는 당신에 관한 정보가 틀림없는 사실이라는 보충 설명 없이 이뤄져야 한다. 서로 일치하지 않거나 혼동되는 정보는 갖다버리고, 설령 당신이 제공하지 않았더라도 과장된 소문이 있다면 없애버려라.

소셜미디어를 현명하게 활용해라. 사적으로 사용하는 소셜미디어 계정이 있다면 깔끔히 정리하거나 아예 닫아버리는 것도 좋다. 누군가를 모욕하거나 오해를 낳거나 또는 실망시킬 수 있는 글이 있다면 주저하지 말고 삭제해라. 아니면 최소한 공적 관계가 아닌 가까운 사람들만 글을 읽을 수 있도록 설정을 바꿔라. 페이스북이나 다른 서비스 도구를 사용해 사진 태그를 '지우고' 구글 이미지 같은 이미지 검색 서비스를 이용해 웹상에 사생활과 관련된 사진이 돌아다니지 않는지 검색해본다.[8] 가장 중요한 것은 사적인 용도로 사용할 계정은 아예 따로 만들고, 대외용 계정에는 일과 관련된 글만 올리는 것이다. 그것이 바로 당신이 채용 담당자들에게 보여주고 싶은 계정이다. 그러므로 지적이고 예의 바른 분위기의 글들을 자주 올려라. 지난번 〈더 보이스The Voice〉 에피소드를 보고 화가 났다면 오직 친한 친구들만 그 글을 볼 수 있게 해라. 반드시 적절한 시간대에 적절한 속도로 글을 올려야 한다. 업무상 필요한 게 아니라면 직장에서 일하는 시간에는 블로그 게시글이나 트윗을 올리지 마라. 면접 때 잠재 고용주로부터 어째서 사사로운 일로 업무 시간을 낭비하냐는 질문을 받고 싶지 않다면 말이다.

글은 최대한 논리적이고 조리 있게 써라. 너무 완벽하게 쓰려고 노력할 필요는 없다. 온라인에서 문법적으로 완벽한 언어란 거의 존재하지 않기 때문이다. 불필요한 실수는 피하되 일과 관련된 흥미로운 사건이나 뉴스에 대해 간단히 논평을 하는 정도라면 별로 힘든 일은 아닐 것이다. 1만 개의 단어가 빽빽이 들어찬 블로그 포스팅을 읽는 사람은 없다. 페이스북도 트위터처럼 짧게 쓰는 것이 좋다.

시간이 지날수록 성장하는 모습을 보여라. 앞에서도 말했지만 고용주들은 이미 정점에 오른 후보보다 발전할 여지가 있는 후보들을 선호한다. 많은 고용주가 점점 발전하고 있는 전도유망한 인재에게 투자하는 것을 좋아한다(물론 전부 그런 것은 아니다. 모두를 만족시킬 수는 없으므로 스스로를 최대한 많은 역할에 부합하는 모습으로 묘사하라). 시간이 지날수록 더욱 중요한 역할이나 직무를 맡길 수 있기 때문이다. 또 당신이 그동안 무엇을 배웠고 어떻게 발전했는지를 강조해라. 당신이 만약 차세대 거물은 자기라고 뻐기는 건방진 애송이에게 대항하는 고급 후보라면 당신의 판단력과 지혜 그리고 경험을 귀중한 자산으로 내세워라.

한마디로 요약하자면, 자신의 모습을 최대한 현명하게 포장하라는 것이다. 당신만이 지닌 전문성과 가치를 홍보해 당신에게 뭔가 독특한 것이 있다는 것을 알려라. 그러면 언젠가는 반드시 그것을 원하는 사람이 나타날 것이다. 겉으로는 회사에서 일하는 수많은 직원들 중 한 명에 불과해 보일지라도 당신만이 지닌 독특한 재능과 특기가 분명 존재할 것이다. 그것은 실질적인 기술일 수도 있고, 당신의 성장 배경일 수도 있으며, 문화적 특성일 수도 있다. 당신이 유일한 그래픽 디자이너는 아닐지 몰라도 치열한 경쟁 속에서 혼신의 힘을 다해 마감 시한을 맞추는 그래픽 디자이너일지 모른다. 그런 고유한 특색들을 펼쳐서 내보여라. 그러면 당신의 독특한 재능과 능력을 원하는 누군가가 당신을 찾아낼 것이다.

급작스러운 도약을 이루는 사람이 드물다고 해서 DAMM의 영향력을 과소평가해서는 안 된다. 평판경제 시대가 도래하면 기업들은 신입사원에서 CEO에 이르기까지 누구를 고용할 것인지를 결정해야 할 때 DAMM을 점점 더 많이 사용하게 될 것이다. 뿐만 아니라 다음 장에서 보게 되겠지만 DAMM은 조직 내의 승진과 교육에 있어서도 중요한 기회를 얻을 사람과 그렇지 않을 사람을 가려냄으로써 심지어 당사자도 모르는 사이에 그들의 성공 가도를 완전히 바꿔놓을 것이다.

5장

앤디 워홀이라면 인터넷 시대에 어떻게 평판을 관리했을까

– 상위 1%의 경력관리

앤디 워홀이 오늘날 태어났다면 그의 삶은 완전히 달라졌을 것이다.

그를 세상에 알린 전시회에 초청된 건 순전히 입소문 때문이었다.

오늘날에는 '요즘 뜨는 신인 예술가'라는 검색어를 입력하면

플리커와 같은 사이트가 사용자들의 흥미도를 기반으로

저절로 사진과 예술 작품을 띄우고, 미술 평론 사이트는

얼마나 많은 사람들이 토론에 참여하고 있는가를

기준으로 제일 잘나가는 예술가의 명단을 보여준다.

오늘날의 디자이너들은 과거 앤디 워홀이 그랬던 것처럼.

기회가 주어지길 기다리며 여기저기 포트폴리오를 뿌리고 다닌다.

그러나 그들은 수프 캔을 들고 직접 전국을 돌아다니는 것이 아니라

모든 일을 디지털로 처리한다.

　　많은 사람들이 앤디 워홀(Andy Warhol)을 어느 날 갑자기 팝아트 시장에 혜성처럼 등장한 예술가라고 생각한다. 하지만 사실 그는 성공을 위해 오랫동안 평판과 명성을 갈고닦은 인물이다. 앤디 워홀은 카네기 공과대학(현재는 카네기 멜론 대학)에서 상업미술을 전공했고, 전공을 살려 1949년부터 〈글래머Glamour〉 지에 광고 일러스트를 그리기 시작했다. 그는 1950년대 초반까지 광고 지면에 주로 샐러리를 그리며 평범한 상업미술가로서의 삶을 살았다. 하지만 얼마 지나지 않아 여성 구두를 광고하는 그의 화려한 일러스트가 사람들의 주목을 끌기 시작했다.[1] 1952년, 워홀은 〈글래머〉에서 일한 경력을 토대로 RCA 음반사의 아트 디렉터로부터 일자리를 제안받았다. 그는 몇 번의 테스트를 거친 다음 음반과 포스터 디자인을 맡게 되었고, 이런 상업 작품 중 일부를 작은 갤러리에 전시하면서 뉴욕 예술계에서 입지를 다져나갔다. 워홀은 다작을 하는 예술가로 이름을 날리며 보다 큰 기회를 얻기 위해 소소한 포트폴리오들을 차근차근 만들어 쌓아나갔다. 그에게 작은 성공이란 없었다. 모든 것이 소위 '15분의 명성'을 위한 발판이었다.

그러던 중 워홀에게 커다란 전환점이 찾아왔다. 1962년, 처음으로 LA에서 단독 전시회를 열게 된 것이다. 이 전시회에 걸린 작품이 앤디 워홀의 그 유명한 〈캠벨 수프 캔〉과 〈마릴린 먼로〉다. 그의 작품들은 예술계에 파란을 불러일으켰지만 그에게 상업적인 성공을 가져다주지는 않았다. 캠벨 수프 판화 여섯 장이 장당 100달러에 판매된 것이 고작이었다. 그의 작품이 대중의 관심을 얻게 된 것은 1964년에 열린 '미국의 슈퍼마켓(The American Supermatket)'이라는 전시회 덕분이었다. 그동안 뉴욕에서 수없이 많은 작은 전시회를 열며 인맥을 쌓아온 덕분에 워홀도 여섯 명의 예술가 중 한 명으로 이 전시회에 초청되었다. '슈퍼마켓' 전시회에서 〈캠벨 수프 캔〉의 오리지널 판화는 장당 1,500달러에 판매되었다. 그리고 그로부터 수십 년이 지난 2006년에 LA의 미술품 수집가 엘리 브로드(Eli Broad)는 경매에서 수프 캔 판화 한 장을 자그마치 1,177만 6,000달러에 구입했다. 2010년 크리스티 경매장은 수프 캔과 깡통따개가 함께 그려진 보다 큰 판화를 무려 2,388만 2,500달러에 판매했다. 요는, 대부분의 경우와 마찬가지로 앤디 워홀 역시 하룻밤 만에 갑자기 성공한 것은 아니라는 점이다. 만일 워홀이 예술계에서 꾸준히 명성과 입지를 다지지 않았다면 '미국의 슈퍼마켓' 전시회에 참가하지 못했을 테고, 오늘날처럼 세계에서 가장 유명하고 부유한 팝아티스트가 되지도 못했을 것이다.

이번 장에서는 평판경제가 고용 및 해고 방식에 얼마나 거대한 변화를 가져다주는지 살펴보기로 한다. 우리는 DAMM의 도움 덕분에 기업과 고용주가 훌륭한 인재를 얼마나 쉽고 빠르고 저렴하게 구별할 수 있는지 알아볼 것이다. 따라서 훌륭한 평판을 지닌 소수의 직원들, 또는 그것을 유리하게 이용할 수 있는 방법을 알아내는 이들은 최고의 인재가 되어 더 많은 보상을 받을 것이다. 당신도 그중 한 사람이 되는 방법을 배워보라.

구글과 페이스북의 새로운 인재 채용 방식

정해진 연봉 외에 고액의 계약 보너스를 받는 직원의 수는 상당히 적다. CEO 이하의 직급에서는 더더욱 드물 것이다. 그러나 캘리포니아와 뉴욕의 일부 엔지니어들은 그들의 평판을 이용해 구글이나 페이스북, 야후와 같은 대형 IT 기업으로부터 억대 보너스를 받을 수 있는 방법을 고안해냈다. 이것은 비단 첨단 기술 쪽 전문가에게만 국한된 것이 아니라 우리 모두가 활용할 수 있는 유익한 방법이다.

현대 고용 시장에서 가장 비효율적인 문제 중 하나는 최고급 엔지니어와 소프트웨어 디자이너의 채용 과정이다. 상위 1퍼센트의 소프트웨어 디자이너와 엔지니어는 100만 달러 이상의 가치가 있지만, 평균 혹은 그 이하의 디자이너나 엔지니어의 가치는 그에 훨씬 못 미친다. 버그가 가득한 코딩을 짜는 프로그래머는 회사의 발전을 가로막는 장애물일 뿐이다. 문제는 이들을 구분해내는 일이 어렵다는 것이다. 특히 앞날이 아직 창창한 졸업생일 경우에는 더욱 그렇다. 똑같은 학교를 똑같은 학점으로 졸업한 사람들이더라도 막상 사회에 나오면 완전히 대조적인 실력을 보여줄 수도 있다.[2] 학교 성적은 기본적인 지식과 기술을 판단하는 기준이지만, 이 성적에 영향을 주는 대다수의 교양 과목은 실제 사회에서 접하는 도전 과제를 해결하는 데에는 별로 도움이 되지 않는다(문학이나 일반 교양 과목에 뛰어난 이들에게는 미안한 말이지만, 설령 당신이 사회적으로 성공을 거둔다고 해도 그것은 당신의 라틴어 성적 때문은 아닐 것이다).

대학을 갓 졸업한 구직자들 중에서 출중한 프로그래머를 골라내는 것보다 더 어려운 일이 있다면, 파격적인 이력을 지닌 지원자들 중에서 적임자를 찾아내는 일일 것이다. 근본적으로 완전히 다른 경험을 지닌 후보자들을 비교 선상에 올려놓기란 정말 힘든 일이다. 가령, 대학에 가는 대신 군 복무를 했다거나, 급여를 받지 않고 도제나 인턴 생활을 했다거나, 다른 분야의 다양한 경력을 거쳐 마침내 프로그래머의 길에 들어선 경우 등을 포함해서 말이다. 그리고 같은 이유로 애초에 이런 특수한 후보들을 발굴하는 것(그들이 원하는 초봉을 가늠하는 것은 물론)부터가 굉장히 어렵다.

그리하여 실리콘밸리는 IT 기업들이 최고급 엔지니어와 소프트웨어 디자이너들을 손쉽게 발굴하고, 동시에 이들 프로그래머들은 원하는 회사에 채용되고 억대 보너스까지 받을 수 있는 독특한 방식을 개발하기에 이르렀다. 바로 몇 명의 프로그래머가 모여 그들끼리 작은 회사를 차리는 것이다. 일단 독창적인 기술과 기발한 PR로 고객들을 모으고 나면, 창업자들은 이 제품을 구글이나 야후, 마이크로소프트 같은 대기업에 제시한다. 창업자들의 실력이 탄탄하고 그들의 제품이 화젯거리가 될 만큼 충분한 가치가 있다고 판단된다면, 그 다음 단계는 소위 '인재 인수(acqui-hire)' 계약이다. 그것은 대기업이 창업 회사를 인수하고 창업자를 그들의 엔지니어나 디자이너로 합류시키는 대신, 창업자의 옛 제품을 몇 달 뒤 서비스 종료시키는 것을 의미한다. (반대로 어려운 회사를 인수하는 형태의 인재 인수도 있다. 겉으로 보기에는 다 쓰러져가는 회사를 사들이는 것이지만, 실제로는 아이디어는 훌륭하나 잘못된 시장으로 진출해 실패를 맛본 유능한 팀을 데려가는 것이다. 알래스카에서 일하는 탁월한 잔디 깎이 기계 디자이너라든지 하와이에서 일하는 썰매 개 조련사의 경우를 생각해보라.)

페이스북은 프로필 페이지를 개선할 디자이너가 필요했을 때 샘 레신(Sam Lessin)이라는 재능 넘치는 엔지니어가 창업한 드롭닷아이오(Drop.io)라는 회사를 인수했다. 이 파일 공유 사이트는 이미 탁월한 명성을 떨치고 있었다. 〈타임〉 지는 드롭을 2009년 최고의 사이트 50개 중 하나로 선정했고, 레신은 〈비즈니스위크〉에서 선발한

2009년 올해의 창업가 최종 후보에 오르기도 했다.[3] 익명 사용자들 때문에 정확한 수를 추산하기는 어렵지만, 2009년 드롭 사이트의 사용자 수는 수백만에 달했다. 2010년 10월 29일, 페이스북은 500만 달러에서 2,000만 달러(기준 시점이 언제냐에 따라 다름)에 달하는 페이스북 주식으로 드롭닷아이오를 인수했다. 하지만 드롭 사이트의 주요 서비스는 2010년 12월 15일에 완전히 중단되었다. 이제 'http://drop.io'는 샘 레신의 개인 홈페이지로 연결돼있으며, 그 페이지에 따르면 레신은 현재 페이스북에서 근무 중이다. 겉으로 보기에 페이스북은 드롭닷아이오의 주요 서비스를 완전히 포기한 듯 보이지만, 실은 그것을 창조한 엔지니어 팀을 영입함으로써 드롭닷아이오를 하나의 커다란(그리고 매우 비싼) 면접 기회로 바꿔놓았다. (회사의 공개적인 인수 과정을 생각하면 다소 아이러니하지만, 레신은 평판이라는 주제에 대해 자신의 트위터 소개란에서 이렇게 간접적으로 언급한 바 있다. "정보의 가치는 그것의 공개성과 반비례한다.")

엔지니어를 영입하기 위해 그가 만든 사이트를 통째로 인수하는 것은 실리콘밸리에서는 그리 드문 일이 아니다. 2010년 페이스북은 핫 포테이토(Hot Potato, 위치기반 SNS−옮긴이)를 현금 1,000만 달러에 인수해 그해 말에 폐쇄했다. 2011년 3월에는 벨루가(Beluga, 모바일 그룹 문자 서비스 업체−옮긴이)를 인수했는데(정확한 액수는 공개되지는 않았지만 아마 수천만 달러일 것이다) 2011년 10월에 폐쇄시켰다. 구글과 야후를 비롯한 다른 대기업들 역시 성장세에 있는 회사를 인수해 핵심 인재만을 데려오고 사업 자체는 폐쇄하는 이런 인재 인수와 비슷한 활동을 하고 있다.

인재 인수는 뛰어난 엔지니어를 유혹하는, 전형적인 평판경제식 해결안이다. 이때 창업 회사는 정말로 회사로서의 기능을 한다기보다는 그 자체가 일종의 포트폴리오와 비슷한 역할을 한다. A급 엔지니어와 디자이너가 있다는 평판을 지닌 창업 회사는 평범한 회사는 결코 얻을 수 없는 인재 인수 계약이라는 혜택(때로는 수백만 달러에 달하는)을 얻을 수 있다.

물론 가장 탁월하고 그에 따른 높은 보수를 받는 인재를 발굴하고 모집하는 것은 구글이나 마이크로소프트 같은 첨단 회사에만 국한된 과제가 아니라 어떤 산업 분야에서도 지극히 어려운 일이다. 어떤 회사든 업무 능력이 뛰어난 직원과 그렇지 못한 직원들이 섞여있기 마련이기 때문이다. 하지만 대부분의 회사는 미래에 회사에 더 도움이 될 만한 직원을 골라내는 일에 그리 뛰어나지 못하다. 실제로 많은 연구 결과가 일반적인 고용 방식(이력서나 직감에 좌우되는 면접)은 결과가 상당히 형편없다는 사실을 보여준다. 한 연구 조사에 따르면 나중에 관리자가 될 MBA 학생 집단이 두 지원자를 일대일 면접한 후 그 중 한 명을 선택해야 했을 때, 실제로 업무 실력이 뛰어난 지원자를 고를 확률은 56퍼센트에 그쳤다. 그런 확률을 갖고 인재를 고를 바에야 차라리 동전을 던져 결정하는 게 덜 귀찮을 것이다.[4] 다시 말해 사람을 판단할 때 우리의 본능, 또는 직감은 그다지 믿음직하지 못하다는 이야기다. 그러므로 고용은 상당 부분 운에 좌우된다. 실제로 능력 있는 후보가 말도 안 되는 이유로 거절당하고, 아무리 봐도 탐탁찮은 후보가 일자리를 제안받는 경우도 많다. 이런 비효율성은 비용 낭비를 넘어 모두의 급여나 보수를 낮추는 효과를 가져온다. 유능한 인재와 그렇지 못한 이를 구분하는 것은 어렵기 때문에 계약 보너스나 높은 초봉 등 보상을 제시하는 의미가 사라지고, 따라서 그중 아주 뛰어난 인재가 있더라도 모두가 똑같이 급여나 보수가 낮아지는 불리한 조건을 부여받게 되는 것이다.

이런 비과학적인 고용 절차와 NFL(National Football League, 미국 프로 미식축구) 드래프트에서 사용되는 데이터 중심 방법론을 비교해보자. 해마다 미국의 프로 미식축구 팀들은 출중한 신인 선수들을 지명할 기회를 얻는다. 대개 리그 최하위 팀이 우선 선택권을 갖고, 그런 다음 각 팀이 순차적으로 수백 명의 후보들을 지명하는데, 후보 선수가 과연 자신을 지명한 팀을 선택할지는 장담할 수 없다. 따라서 팀은 선수들을 설득하기 위해 대개 수백만 달러가 넘는 현금 보너스를 제시한다. NFL 팀들은 방대하고 다양한 데이터를 분석해 선수들의 대학 리그 성적을 신중하게 평가, 비교하고 진짜 유능한 선수들을 추려낸 후 수백만 달러의 특별 수당으로 그들을 유혹한다. 대부분의 기업과는 달리 NFL 최고의 선수들은 평범한 선수들보다 훨씬 많은 보수를 약속받는다. 예를 들어 2002년 드래프트 1순위 선수였던 데이비드 카(David Carr)는 1,020만 달러의 현금 보너스를 받았다. 반면에 마지막 순위였던 아흐마드 밀러(Ahmad Miller)가 받은 보너스는 겨우 2만 1,000달러였다.[5] 좋은 성적이 예상되는 선수들에게는 더 많은 보너스를 주고 중하위급 선수들에게는 실력에 맞는 적당한 보수를 줌으로써 팀은 최고의 인재들에게 현명한 투자를 할 수 있게 되는 것이다.

DAMM이 활성화되기 이전에 기업들은 NFL과 같은 방식으로 지원자를 평가하지 않았다. 그들은 NFL 팀들이 대학 리그 선수들을 전진거리나 태클, 리셉션, 혹은 다른 작전 수행률 등을 철저히 분석하듯이(모든 대학 리그 경기를 녹화한 비디오 영상에서 추출한 온갖 정보를 기반으로) 지원자의 이력서나 경력을 차근히 살펴보지 않았다. 그러나 이제는 비즈니스업계도 스포츠업계의 이 같은 관행을 따르고 있다. 우리가 하는 모든 행동이 디지털화되고 수치화되고 미식축구 통계처럼 분석되는 세상에서는 당신의 직업적 평판이 수백만 달러의 특별 보너스를 받을 것인지, 아니면 평범한 연봉을 받을 것인지(또는 아예 취직을 하지 못하게 될 것인지)를 결정하는 기준이 될지도 모른다. DAMM이 활성화되면서 미식축구 스카우터들이 선수들의 태클과 전진 거리, 개별적인 플레이가 각각 어떤 가치를 지니는지 계산하고 평가하는 것처럼, 당신의 이력서에 적힌 단어 하나하나에 가치가 매겨지고 그에 따라 순위가 결정된다. 엄중한 평가와 개인 맞춤 협상 그리고 최고의 인재들에게만 부여되는 높은 보상까지, 미래의 구직 활동은 NFL 드래프트와 비슷한 방식으로 이뤄질 것이다. 요즘처럼 일정 보수를 제안하고 그것이 성사되면 악수를 나누는 식의 채용 관례는 곧 옛날 일이 될 것이다.

이제 기업은 어렵게 고용한 직원들이 기대할 만한 성과를 발휘하지 못하는 골치 아픈 문제를 해결하기 위해 인재 인수와 비슷한 형태의 평판에 의존하기 시작했다. 실제 업무와 유사한 테스트를 통해 사전에 데이터를 수집하는 것이다. 실리콘밸리에서는 허울만 반지르르한 프로그래머를 걸러내기 위해 간단한 프로그램을 완성하라는 과제를 내주고(굉장히 어렵지는 않지만 실제 업무 상의 일과 비슷한), 출판계 편집자들은 주어진 원고를 편집해 자신의 실력을 입증해야 한다. 마찬가지로 콜센터 직원들은 (가짜) 진상 고객의 전화를 어떻게 솜씨 좋게 처리하는지 보여줘야 할 것이다.

미래에는 모든 회사가 지금보다 훨씬 발전한 컴퓨터 심사 시스템을 이용해 NFL처럼 과거의 실적을 기반으로 철저히 지원자를 평가하고 순위를 매길 것이다. 즉, 미래의 컴퓨터는 수천 수백 예비 직원들의 업무 처리 능력을 검토하고 그중 누가 평균 이상의 탁월한 실력을 지녔는지 구분할 수 있게 되는 것이다. 대학을 갓 졸업한 상위권 인재에게는(6장에서 이야기하겠지만 어쩌면 대학을 졸업할 필요도 없을지 모른다) 온갖 회사들이 달려들어 높은 연봉과 계약 보너스를 앞다퉈 제안하겠지만, 이에 해당하지 않는 사람들은 찬란한 영광도 돈도 없는 힘들고 거친 길을 걷게 되리라.

디지털 고용 심사 시스템은 선택받은 이들의 은행 계좌에까지 현실적인 영향력을 끼칠 것이다. 시스템이 정교하고 치밀해질수록 기업들은 일찌감치 프로그래머와 엔지니어뿐만 아니라 모든 분야의 출중한 인재들을 찾아내 그들의 가치에 걸맞는 보수와 보너스를 제시하고 제공할 것이기 때문이다. 점점 더 많은 기업들이 디지털 고용의 이점을 알아차릴수록 유능한 직원을 얻기 위한 경쟁은 더욱 치열해지고, 그 경쟁에서 승리하기 위해 기업들은 점점 더 탐스러운 미끼를 던진다. 거기에 기업과 잠재 직원과의 궁합까지 잘 맞아떨어지면 양쪽 모두에게 가치가 더해질 것이다.

디지털 채용 시스템의 발전

이제까지 우리는 회사가 소프트웨어를 이용해 어떤 방식으로 구직자의 자격 요건을 심사하고, 부적격자를 걸러내며, 나아가 순위를 매길 수 있는지 살펴보았다. 하지만 이것은 고용 자동화의 첫 번째 단계일 뿐이라는 데 주목하자. 앞으로 컴퓨터는 간단한 핵심어를 토대로 후보들을 줄 세우는 것 외에도 훨씬 많은 일을 할 것이며, 기업들은 잠재 직원을 심사하기 위해 보다 적극적인 투자를 할 것이다. 유능한 직원을 많이 고용할수록 기업은 더 높은 수익을 올릴 수 있기 때문이다. 만약 직원들의 이직률이 높으면 그에 따른 비용이 많이 소요된다. 일부 조사에 따르면 한 기업이 직원을 고용하고 훈련시키는 데만도 평균 1만 달러가 지출된다고 한다. 그런데 새로 고용한 직원이 업무에 적응하지 못하거나 업무 능력이 형편없다면 거기에 소요된 모든 비용은 공중으로 날아가버리고 마는데[6], 전문적인 업무일수록 그리고 지위가 높을수록 낭비되는 비용은 더 늘어난다. 잦은 이직은 직원 자신에게도 도움이 되지 않는다. 그토록 많은 시간을 면접과 업무 훈련에 쏟아부었건만 또다시 일자리 없는 신세가 되기 때문이다. 고용정책재단(Employment Policy Foundation)은 2004년 근로자의 이직이 미국 경제에 미친 경제적 영향이 7,130억 달러에 이른다고 추산하는데, 이는 미국 연방 정부와 주 정부가 매년 초등학교에 투자하는 총비용보다도 더 많은 액수다.[7]

여기에 걸려있는 경제 규모를 생각하면 〈뉴욕타임스〉가 '인간 자본 배분 시장'이라고 표현한 것을 중심으로 새로운 산업이 탄생하는 것도 무리가 아니다. 간단히 설명하자면 그것은 올바른 일자리와 올바른 구직자를 짝짓는 것이다. 굿코(Good.Co), 이볼브(Evolv), 프로퍼시 사이언스(Prophecy Sciences) 같은 회사들은 기업이 성공 변수로 여기는 여러 특성을 토대로 매우 흥미롭고 독창적인 방식으로 구직자들을 디지털 심사 혹은 시험한다. 낵(Knack)이라는 회사는 심지어 비디오 게임을 이용해 창의성과 집중력, 대인관계 능력 등을 평가하는데, 실제로 지원자들에게 (제목에서 알 수 있듯이 초밥집에서 웨이터로 일하는 내용인) '와사비 웨이터'라는 게임을 시키기도 했다.

컴퓨터가 생산성과 횡령 가능성, 이직 확률에 이르기까지 모든 특성을 고려해 지원자의 가치를 거의 1달러 단위로 정확하게 예측할 수 있는 세상도 그리 머지않았다. 다소 의외일지 모르지만 화려한 이력을 지닌 소위 최고의 후보자도 이런 심사 과정에서는 상위권에 오르지 못할 확률이 높다. 지나치게 뛰어난 후보들은 빠른 승진이 보장되지 않는 한 금세 다른 회사로 옮겨갈 위험이 있기 때문이다(대학 입시 쪽에서는 이렇게 눈에 띄게 유능한 학생의 입학을 거부하는 경향을 '터프츠 신드롬(Tufts syndrome)'이라고 부른다. 보스턴 외곽에 위치한 터프츠 대학은 아주 탁월한 학생들은 결국 하버드나 MIT에 입학한다는 가정하에 애초에 그들의 입학을 거부하는 것으로 유명하다). 경찰도 입학 시험에서 최고 점수와 최하 점수를 받은 지원자를 모두 거부한다. 최고 점수를 받은 이들이 이런 관행에 반발해 소송을 걸었지만 경찰 측에서는 능력이 출중하다 할지라도 중간에 일을 그만두고 다른 일자리를 찾을 가능성이 있는 지원자는 원치 않는다는 반론으로 소송에서 승리하였다.[8] 여기서 새겨야 할 교훈 하나, 일자리에 지원할 때는 늘 이상적인 범위 안에 포함되도록 노력해라. 점수가 너무 높은 것도(시험 점수든 DAMM 알고리즘 점수든) 너무 낮은 것만큼이나 좋지 않다.

컴퓨터 심사 시스템의 다음 단계는 '예감'이나 '직감'에 따르는 고용 방식에서 벗어나 NFL 드래프트처럼 광범위한 디지털 데이터를 이용해 후보군을 순위화하는 형태로 완성될 것이다. 잠재 고용주들은 지원자의 출신 대학에서부터 글을 쓰는 방식, 이력서의 오타에 이르기까지 그들의 온갖 면모를 자세히 검토할 것이다. 새로운 컴퓨터 기술은 당신의 온라인 활동에서부터 업무 실적, 페이스북과 링크드인 친구들의 취직, 실업 상태까지 디지털 형식으로 접할 수 있는 모든 평판을 속속들이 조사하며, 그렇게 수집된 정보는 또 다른 알고리즘에 투입돼 고만고만한 수백만 명의 후보들과 비교하는 데 사용될 것이다. 예를 들어 범세계적으로 200만 명을 고용 중인 월마트 같은 기업은 근로자의 능력과 잔류율을 회귀분석하는 정교한 모델을 자체 개발하는 편이 차라리 나을 것이다. 이런 컴퓨터 심사 모델은 다른 사람들의 평판을 참고 삼아 당신을 검토할 수도 있다. 만약 당신과 비슷한 배경을 지닌 사람들이 대부분 성실하거나 일을 할 때 좋은 성과를 내는 편이라면 당신도 기회를 얻을 수 있을 것이다. 하지만 당신과 동일한 대학, 전공 또는 비슷한 경력을 가진 이들이 직원으로서의 가치를 증명하지 못했다면 당신은 그들과 이력이 비슷하다는 이유로 저평가되는 손해를 보게 될 것이다(당신은 당신이 일하고 싶은 회사에서 능력을 인정받고 있는 직원과 어떤 유사점을 지니고 있는가? 그들과 같은 집단에 속해있거나 비슷한 취미를 지녔는가? 그들과 비슷한 이력을 밟고 있는가? 이전 직장에서 그들과 함께 일했던 팀이나 그룹과 일한 적이 있는가?).

4장에 나왔던 앨리스와 밥의 이야기로 다시 돌아가보자. 잠재 고용주는 아직 앨리스와 밥이 누군지 모르고, 누가 더 나은 직원이 될지도 알지 못한다. 그러나 모든 고용주는 누구를 선택하는 것이 더 바람직한지 예측하는 데 사용하는 데이터를 갖고 있다. 전통적인 고용 방식을 사용하든(사람이 직접 이력서를 읽고 면접을 보는 것) 온라인 평판 정보에 기반한 새로운 평판경제 도구를 사용하든 상관없다. 전통적인 방법의 경우 회사는 이력서로 데이터를 수집하고(전 직장, 대학 성적 등) 면접을 거쳐 잠재 후보가 생산적인 팀원이 될 수 있을지(회사와의 궁합, 문화, 성격 등)를 추론한다. 문제는 전통적인 방법을 거친 추론은 대부분 그 결과가 좋지 않다는 것이다.

하지만 평판경제에서는 이를 훨씬 능가하는 방대한 양의 자료와 정보를 활용할 수 있다. 더구나 3장에서 봤듯이 컴퓨터는 다량의 데이터를 신속하고 저렴하게 분석할 수 있다. 사측은 단순히 앨리스와 밥의 이력서를 읽어보는 것을 넘어, 지금까지 그들이 한 일을 매우 광범위하고 체계적으로 분석할 것이다. NFL 팀들이 연봉 수백만 달러의 가치를 지닌 선수를 고르기 위해 전통적인 이력서 정보(모교, 소속 팀 승률 등) 외에도 수많은 사항을 고려하듯이 컴퓨터의 심사 시스템 또한 잠재 직원들의 중요한 데이터를 수집, 분석하고 점수화할 것이다.

NFL 팀은 선수들 개개인에 대한 엄청나게 방대하고 세세한 데이터(수비에 맞선 평균 전진 거리, 우천 시 공을 놓친 횟수, 오픈 필드에서 태클을 하거나 당한 횟수 등)를 분석하고 해석하는 컴퓨터 모델을 구축하고, 그보다 더 정교한 모델을 생성해 특정 상황이나 플레이 방식에 따라 선수들을 분류하고 점수를 매긴다. 빗속에서 자주 공을 놓치는 선수는 추운 겨울 시애틀의 지붕 개폐형 경기장에서는 실력을 발휘할 수 없겠지만 뉴올리언스의 폐쇄형 경기장에서는 경기를 하는 데 아무 문제도 없을 것이다. 마찬가지로 중원 플레이의 비중이 높은 팀은 롱

패스를 가로막는 라인맨보다 상대 진영에 파고들어 틈을 만드는 공격적인 라인맨을 선호할 것이다.[9] 즉, NFL 팀은 선수들의 전반적인 실력을 평가하는 한편, 팀의 특성과 어울리는 플레이를 할 수 있는지도 예측해야 한다. 만약에 NFL 팀들이 출신 대학이나 면접, 시합 승리 횟수(일반적으로 졸업 학점과 비슷한 의미) 같은 평범한 정보만을 토대로 선수들을 드래프트한다면 어떻게 될지 상상해보라.

기업의 고용 절차가 스포츠의 그것을 따라잡게 되면 컴퓨터는 지원자의 삶을 속속들이 파헤쳐 과연 그들이 회사가 필요로 하는 인재인지 검토할 것이다. 즉, 링크드인과 같은 전문 네트워크 사이트의 인맥은 물론, 페이스북에서 당신에게 나쁜 영향을 끼치는 친구들(당신 주위의 친구들이 주사가 심하고 입이 험하며 재정적으로 파산 직전에 있거나 늘 직장에 대해 험담을 해댄다면 당신에게 마이너스로 작용할 수 있다)과 당신 이름이 언급된 모든 매체와 블로그(긍정적인가, 부정적인가, 아니면 중립적인가?), 신용도까지 모든 면모를 뒤져본다는 이야기다. 4장에서 이야기한 것처럼 지원자에 대한 모든 공개 데이터는 점수로 환산되고 이 점수는 공개적으로 이용 가능해질 것이다.

개인의 기여도를 측정할 수 있는 직업은 과거의 실적까지도 모두 참고하게 될 것이다. 이는 IT 같은 일부 분야에서는 이미 현실이 되었다. 예를 들어 밥과 앨리스가 프로그래머라고 하자. 그들의 실력을 가늠하는 가장 오래된 방법 중 하나는 시간당 쓸 수 있는 코드의 라인 수다. 그렇다고 라인 수가 완전무결한 판단 기준이 되는 것은 아니다.

정해진 시간 안에 수준 높은 코드를 고작 몇 줄밖에 쓰지 못하는 유능한 프로그래머가 있는가 하면, 코딩 속도는 빠르지만 버그가 가득한 형편없는 코드를 쓰는 프로그래머도 있기 때문이다. 그러므로 최첨단 심사 체계는 결과의 질까지도 점검할 수 있어야 한다. 프로그래머가 샘플 코드를 제공하면(9장에서 보게 될 '깃허브GitHub' 사이트를 통해서든, 아니면 조직 내의 닫힌 통로를 통해서든) 컴파일 오류가 존재하는지 점검하거나 유닛 테스트를 하는 등 그 샘플이 얼마나 뛰어난지 분석할 수 있어야 한다는 뜻이다.

DAMM은 개인의 실력과 특성에 관한 정보를 제공하는 것은 물론, 팀에 대한 기여도도 판단할 수 있게 돕는다. 대부분 조직 구조가 평등하고 프로젝트를 중심으로 돌아가는 지식 노동 세계에서는 팀원들과 효율적으로 협력하고 프로젝트에 기여하는 것이야말로 가장 중요한 능력이다. 그러나 요즘의 고용 방식으로는 과연 후보자가 이러한 자질을 갖췄는지 구별하기가 어렵다. 이력서에 과거 자기 팀이 어떤 성과를 냈는지 나열한다고 해도 과연 그의 개인적 특성이 그런 성과에 얼마나 큰 기여를 했는지는 판단할 길이 없다(이는 인재 인수가 유행한 또 다른 이유다. 팀에서 가장 기여도가 높은 MVP가 누군지 사전에 아는 것이 불가능하기 때문에 아예 팀 전체를 인수해 가장 중요한 핵심 인물을 손에 넣을 가능성을 최대화하는 것이다).

오늘날 고용 시장에서 가장 흔한 편견 중 하나는 '실패한 프로젝트 신드롬'이다. 간단히 말해, 실패한 프로젝트에 참가한 사람은 설사 그 프로젝트가 실패한 것과는 아무 상관이 없을지라도 경력에 오점이 생길 수 있다. 어쩌면 실은 그가 프로젝트를 성공시킬 뻔했는지도 모르고, 가능한 한 모든 노력을 기울였지만 도저히 손을 쓸 수 없었던 다른 요인 때문에 실패했는지도 모르는데 말이다. 반대로 평범한 사람의 잘못된 노력에도 불구하고 프로젝트가 성공한 경우에는 적절한 시간, 적절한 장소에 있었다는 이유만으로도 좋은 평판을 얻을 수 있다.

　다시 말해 현 시스템의 문제는 '나쁜 팀에 있는 뛰어난 후보'와 '훌륭한 팀에 있는 나쁜 후보'를 가려낼 수 없다는 것이다. 이는 스포츠 팀에서도 흔히 볼 수 있는 문제다. 대부분의 스포츠가 팀원들의 실력에 성공 여부가 달려있지만 아무리 유능한 선수라도 팀원들이 형편없으면 실패하기도 한다. 아무리 끝내주는 패스를 하고 기가 막힌 수비를 해도 득점으로 연결되지 않으면 좋은 평가를 받지 못하기 때문이다. 반대로 무능한 선수가 좋은 팀에 소속되어있다는 이유로 성공을 거머쥐기도 한다. 이런 잘못된 시스템을 바꾸기 위해 스포츠 세계에서는 '+/- 점수'라는 점수 계산표를 발명해냈다. 예를 들어 하키의 +/- 점수는 해당 선수가 출전했을 때 팀의 득점수를 더하고 상대 팀의 득점수를 뺀다. 앨리스의 하키 팀이 그녀가 플레이를 하는 동안 3점을 득점했고 상대 팀은 2점을 얻었다면 앨리스의 점수는 +1점이다. 이런 식으로 점수를 매기면 선수가 직접 골을 넣지는 않아도 팀 플레이에 얼마나 기여했는지를 계산할 수 있다.

　데이터 분석력의 발전에 힘입어 이제는 스포츠뿐만 아니라 구직자나 팀 프로젝트에서 일하는 개개인에게도 이와 비슷한 +/- 점수를 적용할 수 있게 되었다. 대상이 함께 일할 때와 그렇지 않을 때의 팀의 성과를 비교 분석해 개인의 기여도를 측정하는 것이 가능해진 것이다.

다시 컴퓨터 프로그래머의 비유로 돌아가보자. 팀 프로젝트의 성공은 소요 시간과 버그의 양을 기준으로 판단되는데, 이때 개인의 기여도는 다른 사람들의 것과 합쳐지기 때문에 특정 인물의 기여도를 직접적으로 평가하기는 매우 힘들다. 하지만 여기에 그 직원이 다른 팀에서 일할 때의 성공 또는 실패 여부를 변수로 투입하면 그가 팀에 긍정적인 영향을 미쳤는지 부정적인 영향을 미쳤는지를 파악할 수 있다. 다른 팀 업무도 이와 비슷한 방식으로 측정할 수 있다.

이제 컴퓨터가 변호사, 의사, 매니저, 작가, 편집자를 비롯해 팀을 구성해 일하는 거의 모든 이들의 성공이나 실패를 가늠할 수 있는 세상이 되었다. 여러 사람들이 각기 다른 시간에 팀에 참여하는 프로젝트의 경우에는 해당 인물이 참여했을 때와 그렇지 않은 경우를 비교해 각각의 가치를 계산할 수 있다. 목표는 다양해도 환자의 건강 회복, 〈뉴욕타임스〉 베스트셀러 만들기, 재판에서 승소하기 등 개인의 능력을 파악하는 방식은 어떤 분야에서든 유사하다.

평판경제의 점수 계산 소프트웨어는 각 후보의 기여도뿐만 아니라 팀이나 회사 자체의 평판까지도 고려할 것이다. 이를테면 앨리스가 짧게나마 잘나갔던 소셜게임회사인 징가(Zynga)에서 3년간 근무했다고 하자. 앨리스가 새 직장을 구할 무렵, 징가는 평판의 위기를 겪고 있었다. 게임에 혹평이 쏟아지면서 주가가 80퍼센트나 하락한 것이다. 기존의 고용 시장에서라면 잠재 고용주들은 앨리스의 개인적인 기여가 주가 폭락과는 아무 관계도 없을지라도 그녀의 능력을 (의식적으로나 무의식적으로나) 징가의 실패한 게임과 연관시킬 것이다. 그러나 평판경제의 컴퓨터 알고리즘은 앨리스가 전 회사에 기여한 부분과 주가 그리고 수익성의 변화를 상호 비교할 수 있다.

컴퓨터가 당신이 앤디 워홀임을 알아보게 하는 방법

앤디 워홀이 오늘날 신인 예술가였다면 그의 삶은 완전히 달라졌을 것이다. 워홀이 1964년 '미국의 슈퍼마켓' 전시회에 초청된 것은 순전히 입소문 때문이었다. 오늘날에는 '요즘 뜨는 신인 예술가'라는 검색어를 치면 플리커와 같은 사이트는 사용자들의 흥미도를 기반으로 한 사진과 예술 작품을 띄우고, 미술 평론 사이트는 얼마나 많은 예술가들이 토론에 참여하고 있는가를 기준으로 제일 잘나가는 예술가의 명단을 보여준다.

오늘날의 그래픽 디자이너들은 과거 앤디 워홀이 그랬던 것처럼, 어디선가 기회가 나타나길 기다리며 여기저기 포트폴리오를 뿌리고 다닌다. 그러나 그들은 수프 캔을 들고 직접 전국을 돌아다니는 것이 아니라 모든 일을 디지털로 처리한다. 예를 들어 그래픽 디자인 사이트인 데비앙아트(DeviantART)에서는 디자이너들이 자신의 작품을 포스팅하고, 서로 토론을 하고, 다른 이들의 작품에 별점을 매길 수 있다. 이런 PR 활동은 신인 디자이너들만의 전유물도 아니다. 새 '마이 리틀 포니(My Little Pony)' 시리즈 〈우정은 마법Friendship is Magic〉으로 유명한 전문 일러스트레이터 로렌 파우스트(Lauren Faust)는 '마이 리틀 포니' 시리즈에 합류하기 훨씬 전부터 데비앙아트를 애용해왔는데, 전에는 지인들 사이에서만 알려져있다가, 데비앙 아트 사이트에 초기 일러스트 작품을 올리면서 그 유명한 시리즈에 스카우트될 수 있었다.

99디자인(99designs) 같은 프리랜스 디자인 사이트도 젊은 디자이너들이 포트폴리오를 공개해 디자인 세계로 들어올 수 있도록 돕는 발판으로 작용한다. 15만 건 이상의 의뢰가 이 사이트에 쏟아졌고, 그중 상당수가 정규직 제안으로 이어졌다.

이런 디자인 사이트의 성공 비결은 디자이너들이 포트폴리오를 올리고 서로 순위를 매김으로써 그들이 계속 성장할 수 있게 도왔다는 것이다. 칼의 포트폴리오는 70점, 드니즈의 포트폴리오는 90점으로 기록하는 것처럼, 사용자들은 서로의 포트폴리오를 평가하고 투표하고 판단하고 측정 가능한 기록을 남긴다. 이는 결과적으로 잠재 고용주가 수많은 사이트에서 활동하는 무수한 디자이너들 가운데 어떤 사람이 특정 일감에 적합한지 쉽게 확인할 수 있도록 도움을 준다.

프로그래머들이 점점 더 적극적으로 자신의 실력을 과시하고 홍보하게 된 이유도 이 때문이다. 이들은 포트폴리오용으로 회사를 창업하기보다 스택 오버플로나 코더월 같은 사이트에서 쌓은 '평판 점수'를 홍보한다. 스택 오버플로는 프로그램에 관한 질문에 답글을 달아 점수를 쌓고, 코더월은 다른 코딩 사이트에 가입해 간단한 충고를 올리면 점수를 얻을 수 있다. 두 사이트 모두 그들이 전통적인 이력서를 대체(혹은 적어도 보완)한다고 주장하고 있으며, 이들 사이트를 이용하는 기업들은 인재 인수를 하지 않고도(또는 거기 들어갈 비용을 걱정할 필요 없이) 유능한 프로그래머들을 찾아내 순위를 매길 수 있다.

평판경제가 성숙해질수록 이런 종류의 사이트는 더욱 더 흔해질 것이다. 코딩이나 그래픽 디자인뿐만 아니라 무형 상품을 생산하는 산업 분야도 예외는 아니다. 컴퓨터의 심사 평가 알고리즘이 복잡해지면 모든 분야의 전문가들이 컴퓨터에 의해 매겨진 점수에 따라 한 줄로 세워질 것이다. 이제 당신이 어떤 분야에서 일하든 그 줄의 가장 앞에 설 수 있는 몇 가지 좋은 방법을 소개할까 한다.

와인가게 점원이 베스트셀러 작가가 되기까지

평판 세계에서 어떻게 해야 핵심 인재로 비쳐질 수 있는지, 그리하여 어떻게 높은 연봉이나 계약 보너스 같은 특별한 보상을 얻을 수 있는지 재빨리 알아낸 사람들이 있다. 가령 인재 인수라는 지름길로 빠진 드롭아이오의 창립자는 그의 가치를 홍보할 평판을 구축하는 법을 알고 있었다. 그렇다면 그 비결은 대체 무엇일까?

먼저 그들은 포트폴리오를 만들어(인재 인수의 경우에는 창업 회사) 잠재 고용주에게 다른 후보들은 갖고 있지 않은 뭔가 실질적인 것을 제시했다. 그것은 비즈니스 사례 연구에서부터(관리자나 컨설턴트) 자격증(변호사, 교사, 의사 등의 전문직) 그리고 진짜 포트폴리오(디자이너나 예술가)에 이르기까지 무엇이든 될 수 있다.

작가 겸 강연가인 게리 바이너척(Gary Vaynerchuk)을 떠올려보자. 보통 '게리 비'라고 불리는 그는 소련에서 태어났지만 어렸을 때 미국으로 이주했다. 활발하고 외향적인 성격을 지니고 있었던 그는 뉴저지 스프링필드 타운십에 있는 아버지의 주류 판매점에서 처음 일을 하기 시작했다. 바이너척은 작은 와인샵에서 일을 하기보다 더 뜻 깊고 거창한 일을 하고 싶었지만 자신이 얼마나 뛰어난 인재인지 증명할 길이 없었다. 그래서 그는 자신이 가장 잘할 수 있는 전문 분야에서 일을 시작하기로 결심했다. 바이너척은 와인에 관한 팟캐스트(와인라이브러리 TV)를 열고 수천 개의 와인을 평가했다. 콘텐츠는 알찼고 형식은 특이했다. 와인을 다루는 대부분의 프로그램이 조용하고 차분하다면, 바이너척은 팟캐스트에서 와인에 대한 열정과 애정을 아낌없이 드러냈다. 그의 방송은 와인 애호가들 사이에서 큰 인기를 끌었고, 그의 팬 중에는 이제껏 자신이 와인 프로그램을 즐기게 되리라고는 상상도 하지 못했던 사람들도 있었다. 청취자가 늘어나자 바이너척은 아이스하키 선수 웨인 그레츠키(Wayne Gretzky)에서 방송인 짐 크레이머(Jim Cramer)까지 온갖 유명 게스트를 자신의 팟캐스트에 초청하기에 이르렀다. 그리고 마침내, 바이너척은 꿈을 실현할 수 있었다. 그가 원하던 마케팅과 비즈니스 분야에 진출한 것이다. 그는 선인세 100만 달러를 받으며 열 권의 책을 계약했고, 《크러시 잇Crush It!》과 《감사 경제The Thank You Economy》 같은 책에서 일과 비즈니스 그리고 새로운 경제에 관한 자신만의 철학을 설파했다. 이와 같은 성공의 발단이 작은 와인 가게에서 살 수 있는 와인에 관한 짧은 팟캐스트였다면 믿을 수 있겠는가? 그것이 그의 포트폴리오였고, 그에 따른 성공과 베스트셀러 작가가 될 수 있었던 밑바탕이다.

포트폴리오는 '당신이 특정 업무를 수행할 능력'을 지니고 있음을 증명할 수 있어야 함을 명심해야 한다. 고용주에게 고용 과정이란 불확실성 그 자체다. 신입사원 중 상당수는 훌륭한 직원으로 성장하지 못하고, 직원들의 이직은 회사의 시간과 돈, 관리력을 낭비한다. 실제로 당신이 앞으로 하게 될 업무와 비슷한 포트폴리오를 만들어 제시한다면 고용 과정의 불확실성을 제거하여 당신의 가치를 높일 수 있다. 첨단 기술을 보유한 회사의 창업자들은 그들이 일을 훌륭하게 수행할 수 있음을 입증함으로써 인재 인수의 대상이 되었다. 마찬가지로 당신 역시 앞으로 하게 될 바로 그 일과 능력에 대해 훌륭한 평판을 구축해야 한다.

그와 동시에 당신의 특이한 재능을 과시하는 것도 좋다. 당신이 지닌 비범한 능력을 과시함으로써 당신이 그 자리에 얼마나 적합한지 증명할 수 있기 때문이다. 어쩌면 당신은 그들이 요구하는 완벽한 자격 요건을 갖추고 있지 않을 수도 있다(가령 소셜미디어 전문가임을 증명할 자격증은 없다. 바이너척은 그런 기준을 스스로 만들어야 한다는 사실을 깨달은 인물이었다). 그러므로 당신이 낡은 기준으로는 평가될 수 없는, 보다 나은 새로운 능력을 지녔음을 보여줘라. 당신이 원하는 상당히 괜찮은 일자리는 보통 공개 모집을 하지 않기 때문에 고용주나 컴퓨터 알고리즘이 사람의 어떤 능력이나 특성을 높이 평가하는지 가늠하기가 힘들다. 그러므로 다른 사람에겐 없을 법한 특이한 기술이나 능력을 하나라도 갖고 있다면 있는 대로 전부 늘어놓아라. 어쩌면 당신은 스쿠버다이빙 자격증이 있을 수도 있고, 자작시로 상을 탔을지도 모르며, 자동차 키 없이 시동을 거는 법을 알지도 모른다. 과연 그런 능력이 컴퓨터가 수천 명의 (통상적인 능력을 지닌) 후보들 가운데 하필 당신에게 고연봉 일자리를 제안하게 만들 수 있을까? 물론 확실한 답을 내놓을 수는 없다. 그렇지만 고용주의 눈에 띄는 데에는 분명 도움이 될 것이다.

마지막으로 고용 시장에서 선택받은 이들은 '평범한 협상 절차 밖에서 움직인다'는 점을 잊지 말자. 평범한 협상 절차 안에서 움직이는 대부분의 지원자들은 얼굴 없는 관리자가 미리 결정하고 인사부에 지시한 한도 내에서 연봉이나 보너스를 제안받는다. 이런 평범한 시스템은 특출한 인재를 취급하는 데에는 융통성이 매우 떨어진다. 아무리 유능한 인재가 뽑혔더라도 인사부는 미리 결정된 예산안 안에서만 움직이기 때문이다. 하지만 회사와 고용 담당자의 눈에 띄는 평판을 구축한다면 인사부를 건너뛰어 당신을 원하는 부서와 직접 협상을 하거나 심지어 미리 정해진 연봉 협상표가 아닌 재량권을 행사할 수 있는 관리자와 협상 테이블에 마주 앉을 수도 있다.

당신이 어떤 분야에서 일하든, 무슨 직업을 갖고 있든 좋은 평판은 당신이 존재하는지도 몰랐던 뜻밖의 문을 활짝 열어줄 수 있다. 하지만 좋은 평판은 취직이나 경력에만 영향을 끼치는 것이 아니다. 다음 장에서는 온라인 평판을 이용해 보다 크고 많은 기회와 특전, 사회적 혜택을 얻는 방법에 대해 알아보자.

6장

기업은 수석 졸업생보다 하버드 꼴찌를 선호한다?

– 평판경제로 달라지는 채용 시스템

기업은 인재를 채용할 때 대학 졸업장에 의존한다.
하버드 대학 꼴찌가 다른 대학의 수석 졸업생보다
직장을 구하기가 쉽다는 이야기다.
그러나 컴퓨터가 직무 능력을 예측하는 미래 세상에서는
실제 보유한 기술로 교육의 가치를 증명하는 능력이
전통적인 신호인 졸업장과 높은 학점보다 더 중요해질 것이다.
평판경제에서는 어떤 분야가 됐든 디지털화되고 수치화되고
평가 가능한 자격을 최대한 많이 획득하는 것이야말로
성공적인 경력을 시작하는 데 필수적인 요소가 될 것이다.

요즘처럼 대학생이 많은 시절도 없을 것이다. 미국만 해도 고교 졸업생의 거의 70퍼센트가 대학에 진학한다. 1990년대에는 60퍼센트였고, 1980년대에는 50퍼센트였다.[1] 이 같은 추세는 전 세계에서 공통적으로 나타나고 있는데, 최근 예일대는 싱가포르에 캠퍼스를 열었고, 뉴욕대는 부에노스아이레스와 시드니, 두바이에 이르기까지 해외 여러 도시에 캠퍼스를 세웠다. 중국 본토에도 전례 없는 고등 교육 바람이 불고 있다. 여러 조사에 따르면 중국의 대학생은 2001년 1,200만 명에서 2005년에는 약 2,000만 명으로 증가했고 혹자는 2007년에 2,500만 명을 넘어섰다고 추산한다(정확한 학생 수를 가늠하기 힘든 것 또한 중국 대학 시장의 급격한 성장을 입증한다).[2] 2011년 미국에서 4년제 대학에 다니는 900만 명의 학생과 2년제 대학에 재학 중인 300만 명의 학생 수가 상대적으로 적은 듯이 느껴질 정도다.[3]

한편 대학 등록금 및 관련 비용은 그 어느 때보다도 치솟았다. 오늘날 미국의 대학생들은 엄청난 고액의 등록금을 내고 있다. 4년제 사립대학에 다니려면 20만 달러 이상이 들고, 공립대학도 5만 달러는 필요하다(4년간 일을 하지 못하고 학교에 다님으로써 잃은 기회비용까지 포함하면 그 액수는 어마어마하게 늘어난다). '대학교 졸업장'이라는 불확실한 특권을 얻기 위해 수많은 젊은이들이 일찌감치 빚더미 위에 앉는 것이다. 상황은 점점 더 악화되고 있다. 대학 등록금은 매년 평균 8퍼센트씩 증가하고 있는데,[4] 이는 다른 서비스 및 재화의 거의 두 배에 달하며 의료보건을 제하면 그 어떤 부문보다도 높은 수치다. 미국만 해도 매년 대학 교육에 4,250억 달러가 소요되고 있으며(학력 인증을 받지 못한 영리 학교는 여기에 포함되지도 않았다),[5] 교과서와 예복 등 개인적으로 소비하는 비용까지 더한다면 그 액수는 더욱 증가할 것이다.

그러나 교육 비용이 이처럼 가파르게 증가하고 있음에도 불구하고 고용주들은 여전히 충분한 능력과 기술을 겸비한 인재가 부족하다며 불평을 늘어놓고 있다. 일부 연구 조사에 따르면 전체의 절반에 가까운 대학생들이 첫 2년 동안은 비판적 사고나 글을 통한 의사소통 능력을 키우지 못하며,[6] 심지어 하버드 대학에 20년간 재직한 전 하버드 총장은 "대학이 제공하는 그 모든 혜택에도 불구하고 학생들의 성취도는 기대 이하이며, 많은 졸업생이 고용주를 만족시킬 훌륭한 글솜씨를 보유하고 있지 못하다"고 한탄했다.[7] 그러나 회사들은 학생들이 실질적인 교육 성과를 거두지 못했을지도 모른다는 두려움에 떨

164

면서도, 여전히 신입사원을 고용할 때는 대학교 졸업장에 의존한다.

이렇듯 미국 대학 시장의 한쪽 면에 대학생들이 지불하는 천문학적 수준의 등록금이 있다면, 다른 면에는 대학이 학생 교육에 투자하는 막대한 비용이 있다. 대학은 교수와 조교들, 시청각 자료, 실험실 설비, 시험 소프트웨어, OMR 카드 리더 등에 매년 수십억 달러를 소요한다. 스탠퍼드 대학은 44억 달러[8], 텍사스 대학은 22억 달러[9] 그리고 오하이오 대학은 매년 55억 달러 이상을 쓰고 있다.[10] 2012년에 이 세 대학이 각각 지출한 비용은 벨리즈(유카탄 반도 동남부에 위치한 영국 연방 내의 독립국 – 옮긴이)의 총 GDP(약 14억 달러)를 능가하며, 미국 대학의 연간 총 지출액은 약 4,250억 달러로 오스트리아와 태국, 베네수엘라의 총 GDP를 앞설 정도다.

미국의 각 주 정부 또한 고등교육 보조금으로 수십억 달러를 지출하고 있다. 아무리 학생들의 빚이 늘고 있다 해도 이미 부족한 예산에 쪼들리고 있는 주 정부로서는 주립대학에 보조금을 지급할 정당성을 찾기 어려웠기 때문에, 전에는 정부의 보조금 덕분에 어느 정도 감당 가능했던 등록금이 더 이상은 학생들이 감당하기 어려운 수준으로 오른 것이다.

일반적인 4년제 대학 교육 수준이 많은 학생들에게 적합하지 않다는 증거들도 점차 늘어나고 있다. 유독 학습 습득력이 빠른 학생들이 있는가 하면, 어떤 학생들은 같은 목표를 달성하는 데 더 많은 시간이 걸린다. 자유롭게 대학 생활을 즐기는 학생들도 있지만, 가족을 부양하거나 부모님을 돌봐야 하거나 지나치게 먼 곳에 사는 등의 이유로 학업에 몰두하기 어려운 학생들도 있다. 어떤 학생들은 대학에 입학하기 전부터 정서적으로나 지적으로 또래들보다 훨씬 성숙한 한편, 어떤 학생들은 대학 입학 후에도 성숙하지 못해 성장할 시간이 더 필요하기도 하다. 또 어떤 이들은 그저 강의식 교육이 맞지 않을 수도 있다. 지적 능력이 뛰어난 (그리고 성공 잠재력이 풍부한) 많은 학생들이 강의를 듣거나 시험을 치르기보다는 프로젝트를 수행하거나 팀워크를 발휘하는 데 탁월한 능력을 보이고 있으며, 수많은 훌륭한 학생들이 엄격하고 보수적인 교육 체제에 순응하지 못해 어려움을 겪는다. 또 학자금 융자를 받지 않는다면 모든 학생들이 지금보다 더 나은 성적을 낼 수 있을 것이다. 무엇보다 미국 대학생들이 유럽이나 아시아 학생들에 비해 경쟁력이 떨어진다는 우려도 높아지고 있다.

과도한 비용과 꿈과 현실 사이의 괴리 외에도 전통적인 대학 교육은 무수한 문제를 지니고 있다. 그럼에도 대학 교육이 지금까지 버틸 수 있었던 것은 매년 수백만 명의 학생들이 쏟아져나오는 상황에서 아직까지 이보다 더 나은 시스템이 없었기 때문이다.

하지만 다양한 규모의 대학들이 일률적인 시스템을 도입함으로써 발생한 문제도 있다. 소규모 대학의 전문 자원 부족과 대형 대학의 경직된 관료주의가 바로 그것이다. 이를테면 소규모 대학에서는 여러 개의 전공 분야가 있더라도 교수 한 명이 동아시아 역사와 관련된 모든 수업을 책임지고 있을지도 모른다. 반대로 대형 대학은 전문적인 강의는 풍부해도(중국 고대사와 중국 중세사 그리고 심지어 청나라만 전문으로 강의하는 교수도 있다) 모든 수업이 순조롭게 진행되려면 극단적으로 표준화된 관리 절차가 필요하다. 인구 수만 명의 작은 도시 하나에 맞먹는 거대한 캠퍼스를 관리하려면 어떤 강의에는 수백 명이 몰리고, 다른 수십 개 강의실은 텅텅 비는 일이 생기지 않도록 표준화된 일정 및 수강 신청 체제를 도입해야 한다. 학생 수가 5만 명이 넘는 텍사스 대학교 오스틴 캠퍼스와 텍사스 A&M 대학은 워낙 많은 학생들을 한꺼번에 관리해야 하기 때문에 수강 신청 과정이 엄청나게 복잡하다. 예를 들어 A&M은 학년과 성적, 고용 상태 등 학생들의 여러 요건에 따라 열 가지가 넘는 수강 신청 등록 기한이 있다. 대학을 무사히 마치려면 학업 외에도 이런 시스템에 전문가가 되어야 할 판이다. 많은 학생들이 사회에 나가 성공하는 기술을 채 배우기도 전에 원하는 강의를 듣거나 심지어 원하는 과목을 전공하지도 못한 채 학교를 졸업한다.

그러나 많은 학생들이 과연 내가 대학이란 제도와 잘 맞을까라는 심각한 고민을 하면서도 여전히 대학에는 가고 싶어 한다. 취직을 할 때 대학교 졸업장, 특히 '명문대 졸업장'은 대부분의 경우 첫 번째 단계를 통과하는 데 필수적이기 때문이다. 그 결과 학생들은 자신의 학습 방식이나 가정 형편, 혹은 개인적 목표와는 어울리지 않는 괜히 비싸고 시간만 잡아먹는 제도권 교육에 합류할 것을 종용받는다. 대학 졸업장은 실제로 사회에서 필요한 능력을 육성하는 데에는 전혀 필요가 없는 요소이건만 그럼에도 학생들은 그것을 따기 위해 점점 더 길어지는 줄 끝에 서서 차례가 오길 기다린다. 대학 학위가 중요하게 취급되는 이유는, 앞으로 계속 이야기하겠지만, 고용주가 지원자를 선별해내는 데 있어 가장 간단하고 편리한 수단이기 때문이다.

책도 연필도 필요 없는 세상

서구 직업 시장에서 대학의 기능은 두 가지, 바로 '교육'과 '신호'다. 여기서 '교육'이란 일반적인 비판적 사고에서 특정 기술이나 지식에 이르기까지 학생들에게 특정 분야의 지식과 기술을 전수하는 것이다. 학생들이 강의와 시험을 통해 얼마나 많은 지식을 쌓는지는 논란의 여지가 많지만(특히 첨단 기술 분야에서) 고용주는 학생들이 눈부신 대학 시절에 반드시 뭔가를 배웠길 희망한다.

'신호'는 학생이 업무를 훌륭하게 수행할 수 있음을 알려주는 대학 졸업장으로서의 기능이다. 다른 모든 정보가 전무할 경우 대부분의 고용주는 대졸자가 그렇지 않은 지원자보다 거의 모든 분야에서 성공할 가능성이 높다고 생각하고, 또 그중에서도 명문대 졸업생이 지방대 졸업생보다 성공할 가능성이 더 높다고 생각한다. 물론 대학을 졸업했다고 해서 성공이 보장되는 것은 아니다. 다만 눈앞에 산더미 같은 이력서가 쌓여있다면 대학 졸업장은 채용을 결정지을 유용한 판단 기준이 될 수 있다.

교육과 신호의 차이에 대한 완벽한 예시는 가장 뜻밖의 장소에서 찾아볼 수 있다. 자동차 관리국(DMV)의 경우를 보자. 미국의 많은 주에서 운전 교육 과정은 실제 운전을 배우는 과정(교육)과 감독관의 감시를 거치는 살 떨리는 운전면허 시험(신호)으로 이뤄져있다. 다시 말해 운전면허를 부여하는 기관(DMV)은 운전법을 교육하는 조직(운전면허 학원)과 다르다. 이처럼 분리된 시스템은 서로 훌륭하게 작용한다. 사람들은 수많은 운전면허 학원 중 하나를 고르지만 결국에는 동일한 면허시험을 통과해야 한다. 반면 교육과 신호 모두를 책임져야 하는 대학은 다르다. 대학과 교수들은 고용주들의 눈에 자신의 학생들이 더 나아 보이게 만들어야 하므로 (학점 인플레나 학위 공장 등을 통해) 교육과 신호 양쪽 모두의 가치를 강조한다.

이처럼 불안정한 상태를 바로잡는다면 불완전한 고등교육 시스템도 현저하게 변화할 것이다. 이 장에서 우리는 평판경제가 어떻게 전통적인 교육 제도를 뒤흔들고 교육과 신호를 분리함으로써 그런 변화를 자극하는지 살펴본다. 그렇게 된다면 어느 때보다도 더욱 강력하고 간결하며 효율적인 대학 교육 시스템이 출현하게 될 것이다. 그런 세상에서는 새로운 법칙에 잘 적응하고 참신한 기회를 활용해 자신만의 독특한 가치를 증명하는 자들만이 승자가 될 것이다. 이제 그들 중 한 명이 되는 방법을 배우도록 하자.

앞으로 한동안은 전통적인 대학 교육이 계속 유지될 것이다. 적어도 최근까지는 눈에 띄는 대안이 제시되지 않았기 때문이다. 오늘날 제도권 교육의 대안으로 떠오르고 있는 것은 온라인 교육으로, 이제는 온라인으로 단편적인 지식들을 더욱 체계적인 방식으로 손쉽게 습득할 수 있게 되었다. 대학의 일부 독특한 측면(다양한 상호작용과 깊고 심오한 연구)은 온라인에서 모방할 수 없지만, 몇몇은 이미 가능하며(강의, 시험, 보고서 등) 어떤 것들은 오히려 온라인에서 더 폭넓고 풍부하게 이뤄지기도 한다(상호작용식 문제해결, 데이터 분석 등). 뿐만 아니라 맞춤형 온라인 교육은 대학 제도의 많은 문제를 해결할 수 있다. 학생들이 자유롭게 시간표를 짜고 서로 상충되거나 강의실이 너무 멀리 떨어져있어 들을 수 없었던 강의들을 너무도 손쉽게 들을 수 있는 것이다. 또한 거주지에 구애받지 않고 세계 최고 석학들의 강의를 들을 수도 있으며(적어도 이론적으로는) 소그룹으로부터 세미나와 비슷한 도움을 받을 수도 있다.

하지만 적어도 지금까지의 온라인 교육은 영리 온라인 대학과 강의식 대학을 온라인에 도입하려는 전통적인 대학들의 몇몇 강의에 그치고 있다. 실제로 이는 구식 교육을 디지털 세상에 그대로 옮겨놓은 것에 불과하다. 한 시간 남짓한 수업 시간, 학기별로 돌아가는 강의 일정 그리고 정해진 시간에 실시간 상호작용을 요구하는 수업 방식. 완전히 새로운 시스템을 개발하고도 구식 모델의 단점을 그대로 유지하는 것은 결코 참신한 변화가 아니다. 당시에는 혁신 그 자체였을 초창기 자동차가 구식 마차와 얼마나 비슷했는지 아는가? 만일 비라도 내리면 승객들이 안에 아늑하게 앉아있는 동안 운전자는 하릴 없이 비를 맞아야 했다. 초기 온라인 교육도 이와 비슷하다. 그것은 말 그대로 오프라인 교육의 복사판이었고, 그 결과 제도권 교육의 문제들을 해결하는 데 상당수 실패했다.

얼마 전까지만 해도 효과적인 온라인 학습을 경험하는 것은 거의 불가능해 보였다. 학생들은 기껏해야 유튜브 영상이나 토론 게시판을 보는 게 고작이었고, 온라인으로 아무리 열심히 공부를 해도 그 능력을 인정받기가 어렵다는 문제가 있었다. 경제, 환경학, 종교, 인종학 가운데 당신은 어떤 과목을 좋아하는가? 다들 워낙 까다로운 과목인 데다 부정확한 자료가 많아 아무리 분별력 있고 비판적인 사람이라도 이런 주제에 대해 간접적인 교육을 받을 때는 그것이 사실인지 거짓인지를 구분하는 데 많은 시간을 낭비할 수밖에 없다. 온라인에 널리 퍼져있다고 해서 그것이 올바른 정보라는 보장은 없기 때문이다. 전통 교육의 가치 중 하나는 가르치는 사람에게 자격을 요구한다는 것이다. 학생이 교수의 견해에 동의하지 않더라도 대학 시스템은 학생들의 그런 다양한 반대 의견을 독려하고 토론의 양상을 정확하게 파악하는 능력을 키울 수 있도록 장려한다.

만약 어떤 학생이 이 모든 단점을 극복하고 아주 훌륭한 온라인 교육을 받는다 할지라도 대학이 제공하는 '신호'의 기능을 대체할 수는 없다. 평판경제 이전에 온라인 자기주도 학습은 실제로 아무 교육도 받지 않은 것이나 다름없었다. 대부분의 고용주는 대학 학위와 "유튜브에서 역사 비디오를 보며 혼자 독학했어요"라는 말을 동등하게 받아들이지 않을 것이다. 적어도 아직까지는 그렇다. 이것이 바로 대학이 엄청난 비효율성을 지니고 있음에도 불구하고 지금과 같은 형태로 유지되는 이유다. 대학의 두 번째 중요한 기능은 대학 졸업생이 대개 고등학교 졸업생보다는 고용할 가치가 더 높다는 신호를 보내는 것이다. 그러나 평판경제는 대학 학위와 같은 과거의 신호를 배제하고 모든 사람이 더욱 분명하고 저렴한 가격으로 '실질적인 학습'을 소통할 수 있는 새로운 신호 체계를 도입할 것이다.

고용주가 하버드 졸업장을 선호하는 이유

대학 교육의 가치 중 큰 부분을 차지하는 것이 신호라는 데에는 의심의 여지가 없다. 회사는 대졸자와 그렇지 않은 사람 중 당연히 전자를 고용할 확률이 크다. 또 명문대 학위를 가진 사람이 있다면 웃돈을 제시하더라도 그를 고용하길 원할 것이다. 아이러니한 것은 그 사람들의 진짜 능력은 별로 고려하지 않는다는 것이다. 하버드 대학의 꼴찌가 다른 대학의 장학생보다도 직장을 구하기가 쉽다는 이야기다((의과대학 꼴찌 졸업생을 뭐라고 부르는지 아는가? '의사'다). 고용주는 대학 학위를 굳건한 신호로 인식하기 때문에 대학을 졸업하지 않은 사람은(설령 그가 매우 훌륭한 비제도권 교육을 받았을지라도) 자신을 입증할 기회조차 얻지 못한다. 앞에서 말했듯이 그들의 지원서는 첫 번째 단계에서 컴퓨터가 가차 없이 걸러내는 반면, 대졸자는 면접이나 다른 심사 기회를 얻게 되기 때문이다.

아이비리그와 다른 명문대가 일반 대학교보다 학생들에게 더 많은 투자를 하는 것은 사실이지만, 그런 교육의 차이가 하버드와 뉴햄프셔 대학 졸업생의 소득 차를 정당화시킬 수는 없다. 졸업장의 이런 강력한 영향력은 학계에서도 꽤 화려한 명칭으로 불린다. '양피지 효과', 다른 말로는 '학위 효과'다. 이는 옛날에 양질의 종이가 발명되기 전까지 대학교 졸업장이 양피지였던 것에서 유래했다(실제로 노트르담 대학은 2012년까지 양피지로 된 졸업장을 수여했으며, 종교적인 분위기가 강한 버지니아의 한 고등학교는 아직도 해마다 양피지 졸업장을 수여한다).

경제학에서 양피지 효과는 학위의 유무를 제외하면 완전히 동일한 교육적 배경을 지닌 두 사람이 일자리와 연봉에서 얼마나 차이가 나는지를 측정하는 수단으로 사용된다. 차이는 확연하다. 일례로 2008년 캐나다의 한 연구 조사에 따르면 4년제 대학에 다닌 두 사람 중 한 명은 학위를 받고 다른 사람은 학위를 받지 못했을 경우(공부를 계속할 수 없었거나 학위를 따기 위한 필수 요건이 바뀌는 등 자신이 통제할 수 없는 어떤 외부 요건이 있었다 할지라도) 후자의 급여 인상분은 전자의 70퍼센트에 지나지 않았다. 대상 집단의 다른 모든 변수를 통제한 경우에도(중퇴자의 평균 학점이 더 낮다거나 그 외 다른 상황들을 포함해서) 학위 보유자와 그 외 다른 모든 조건에서 동일한 학위 비보유자의 잠재 소득에는 본질적인 격차가 존재했다. 그들은 '소득 공식에 직접적으로 측정 가능한 능력이 포함될 때도 학위 효과가 크게 작용했으며', 잔여 효과가 주로 대학의 신호 효과에 따라 결정된다고 추정했다.[11] 또 다른 연구는 모든 조건이 동일할 때 대학에서 일정 기간 공부를 하고 졸업한 20대 학생이 같은 기간 동안 다른 교육을 받은 이들에 비해 급여를 11퍼센트 정도 더 많이 받는다는 사실을 보여준다.[12]

보다 평범한 언어로 말하자면 학위 효과는 대학 학위를 가진 사람이 그보다 풍부한 경험이나 실력을 가진 사람보다 일자리를 얻기가 더 쉽다는 것을 뜻한다. 고용주들은—기업체, 비영리 단체, 대학, 정부기관 할 것 없이—대개 시간에 쫓기기 때문에 보다 신속하게 잠재 직원들을 가려내고 싶어 한다. 그렇지만 다양한 전문성을 지닌 동료들과 함께 어우러져 팀워크를 발휘해야 하는 고도로 복잡한 정보 경제 속에서 그 자리에 안성맞춤인 인재를 어떻게 찾을 수 있을까? 이 해답을 얻기 위해서 많은 비용이 투자되었다. 예를 들어 뉴헤이븐 시 소방국에서도 내부 승진을 결정하기 위해 필기시험을 치르기로 했는데, 시험을 개발시키는 과정에서 직원들과 면담을 하고, 현장에 나가고, 다른 시 소방국 직원들과 면담하고, 나아가 현 직원들에게 시험을 테스트를 해야 했다. 그리고 이 승진 시험은 나중에 법정 다툼으로 이어져 대법원까지 올라갔다. 이런 시험은 소방관의 비상시 능력을 측정하는 가장 유용한 방법일지는 몰라도(물론 이 또한 확인이 불가능하지만) 엄청난 시간과 비용이 소모되었으므로, 평범한 회사나 고용주라면 별로 도입하고 싶은 방법은 아닐 것이다.

우리가 아는 일반적인 면접도 그리 뚜렷한 신호를 보내지는 못한다. 면접을 잘 봤다고 반드시 뛰어난 직원이 되는 것은 아니다. 실제로 많은 심리학자와 경영학자들이 면접 결과와 업무 능력 사이의 연관성이 매우 낮다는 사실을 발견했다. 면접 담당자나 업무 평가 방식에 따라 약간의 차이가 있긴 하지만, 대부분의 연구에 따르면 비체계적인 직장 면접("자기소개 한번 해보세요", "이 회사에서 당신이 이루고자 하는 목표는 뭡니까?")의 타당성은 0.35, 즉 35퍼센트에 불과하다.[13] 타당성이 0일 때 면접은 업무 능력과 아무 연관도 없다고 보면 된다. 동전을 던져서 나오는 면으로 합격자를 결정하는 것과 다를 바가 없다는 뜻이다. 반대로 타당성이 1이라면 면접을 통해 해당 직원의 업무 능력을 완벽하게 추정할 수 있다는 의미다. 다시 말해 0.35는 타당성이 아예 없는 건 아니지만 그래도 다른 방법보다 신뢰도가 훨씬 떨어진다고 해석할 수 있다. 지금까지 가장 효과적이라고 밝혀진 방법은 종합 직무능력 검사와 작업 표본 검사(실질적인 업무 처리 능력을 평가)를 결합한 것으로 타당성이 거의 0.63에 달한다. 그러나 종합 직무능력 검사는 대개 불법이며, 직업 표본 검사는 비용이 많이 들고 관리하기도 어렵다. 가령 소방관을 평가하는 완벽한 작업 표본 검사를 개발했다고 하자. 심폐 소생술에서 불타는 건물에 들어가 생존자를 탐색하고 구출하는 과정에 이르기까지 완전한 평가를 할 수는 있겠지만, 지원자 한 명당 드는 비용이 수천 달러는 족히 될 것이다. 그만한 비용이 들어간다면 아예 시험을 보기 전에 후보군의 범위를 최소한으로 줄이고, 출신 대학과 학점에 이르기까지 모든 면을 꼼꼼히 체크하는 편이 낫다.

면접에는 사적인 편견이 가미될 수 있다. 한 연구 조사는 면접관이 직무 능력이 아니라 옷차림이나 자신감 넘치는 태도처럼 지원자의 비언어적 단서에 가장 먼저 주목한다는 사실을 밝혀냈다. MIT 대학의 한 연구는 심지어 모의 면접에서 이뤄진 대화를 바탕으로 면접 내용과는 상관없이 거의 85퍼센트에 가깝게 결과를 정확히 예측할 수 있었다.[14]

따라서 뛰어난 후보자를 가려낼 신속하고(이력서만 보고도 알 수 있는가?) 저렴한(시험이나 특수한 장비가 필요한가?) 다른 좋은 방법이 없는 이상 고용주는 가장 잘 알려진 기준을 제일 먼저 활용할 수밖에 없다. 바로 대학 학위와 성적을 검토하는 것이다. 대학 졸업장을 요구하는 고용주들은 지원자가 실제로 대학에서 무엇을 어떻게 배웠는지 알고 싶은 것이 아니다. 지원자가 배우고 기억하는 것(예를 들어 기원전 202년부터 서기 1271년까지의 중국 역사)은 그들에게 아무 쓸모도 없다. 중요한 것은 지원자가 어떤 동기 의식과 학습 능력을 지니고 있으며, 목표를 달성하기 위해 얼마나 열심히 일할 용의가 있는지를 알려주는 '신호'다. 어떤 고용주는 대학에서 교육, 공학, 치의학처럼 특별한 기술과 지식을 쌓은 학생들을 선호하기도 한다. 그러나 이들도 대학을 갓 졸업했을 때는 아직 풋내기라 따로 직업 훈련을 받아야 한다. 그런 의미에서 대학 졸업장은 일종의 신호다. 그것도 아주 약한 신호다.

  만약 대학별로 학생들을 간단히 비교하고 평가할 수 있다면 그나마 나을지도 모른다. 그러나 각각의 학생들을 비교하는 것은 끔찍할 정도로 어렵다. 대학이나 전공, 또는 전문 분야에 따라 학점을 매기는 방식이 다를 뿐만 아니라, 점수 인플레가 심각해 한 대학 내에서도 진정 실력 있는 학생들을 구별하기가 힘들며(대학의 평균 졸업 학점은 한 세대 전에 비해 크게 상승했다. 근래 평범한 사립대의 졸업 학점 평균은 약 3.3점인데, 이는 20년 전에 비하면 0.2점이나 상승한 것이며 1960년대에 비하면 거의 0.8점이나 증가한 수치다), 일부 학교는 다른 곳보다 점수 인플레가 훨씬 심각하기 때문에 학교 간 비교는 더더욱 어렵다. 예를 들어 뉴햄프셔의 작은 인문대학 세인트 앙셀름(Saint Anselm)의 졸업 학점 평균은 2.5인데, 이는 다른 대학에 비하면 거의 0.8점이나(알파벳 등급이 아예 달라지는) 낮다. 다시 말해 다른 사립대보다 세인트 앙셀름에서 3.0 학점으로 졸업하는 것이 훨씬 어렵다는 의미다. 심각하게 말하자면 상위 50퍼센트인지, 하위 50퍼센트인지로 갈리는 문제다. 심지어 몇몇 대학들은 학생들의 성적을 평가하고 학점을 비교하기 어렵게 만드는 데서 특별한 자부심이라도 느끼는 듯 보일 정도다. 브라운 대학의 경우에는 수업 시간표의 전부 또는 일부를 과락(pass/fail) 형식으로 평가하는 과목으로 채울 수 있고, 아니면 점수 대신 학업 성취도를 서술식으로 평가해달라고 요청할 수도 있다. 다시 말해 학생들의 성적표가 평범한 학점 성적표와 중간 중간 과락 평가가 섞인 성적표, 일부 서술형 평가가 포함된 성적표까지 그 종류가 너무 다양하고, 학생들이 강의 내용이 쉽거나 점수가 후한 교수들에게만 평점 평가를 요구할 수도 있는 등의 시스템을 얼마나 악용했는지 확인할 길이 없다는 뜻이다.

이런 복잡한 시스템을 잘 이용한 학생들은 각자 독특하고 유일무이한 존재가 될 수 있을지 몰라도 고용주는 그만큼 골치를 썩게 된다. 고용주가 원하는 바는 간단하다. 그들은 그저 지원자가 다른 학교를 졸업한 경쟁자들보다 더 뛰어난 직무 능력을 가지고 있는지 알고 싶을 뿐이다. 교수들이 쓴 서술형 평가는 성격과 판단 기준이 제각각이라 서로 비교하기도 힘들 뿐더러 평범한 성적표와도 비교가 어렵다. 수백 장의 지원서를 검토해야 할 경우(전국적으로 일자리 하나당 약 250명의 지원자가 몰려든다) 이런 성적표는 거의 쓸모가 없다.[15]

하지만 분명한 학점 체계가 있고 엄격한 비율로 등급이 결정되며 정확한 점수와 순위가 공개되는 대학에서조차 고용주가 얻을 수 있는 정보는 그다지 많지 않다. 어쨌든 학점 제도에는 딜레마가 존재한다. 학점 체계가 엄격할수록 학생들은 대학에서 새로운 지식을 배우려 하기보다 자신에게 유리한 과목만을 골라 점수를 올리는 꼼수를 부리고 반대로 학점 체계가 느슨할 때도 제도를 교묘하게 활용해 좋은 점수를 얻는다.

물론 직무 요건과 동떨어진 분야에서 좋은 성적을 받아봤자 아무 쓸모도 없다. 하루 종일 사회적 계약에 대해 비판적으로 사고하며 '올 A'를 받은 철학 전공자는 훌륭한 학자는 될 수 있겠지만 컴퓨터 프로그래머로서는 형편없을 것이다. 어떤 공학 전공자는 구글에는 잘 맞아도 NASA에서는 일하기가 힘들지 모른다. 성적은 같아도 다른 분야의 공학을 전공한 학생은 그와 반대일 것이다.

이런 여러 가지 단점에도 불구하고 고용주는 출신 대학과 전공, 학점이라는 구식 기준에 의존할 수밖에 없다. 최근 한 연구에 따르면 고용주의 거의 80퍼센트가 학점을 기준으로 구직자를 탈락시킨다고 한다.[16] 가령 연구원을 모집하는 뉴포트 비치의 한 회사는 '적절한 학점으로 졸업한 인문사회 또는 이공계 학사'를 원한다.[17] 미국 CIA는 대학 간 학점 인플레이션 격차를 무시한 채 'CIA가 고용하는 대학 졸업생은 반드시 최소한 3.0에서 4.0 사이의 학점을 보유해야 한다'고 명시한다.

대학 학위를 대체하는 새로운 신호가 고안된다면, 그것은 업무 능력을 예측하는 데 있어 대학 학위의 (낮은) 정확성과 (역시 낮은) 비용을 능가해야 할 것이다. 앞에서도 논의했듯이, 좋은 후보를 추려내는 데에는 많은 비용이 든다. 새로운 심사 메커니즘이 대학 졸업장이라는 구식 방법보다 우월하다는 사실이 밝혀질 때마다 고용주는 인사부 관리자가 채용에 들이는 시간과 비용, 직원들의 이직률 그리고 그 결과에 이르기까지 얼마나 많은 가치를 아낄 수 있을지 깨닫게 될 것이다.

평판경제는 고용주들이 사용하는 신호를 바꾸고 있다. 새로운 평판경제 도구는 고용주와 구직자 양쪽 모두에게 특정 기업이나 직위에 적절한 지원자의 실질적인 능력과 기술(학점도 아니고 출신 대학 이름도 아닌)을 더욱 쉽고 정확하게 예측할 수 있게 도울 것이다. 첨단 기술의 발전 덕분에 당신의 독특한 평판이 대학 졸업장 위에 적힌 이름(또는 졸업장이 없더라도)보다 더욱 강력한 신호를 보낼 수 있다면 앞으로 평판경제는 고등교육의 판도를 완전히 뒤흔들게 될 것이다. 가장 중요한 점은 DAMM 세계에서 개발된 새로운 첨단 기술에 힘입어 이런 신호들이 더욱 간단하고 경제적으로 변할 것이라는 점이다.

칸 아카데미가 채용 시스템을 바꿀 수 있을까

별로 놀라운 사실은 아니지만 교육의 진정한 파괴적 혁신은 대학 외부에서 시작될 것이다. 가장 중요한 변화를 초래하는 것은 교실당 학생 수나 필수 이수 과목, 전자 학습을 위한 최적의 도구가 무엇인지에 관한 논쟁이 아니다. 혁신은 강의실과 기숙사가 있는 4년제 대학교와 반짝거리는 졸업장으로 이어지는 기말 시험 그리고 동일한 기준으로 평가되는 학점이 아니라, 보다 진정한 돌파구를 유도할 것이다. 하지만 온라인 학습에 대한 열렬한 반응에도 불구하고 MOOC(온라인 대중 강좌)는 교육계에 진정한 혁신을 불러오지는 못했다. 교실에서 배우든 온라인 강좌로 배우든, 아니면 도제식 교육이나 다른 새로운 방식을 통해 배우든 배움의 형식 그 자체는 크게 중요하지 않기 때문이다. 교육의 가장 중대한 변화는 학생과 구직 지원서의 '평가' 방식에서 시작될 것이다. 그리고 그러한 평가 제도의 변화는 우리가 알고 있는 현대의 신호 체계를 완전히 뒤바꿀 것이다.

살 칸(Sal Khan)이라는 교육 혁신가는 이를 실천하기 위해 평판경제를 활용했다. 그는 아무리 봐도 제도권 교육에 반기를 들 것 같지 않은 인물이다. 살 칸은 어마어마한 교육 예산에 진절머리가 난 주지사도 아니고, 변화를 추구하는 명문대 학장도 아니며, 두터운 인맥을 지닌 영리 학교의 CEO도, 심지어 교사도 아니다. 그는 교육학과 관련된 학위도 없고 전문 교사로 일한 적도 없다. 교원 노조에 속해있지 않으므로 그 때문에 자주 비판을 받기도 한다. 살 칸은 겸손한 성격의 수학광으로 하버드와 MIT에 네 개의 학위를 보유하고 있는데, 2004년 그의 초등학생 조카가 수학 과외를 부탁한 것을 계기로 아주 우연히 고등교육 혁신 운동에 뛰어들게 되었다. 수학과 전기공학 학사, 전자공학과 컴퓨터과학 석사 학위를 가진 칸이 초등학생에게 수학을 가르치는 것은 베토벤이 어린아이에게 피아노를 가르치는 것과 비슷할지도 모른다. 그러나 칸은 야후 두들(Yahoo! Doodle)—노트패드 프로그램을 사용해 실시간 음성 채팅을 할 수 있는 사이트—을 사용해 조카에게 과외를 하기 시작했고, 이런 교육 방식이 효과적이라는 사실을 깨달았다. 2006년 그는 유튜브에 동영상을 올리기 시작했다. 그의 수학 강의 동영상은 곧 선풍적인 인기를 끌었고, 칸은 그의 강의를 듣는 학생들이 조금씩 늘고 있다는 사실을 알고는 더 많은 영상을 올리기 시작했다.

자신이 변화를 만들고 있다는 사실을 깨달은 칸은 억대 연봉을 버는[18] 헤지펀드 애널리스트를 그만두고 비영리 교육 프로그램을 만들기 시작했다. 그가 진행해나가는 이 프로그램의 독특하고 야심찬 사명은 그 자신이 졸업한 명문대마저 쓸모없는 것으로 만들고, 하버드 졸업장을 누구든 성취할 수 있는 실질적인 교육으로 대체하는 것이었다. 그는 '장소에 구애받지 않는 세계적 수준의 무상 교육'[19]을 제공하고자 했다.

2013년 칸은 유튜브에 약 3,000개 이상의 동영상을 올렸고, 칸 아카데미의 유튜브 구독자는 40만 명에 달했다. 2013년 즈음 칸 아카데미 영상의 조회 수는 자그마치 2억 뷰였다. 빌 게이츠는 칸이 유튜브 계정과 마이크 하나로 커다란 사회운동을 일으켰다고 평하며 이렇게 말했다. "정말 대단합니다. 그가 이토록 작은 자원으로 얼마나 놀라운 일을 해냈는지 보세요."[20]

아직 많은 이들에게 생소하긴 하지만, 오늘날 칸 아카데미는 아마 세계 최대의 비영리 온라인 학교일 것이다. 피닉스 대학(University of Phoenix) 같은 영리 온라인 학교와는 달리, 칸 아카데미는 TV에 광고를 내지도 않고 학교 이름을 딴 프로 미식축구장도 없다(아이러니하게도 피닉스 대학은 그들의 경기장에서 시합을 한 적이 없다. 대학 리그 스포츠 팀이 없기 때문이다). 칸 아카데미의 강의 영상은 칸의 독특한 스타일을 따르며, 상업 교육 회사의 동영상 강의와는 달리 강의식 수업을 모방하지도 않는다. 칸은 교실(대개 가짜인)의 칠판(대개 진짜인) 앞에서 강의하지 않는다. 학생들은 심지어 칸의 얼굴조차 알 수가 없다. 화면은 처음부터 끝까지 디지털 화이트보드에만 포커스를 맞추고, 그는 보드 위에 알아보기 힘든 식과 숫자를 휘갈기며 낮은 목소리로 단조로운 설명을 이어간다.

칸은 그의 강의를 재빨리 다른 분야로도 넓혀나갔다. 이제 칸 아카데미는 생물학과 경제학, 미술, 인지과학에서 자본시장에 이르기까지 거의 모든 주제에 관한 동영상 강의를 제공한다. 그러나 그의 목표는 단순히 폭넓은 분야의 동영상 강의를 제공하는 것이 아니라, 고등교육의 개념을 완전히 바꾸는 것이다.[21] 그는 머지않아 하버드나 MIT 같은 대학들의 강의가 인턴십과 자기주도 온라인 학습으로 대체될 것이라고 믿는다. 양피지에 라틴어가 씌어있는 화려한 대학 졸업장도 온라인 대학 시험을 통과하면 얻을 수 있는 수료증으로 대체될 것이다. 시험을 관장하는 것은 칸 아카데미일 수 있고, 다른 검증기관일 수도 있다. 칸이 생각하는 미래에서 당신이 충분한 지식을 갖추고 있는 한 그것을 어디서 어떻게 습득했는지는 중요하지 않다. 반대로 누군가 예일대에 가서 프린스턴에서 동일한 과목을 전공했다는 이유로 졸업장을 달라고 우긴다고 상상해보라. 오늘날 전국의 수많은 대학에서 1,000명의 교수들이 각각 강의실에서 50명의 학생들에게 똑같은 컴퓨터 과학 입문 강좌를 가르치는 교육 방식은, 곧 가장 유능하고 잘 준비된 한 명의 교수가 전국에 흩어져있는 5만 명의 학생들을 온라인으로 가르치는 식으로 변화할 것이다. 여기서 중요한 점은 이 5만 명의 학생이 똑같이 신뢰할 수 있는 자격증을 얻는다는 것이다.

칸은 단순한 과외에서 새로운 교육 모델로 비전을 확장시켰고, 교육 인프라를 구축하기 시작했다. 학생들은 (무료로) 사이트에 등록해 (무료로) 학습 진도를 확인하고 (무료로) 수학 연습 문제를 풀고 인터랙티브 게임을 하며 (무료로) 다른 학생들과 대화를 나눌 수 있다. 칸 아카데미에는 학생들의 교육 성과를 점검하는 '코치(학습에 도움을 주는 사람)'도 있다. 아직 걸음마 단계에 있긴 하지만 칸 아카데미의 교육 모델은 전통적인 교육과는 거의 모든 측면에서 현저하게 다르다. 정해진 학기도 없고 필수 커리큘럼도 없다. 학생들은 각자에게 편한 속도로 수업을 따라간다. 정보는 한 시간짜리 긴 강의가 아니라 15분 남짓의 짧고 단편적인 영상으로 제공된다. 예를 들어 대학에서 보통 45번의 강의로 구성되는 미적분 강좌는 약 15분 길이의 미니 강의 192개로 구성되어있는데, 시간표가 따로 존재하지 않기 때문에 모든 강의를 똑같은 시간에 맞춰 들을 필요가 없다. 칸 아카데미에는 성적표도, 교실도, 교사도 없다. 그리고 물론 담쟁이덩굴로 뒤덮인 고딕 양식의 높고 근사한 건물도 없다. 미식축구 경기장도, 위인들의 동상도 없다. 칸 아카데미는 이처럼 미국 고등교육이 지닌 온갖 까다로운 장애물들을 제거하는 데 성공했다. 이제 남은 숙제는 교육적 측면에만 집중하는 비영리 교육으로의 지향을 달성하는 것이다.

원격 교육은 칸 아카데미 이전에도 있었다. 심지어 통신교육 학교
는 미국 체신청이 설립되기 전부터 존재했다. 1728년 〈보스턴 가제
트Boston Gazette〉 지에는 케일럽 필립스(Caleb Phillips)라는 사람이 '새
로운 속기술'을 원격으로 가르칠 수 있다는 광고가 실리기도 했다.[22]
그때와 다른 점이 있다면 칸과 같은 사람들은 평판경제의 힘을 이용
해 새로운 원격 교육을 제공하고 있다는 것이다. 초기 온라인 자기
주도 학습 모델이 어려움을 겪었던, 전통적인 고등교육의 문제점 상
당 부분을 붕괴시킬 수 있는 '검증 가능하고 신뢰할 수 있는 모델'을
말이다.

칸 아카데미(와 그와 비슷한 신생 교육 회사)를 혁신적으로 만든 것
은 수천 시간에 달하는 온라인 강의나 유명 인사의 후원, 가격(무료)
이 아니라, 빠른 속도로 진화하는 자격 증명 체계다. 칸은 '마이크로
자격(microcredential)'의 세계를 꿈꿨다. 그는 4년제 대학이나 대학원
에서 졸업장을 받는 것이 아니라, 누구든 원하는 분야에서 그에 대한
시험을 통해서만 능력을 입증받을 수 있어야 한다고 믿었다. 뿐만 아
니라 그는 굳이 교실에서 배울 필요가 없다고 믿었다.[23] 대학에 갈 필
요 없이 박물관에서 인턴으로 일하며 박물관학 자격증을 따면 되는
것이다. 아니면 컴퓨터 과학과 관련된 수업을 듣고 자격시험을 볼 수
도 있다. 꿈 같은 이야기라고? 당신이 한번쯤 들어본 하버드나 MIT
같은 명문 대학들은 모두 에덱스(edX)라는 프로그램을 운영하고 있

다. 온라인 강의를 들으면 마이크로자격증을 수여하는 것이다. 수업 방식은 꽤나 전통적으로 운영되지만 대학과는 달리 등록만 하면 누구나 자유롭게 참여할 수 있고, 다른 곳에서 기초 지식을 쌓았다면 곧장 고급 강좌를 들을 수도 있다. 물론 아직 제도적으로 완벽하지는 않지만, 시작이 반이라 하지 않았다.

학습 방식이 어떻든 특정 지식을 습득했음을 증명하는 마이크로자격증 시스템은 원격 교육을 평판경제의 신호로 이용하기 위해 거쳐야 할 필수 단계다. 하지만 이것도 교육이나 고용에서 진정한 혁신을 이루는 방식은 아니다. 진짜 혁신은 잠재 고용주가 졸업생들을 동일한 기준으로, 즉 그들이 '특정 기업' '특정 직무'에 걸맞는 좋은 직원이 될 수 있을 것인가로 평가할 때 비로소 완성된다.

이런 단점을 극복하기 위해 노력 중인 한 회사가 있다. 임플로이인사이트(EmployInsight)는 학업성취도를 기반으로 졸업생을 평가하지 않고(이미 구식이 된 방법) 성격 검사나 이하모니 같은 데이트 사이트에서 볼 수 있는 것과 비슷한 온라인 설문조사를 실시한다. 그런 다음 그 결과를 토대로 '진실성', '감사할 줄 아는 마음', '창의성' 같은 각각의 성격적 특성에 점수를 매기고, 특수 알고리즘을 사용해 개개인에게 알맞은 일자리를 소개한다.

데이트 상대를 고를 때와 유사한 메커니즘으로 구직자를 평가하는 곳은 임플로이인사이트뿐만이 아니다. IT 분야에서 채용 심사 평가는 이미 매우 유망한 분야로, 투자 규모가 수십억 달러에 달한다.

2012년 데이터베이스 대기업인 오라클(Oracle)은 탈레오 코퍼레이션(Taleo Corporation)을 19억 달러에 인수했는데, 이 회사의 탈레오 클라우드(Taleo Cloud) 서비스는 다수의 후보자들을 보다 저렴한 비용으로 걸러낼 수 있다. 만약 대학 학위를 기준으로 엄선한 후보자 열 명을 면접할 때와 동일한 비용으로 구직자 100명에게 직무 표본 검사를 제공할 수 있다면 고용 시장은 극적으로 변화할 것이다. 그 결과 빛바랜 양피지 졸업장의 가치는 떨어지고 실제 직업과 관련된 능력과 기술이 보다 중요해진다.

물론 어떤 채용 시스템이나 알고리즘도 아직은 후보자의 직무 능력을 완벽하게 예측할 수 없다. 하지만 오늘날 야구를 통계수학적으로 분석해 세이버메트릭스(Sabermetrics, 컴퓨터를 이용한 야구 데이터 분석 시스템-옮긴이)로 선수들의 성적을 예측하듯이, 새로운 시스템으로 직원들의 직무 능력을 예측할 수 있는 시대도 그리 머지않았을 것이다.[24] 세이버메트릭스를 발명하는 데에는 비용이 들지 않았다. 그러니 채용 심사에 수십억 달러를 투자한다면 어떤 결과가 나올 수 있을지 상상해보라. 머지않아 기계는 이렇게 말할 것이다. "이 지원자는 현 직원보다 매달 평균 1만 달러 이상의 매출을 올릴 것입니다." 말하자면 비즈니스계의 세이버메트릭스 수치인 셈이다.

새로운 분석법의 등장으로 전과는 다른 부류의 선수들이 각광받게 된 것처럼(가령 누군가로부터 야구 선수라기보다는 "냉장고 수리 기사나 철물점 카운터 뒤에서 망치나 판매할 사람처럼 생겼다"고 평가받았던 케빈 유킬

리스는 올스타 게임에 세 번이나 참여했고 월드 챔피언십에도 두 번이나 출전 했다) 다른 분야에서도 이와 유사한 현상이 일어날 것이다.[25] 평범하지 않은 학생이나 자신만의 독특한 길을 택한 사람들이 드디어 빛을 발할 때가 온 것이다. 맞춤형 평가 시스템은 학교 성적이 안 좋아도, 또는 아예 학교 교육을 받지 않았더라도 당신이 훌륭한 성과를 낼 수 있음을 증명해줄 것이다. 또한 장담컨대, 앞으로는 비전통적 증명서와 독특한 삶이 지금보다 훨씬 큰 가치를 발휘하게 될 것이다.

평판경제가 제시하는 미래 교육의 더 나은 대안

평판경제가 아무리 인재 선별에 유용하다 한들, 지금 즉시 도입되는 것은 불가능하다. 정체된 시스템은 계속 정체되려는 경향을 지니며, 기업과 고용주가 지금껏 의존해온 대학 교육이라는 신호 체계를 하루아침에 포기할 리도 없기 때문이다. 그러나 다행히도 우리에게는 변화를 부추기는 독특한 동력이 있다. 앞에서 언급한 고등교육 비용의 상승과 그에 따른 학자금 융자의 급격한 증가다. 오늘날 대학생들은 대학이 신호의 가치를 지니고 있다는 이유만으로 끔찍할 정도로 비효율적인 관료주의의 폐해—강의를 하지 않는 교수, 학부생이 낸 등록금이 누군지도 모르는 대학원생들의 연구 보조금으로 쓰인다는 황당한 상황—를 참고 견뎌야 한다. 그럼에도 학생들이 비싼 등록금을 내는 이유는 대학의 교육적 측면과 신호를 모두 필요로 하기 때문이다. 전국의 모든 고등학교 졸업반 학생들은 대졸자와 고졸자의 평균 소득 차가 100만 달러나 된다는 사실을 인지하고 있다.[26] 비록 대학의 '교육적' 역할은 100만 달러 중에서도 아주 작은 부분에 불과하지만(나머지는 '신호'의 가치) 등록금을 지불함으로써 두 가지 모두를 충족시킬 수 있다면 굳이 그 둘을 구분할 이유가 없다. 그 결과 대학은 입학금과 등록금, 공공 기금을 포함해 기부금까지, 이 모든 것을 다 얻어낼 수 있다.

그러므로 대학들이 왜 교육기관과 신호기관으로서의 역할을 잃지 않기 위해 분투하며 채용 과정에서 졸업장과 학점에 대한 의존도를 줄이기 위한 모든 노력에 저항하는지 이해할 수 있으리라. 어떤 대학은 고용주가 대학 학점 외에 평판 점수를 활용하는 것을 막기 위해 더욱 박차를 가할지도 모른다. 평판 점수가 활성화되면 대학의 신호 능력을 약화시켜 결국 그들의 사업 모델을 훼손할 것이기 때문이다. 대학이 비싼 등록금을 받으면서도 어느 정도 비난을 피해갈 수 있는 이유는 그들이 좋은 일자리로 가는 길을 열어주는 문지기 역할을 하기 때문이다. 설령 많은 대학들이 실제로는 특정 직업에 필요한 기술을 가르치지 않는다고 해도 말이다. 학생들은 대학교 등록금이 너무 비싸다고 불평하지만, 오늘 10만 달러를 투자해 평생 100만 달러를 더 벌 수 있다면 '더 나은 대안이 없는 한' 그들이 어떤 선택을 할지는 자명하다. 평판경제는 바로 그 더 나은 대안을 제시할 수 있다.

앞으로 대학은 보다 의미 있는 평가 방식을 고안해야 할 것이다. 전통적인 채용 시스템을 고수하지 않는 기업가들을 다수 배출한 스탠퍼드나 MIT 같은 일부 대학들은 이미 시험 점수가 아닌 다른 평가 기준을 활용하고 있고, 머지않아 다른 대학들 역시 고용주의 요구에 부합하는 보다 실질적인 기술로 학생들을 평가하는 추세에 동참하게 될 것이다.

미래의 교육이 단순히 직업 기술만을 중시하게 될 것이라는 이야기가 아니다. 다방면에서 지식을 쌓은 학생들이 삶과 일에 더 잘 적응하는 경향이 있는 것은 사실이다. 그러나 만일 철학 전공자라면 전공 외에도 다른 기술을 갖고 있음을 입증해야 할 것이다. 철학적 배경 외에 실용적인 기술과 지식을 익혔다는 것은 그가 다른 분야에서도 열심히 일할 수 있다는 하나의 증거가 되기 때문이다. 사회성 기술 역시 평가 기준이 된다. 다른 이들과 협조하고, 필요할 때 팀을 이끌 수 있는 능력은 고용주가 중히 여기는 핵심 자산 중 하나다.

데이터 분석학의 발달은 이런 능력들을 보다 쉽게 포착하고 평가할 수 있게 만든다. 만일 당신이 대학에서 컴퓨터 과학을 전공한 게 아니라 컴퓨터 과학이 포함된 에덱스 강좌를 듣고 훌륭한 성적으로 수료증을 받았다고 하자. 앞으로는 더 많은 고용주들이 에덱스 수료증을 주립대 부전공만큼이나 높이 평가하고 인정하게 될 것이다. 교육뿐만 아니라 다른 분야도 마찬가지다. 컴퓨터 엔지니어들이 신생 벤처기업을 일종의 포트폴리오로 활용한 사례들을 기억하는가? 미래에는 독창적인 신문 기사나 비즈니스 사례 연구, 또는 기조연설도 그런 포트폴리오로 기능하게 될 것이다.

그러므로 제도권 교육 안에 있는 학생이나 대학원생이라면 전공 분야 외의 다른 강의에도 시간이나 노력을 투자해보기 바란다. 그것이 실용적인 분야면 더욱 좋다. 그렇다고 시간표를 전부 경영학 수업으로 채울 필요는 없지만(마케팅 전공 학생이라면 국문학이나 시, 외국어, 영화 수업을 듣는 것도 좋을 것이다), 이제는 〈헨리 8세〉의 한 구절을 인용하거나 그리스 철학자들의 이론을 비교하는 능력이 예전처럼 고용주에게 좋은 신호를 주지 못한다는 사실을 명심하라. 평판경제가 확장될수록 구직자들은 그들이 배운 교육의 '다양성'과 '치밀함'에 따라 평가받게 될 것이다. 특히 남들이 어렵게 생각하는 교육 과정에 참가해 뛰어난 성적을 받으면 귀한 인재로 인정받을 수 있다. 첫 번째는 탁월한 능력을 지녔기 때문이고, 두 번째는 어려운 분야에 과감히 도전해 노력했기 때문이다(고용주들도 어떤 교육 과정이 어렵고 까다로운지 정도는 알고 있다. 레이트마이프로페서RateMyProfessors 같은 사이트는 특정 강의에서 좋은 성적을 얻기가 얼마나 어려운지를 공개적으로 알려준다). 학문 외의 다른 경험들도 소중한 가치가 될 수 있다. 가장 먼저 평가 대상이 되는 것은 컴퓨터 프로그래밍 같은 기술 능력일 것이다. 아무래도 소프트 스킬(soft skill, 관리능력이나 대인 기술 등)보다는 점수화하기가 더 쉽기 때문일 것이다. 그리고 아무리 고지식한 고용주라도 기술적 능력은 혼자서도 습득할 수 있다는 것쯤은 안다. 나중에 학문

외적인 소프트 스킬의 공정한 평가가 가능해진다면 그 분야를 독학한 학생들도 힘을 얻을 수 있을 것이다.

솔직히 말해 아직 대부분의 학생들이 학교를 자퇴하는 것이 과연 현명한 판단인지 확신하지 못하고 있다. 따라서 대학의 양피지 효과가 완전히 사라지기까지는 꽤 오랜 시간이 필요할 것으로 보인다. 심지어 실리콘밸리의 유명 창업가이자 대학 교육을 공공연하게 반대해온 피터 티엘(Peter Thiel)—24명의 학생들에게 대학을 중퇴하고 창업을 하도록 각각 10만 달러의 현금을 주는 장학제도를 시작한 시점에서 비제도권 교육의 가장 강력한 옹호자 가운데 한 명이 된—마저도 그의 주장을 철회하지 않았던가. 어쨌든 듀크, 하버드, 스탠퍼드와 MIT 등 세계 최고 명문 대학들의 졸업장은 앞으로도 오랫동안 취업하는 데 가장 결정적인 영향을 줄 최고의 패가 될 것이다. 이들은 그 어떤 교육 시스템보다 훌륭한 교육을 제공했다는 강력한 신호를 보내고 있으며(좋은 인맥도 빼트릴 수 없다), 앞으로 한동안은 그 무엇도 이들 대학을 대체할 수 없을 것이다. 그러므로 이 책이 출간된 후에 예일과 하버드에 지원자가 급감하리라고는 기대하지 마라. 최상위 1퍼센트의 대학들은 어떻게든 계속 번창할 방도를 찾아낼 것이다.

똑똑한 학생이나 구직자라면 전통적인 방식과 비전통적인 방식을 결합할 것이다. 그렇게 하면 고용주에게 더 매력적인 후보로 비쳐질 수 있을 뿐만 아니라, 더 실용적이고 비용도 적게 든다. 교실 밖에서 무료 혹은 저렴한 온라인 수업으로 전문 기술을 배우고 자격증명서와 수료증을 받으면 학교를 일찍 졸업할 수 있거나(등록금을 아끼고 기회비용을 줄임) 온라인 시험으로는 측정하기 힘든 소프트 스킬(팀워크, 프레젠테이션, 창의성 등)에 더 많은 시간을 투자할 수 있다(혹은 양쪽 모두를 할 수 있을지도 모른다). 평판경제는 대학 교육에 수반되는 부담이나 불편함 없이 기술 능력을 더 쉽게 평가할 수 있게 함으로써 이를 가능케 한다.

일례로 몇몇 온라인 교육 회사나 관련 단체들은 제도권 교육에 통합되는 치밀한 커리큘럼을 제공한다. 학생들은 온라인 교육으로 MBA에 필요한 기술을 익힘으로써(회계, 금융, 통계 등) 소프트 스킬(리더십, 팀워크, 프레젠테이션, 경영 등)에 집중하는 전통적인 MBA 커리큘럼을 보완할 수 있다. 엄격하게 시행되기만 한다면 이런 종합 프로그램은 어디서든 그 유효성을 인정받을 수 있을 것이다. 요는 고등교육의 가치가 사라지는 것이 아니라, 이것이 더 이상 인재를 선별하는 유일한 방법이 되지 못할 것이라는 점이다.

어떤 분야든 증명과 수량화가 가능한 방식으로 기술과 지식을 늘린다면 당신의 가치도 따라 증가한다. 아마 그런 객관적인 입증이 가장 용이한 부문은 자연과학과 수학일 것이며, 디지털 테스트가 가능한 기술 분야가 그 뒤를 이을 것이다(방사선 기사들은 지금도 전립선 시뮬레이터로 실력을 테스트할 수 있다. 시뮬레이터는 3D 플라스틱 부품과 환자의 반응을 모방하는 컴퓨터 소프트웨어로 구성되는데, 방사선 기사가 전립선의 한 부분을 놓치면 컴퓨터는 낮은 점수를 매기고 한 부위에 너무 강한 압력을 주면 가상의 환자가 큰 소리로 불평을 한다).[27] 경영학도와 MBA 지망생은 자동화 테스트의 가장 마지막에 합류하는 집단이 될 것이다. 많은 MBA 커리큘럼이 회계와 준법 감시, 경영 같은 실용적인 수업 외에도 아직 디지털화가 어려운 협상이나 리더십 같은 소프트 스킬을 포함하고 있기 때문이다. 변호사는 그 중간쯤에 속한다. 변호사가 되려면 주 정부가 관할하는 악명 높은 변호사 자격시험을 치러야 하지만, 몇몇 주에서는 법학 학위가 없거나 로스쿨을 다닌 적이 없는 사람도 변호사 자격시험을 치를 수 있다. 그러나 나머지 주들은 여전히 방어적인 태도를 고수하고 있으며, 너무 많은 사람들이 일반적인 경로가 아니라 사잇길로 들어오려 한다면 오히려 지금보다도 더 엄격해질 수도 있다. 예를 들어 의사의 경우를 두고 생각해본다면, 아무리 정확한 평가 알고리즘이 발명되더라도 주 정부가 의학 학위를 갖지 않은 사람들에게 의료 행위를 허가하기까지는 수십 년은 족히 걸릴 것이다. 점수가 얼마나 높든, 의학적 재능이 얼마나 뛰어나든 간에 말이다. 그렇다고 해서 의료계가 평판경제가 적용될 수 없는 예외의 영역이 된다는 뜻은 아니다. 일단 의료계에 발을 들여놓으면 환자와 지급인(보험회사와 고용주)이 당신을 어떻게 평가하느냐에 따라 당신의 평판 점수는 극적으로 변화할 것이다. 당신은 더 이상 하얀 가운으로 상징되는 권위에 무작정 기댈 수 없고, 당신의 의료 행위는 날마다 면밀히 관찰되고 평가될 것이며, 그 결과는 당신이 받을 보상에 중대한 영향을 끼치게 될 것이다.

이 장의 핵심을 간단히 정리해보자면, 컴퓨터가 직무 능력을 예측하는 미래 세상에서는 실제 보유한 기술로 교육의 가치를 증명하는 능력이 전통적인 신호인 양피지 졸업장과 높은 학점보다 더 중요해질 것이다. 컴퓨터가 거의 모든 결정을 내리는 세상에서는 어떤 분야가 됐든 디지털화되고 수치화되고 평가 가능한 자격을 최대한 많이 획득하는 것이야말로 성공적인 경력을 시작하는 데 필수적 요소가 될 것이다.

7장

VIP는 돈이 아니라
평판이 결정한다

– 평판경제에서 VIP처럼 살기

처음 가는 식당에서 당신이 같은 체인의 다른 지점에서
무엇을 주문했는지 알아보고 당신의 취향에 맞춰 음식을 준비한다.
평판경제 이전에도 이론적으로는 주문 내역을 알 수는 있었다.
하지만 그러려면 그만한 수고와 시간이 낭비되었을 것이다.
지금은 데이터베이스에 원할 때면 언제든 접근할 수 있는
모든 정보가 저장되어있다. 하지만 그것은 오로지
훌륭한 평판을 지닌 VIP 고객을 위해서만 사용된다.
좋은 고객이라는 평판과 명성을 쌓으면 레스토랑뿐만 아니라
다른 곳에서도 최고의 대우를 받을 수 있다.
다만 분명한 점은 훌륭한 온라인 평판을 지닌 사람들만이
이런 VIP 혜택을 누릴 수 있다는 것이다.

평판경제에서 다른 사람이나 사업체와의 상호작용은 당신의 평판 자산에 영향을 끼칠 뿐만 아니라 평판 점수에 곧장 반영된다. 상사의 칭찬을 들으면 그 즉시 평판 점수가 상승하고 페이스북에 악플을 달면 추락한다. 또 아침에 렌터카를 지저분한 채로 반납하면 오후에는 아파트 임차를 거절당할 것이다. 오후에 선행을 베풀었는데 저녁때 공짜로 비행기 좌석 업그레이드를 받으면 운이 좋았다고 생각할지도 모르지만, 실제로 그것은 컴퓨터의 냉정한 계산에 따라 회사가 당신의 선행을 현금으로 갚으려는 시도에 불과하다. 평판 정보는 점점 더 빠르고 신속하게 수집될 것이며 나아가 누구나 접할 수 있도록 공개적이고 투명해질 것이다. 이는 기업이든 개인이든 실시간으로 당신에 대한 정보를 얻을 수 있을 뿐만 아니라, 당신 또한 그들과 주변인들에 대한 평판 정보를 실시간으로 수집할 수 있다는 의미다. 식당에

갔는데 웨이터는 무례하고 전채요리는 차갑고 맥주는 미지근하다면 그곳의 평판은 순식간에 추락할 것이고, 당신은 스마트폰을 통해 실시간으로 그 사실을 알게 될 것이다.

우리는 지금 모두가 무엇이든 볼 수 있는 투명한 세상에 살고 있다.

얼핏 작은 비디오 카메라와 화면이 내장된 안경처럼 보이는 구글 글라스의 첫 온라인 광고는 구글 글라스를 쓰면 세상이 어떻게 보이는지를 일인칭 시점으로 보여주는 유튜브 광고였다. 광고는 하루 종일 눈앞에 비디오 스크린이 달려있는 최첨단 SF 같은 삶을 평범하고 일상적인 것인 양 묘사한다. 구글 글라스를 쓴 광고 속 주인공이 뉴욕의 길거리를 돌아다니면 무언가를 지나칠 때마다 눈앞에 그에 관한 온갖 정보가 떠오른다. 가까운 서점의 내부 지도가 보이는가 하면, 지하철 입구를 지날 경우 지하철 운행표와 관련된 정보가 튀어나온다(예: 자주 이용하는 지하철 노선이 일시적으로 폐쇄되었음). 간단히 말해 현실에서 일종의 '팝업 창'이 뜨는 것이다. 주변 모든 것에 관한 정보가 저절로 눈앞에 제시되고, 이 모든 정보들은 실시간으로 갱신된다. 구글 글라스로 한번 흘깃 쳐다보는 것만으로도 그에 관한 정보가 즉각 업데이트되는 것이다.[1]

적어도 이 글을 쓰고 있는 지금 (다행이) 구글 글라스는 주류에 편입하는 데 실패했고, 덕분에 우리는 아직 얼굴에 카메라를 쓴 사이보그들로 가득한 세상에서 살고 있지 않다. 그러나 구글이 식당 예약에서 비행기 연착, 갭(GAP)의 세일 행사에 이르기까지 모든 정보를 실시간으로 즉시 검색해 제공할 수 있는 것처럼, 앞으로는 평판 엔진도 스마트폰과 태블릿, 그 외의 이동식 또는 고정식 전자기기를 통해 즉각적으로 실시간 업데이트가 가능해질 것이다.

실시간으로 업데이트되는 평판 계좌

믿기 힘들겠지만 옛날에는 온라인으로 은행 계좌나 신용카드 사용 내역을 확인할 수 없었다. 이동통신과 인터넷뱅킹 시대가 도래하기 전까지 사람들은 은행 계좌 내역을 확인하거나 거래를 하려면 귀찮게 몸을 이끌고 은행을 방문해야 했다(게다가 대부분의 은행은 '월요일부터 금요일, 오전 9시부터 오후 4시까지'밖에 열지 않는다). 하지만 요즘에는 집에서 속옷만 걸친 채로 은행 거래를 할 수 있다. 스마트폰만 있으면 손가락 하나로 입금을 할 수 있고 거래 내역을 조회할 수도 있으며, 다른 계좌로 돈을 이체할 수도 있다(나만 해도 거래 내역을 확인할 수 있는 문자 서비스를 받고 있다). 캐피털원360(Capital One 360)과 앨리 뱅크(Ally Bank)같이 아예 지점이라는 게 존재하지 않는 온라인으로만 거래하는 은행도 등장했다.

우리가 언제 어디서든 은행 계좌 정보를 접하고 갱신할 수 있게 된 것처럼, 평판 정보 세계도 그와 똑같은 변화를 겪게 될 것이다. 아직까지 평판 계좌를 조회하거나 평판 자산을 계산하기란 무척 어려운 일이다. 일단 평판의 출처가 매우 다양하기 때문이다. 신용도, 운전 기록, 에어비앤비의 '집주인 등급' 등 다양한 정보가 각기 다른 시간대에 업데이트되고 외부에 발견될 확률도 제각각이다. 당신의 평판 자산은 접근 가능하고 또 평가되고 있긴 하지만, 온라인에서 이뤄지지 않고 즉각적이지도 않으며, 클릭 한 번 터치 한 번으로 접근할 수 있거나 공식을 해석하기가 어렵다. 타인의 평판 정보도 마찬가지다. 지금으로서는 아직도 누군가의 평판을 검토하거나 종합적으로 계산하려면 오랜 시간을 투자해야 한다. 설사 본인의 승인을 받더라도 말이다. 그렇다고 평판 정보를 구할 곳이 없다는 뜻은 아니다. 엄청난 양의 정보가 광범위하게 흩어져있고 각 정보의 신뢰도와 관련성, 접근성이 모두 판이하게 다르다는 것이 문제다. 이 모든 정보를 추적해 종합적인 프로필을 작성하려면 상당한 처리 능력과 시간이 필요하다.

그러나 이러한 추세도 급격히 바뀌고 있다. 최근 들어 주변인들에 대한 실시간 정보를 즉각적으로 접할 수 있는 도구들이 무수히 생겨나고 있기 때문이다. 물론 이런 도구들은 양방향으로 작용한다. 당신이 타인의 개인정보를 언제 어디서든 구할 수 있는 만큼, 다른 이들 역시 당신의 개인정보를 언제 어디서든 구할 수 있는 것이다. CNN이나 24시간 뉴스 채널이 흥하는 데에는 다 그럴 만한 이유가 있다. 많은 사람들이 끊임없는 정보의 파도를 즐기고 싶어 하고 인터넷은 기꺼이 그것을 제공한다. 하지만 앞으로는 CNN이나 CNBC가 아니라 (당신에게 중요한 집단이 무엇이냐에 따라) 당신 친구나 동료, 상사의 데이터를 접하게 될 것이다. TV에서 실시간으로 시리아 내전이나 다른 정치적 사건, 주가 폭락, 레드 삭스(Red Sox)의 득점 수에 관한 정보를 얻는 것처럼, 얼마 안 있으면 다른 사람이나 사물의 평판에 대해서도 실시간으로 업데이트될 것이며, 그들 또한 당신에 대한 정보를 쉽게 습득할 수 있을 것이다.

한 예로, 걸스 어라운드 미(Girls Around Me)라는 앱은 방금 근방에 있는 술집에서 페이스북에 '체크인(Check in)'한 여성들의 명단을 알려준다. 이런 앱들이 획기적이라거나 사회적으로 바람직하다고 말하는 것이 아니다. 다만 이런 기술이 이미 존재한다는 이야기를 하고 싶은 것이다. 물론 현재 이 앱은 평판 정보의 극히 일부만을 제공할 뿐이며 누가 당신과 낭만적 관계를 맺을 가능성이 있는지(혹은 '유부녀'거나 '미혼'인지도) 분석해주지 않는다. 하지만 언젠가는 분명 그런 기능이 추가될 것이다. (참고로 '그라인더Grindr' 앱은 남성 파트너를 찾는 남성에게 비슷한 서비스를 제공하는데, 상대의 프로필을 볼 수는 있지만 그 외의 정보는 매우 미비하다. 그라인더 2.0이 출시된다면―가능성은 충분하다―재정 상태에서 다른 사용자들의 평가에 이르기까지 온갖 평판 정보를 제공할지도 모른다.)

다른 어플리케이션들도 보다 건설적인 방법으로 평판 정보의 공백을 메우려고 시도하는 중이다. 메덱스세이프(MedXSafe) 앱은 (물론 양자의 동의 하에) 전화기를 가볍게 '부딪치면' 검증된 의료 시스템을 거친 STD 검사 결과(성병 종합 검사 - 옮긴이)를 상대방의 스마트폰에 전송한다. 즉 서로 몸을 부대끼기 전에 잠재 파트너의 건강을 미리 확인할 수 있는 것이다.[2] 스트라바(Strava) 앱은 러닝이나 사이클, 그 외 스포츠의 코스 통과 시간을 비교해 사용자들의 경쟁을 유도한다. 예를 들어 친구가 언덕 코스를 달렸는데 다음 날 친구의 기록을 깨고 싶다면 아이폰이나 안드로이드 기기를 갖고 나가기만 하면 된다. 운동 실력이 뛰어난 사람들은 친구에게 그 기록을 자랑할 수 있는 동시에(점수나 휘장으로) 건강도 챙길 수 있다.

이런 소소한 어플리케이션은 더 크고 새로운 세상으로 가는 디딤돌이다. 스마트폰에 저장된 사진만 있어도, 구글 글라스로 쳐다보기만 해도 그 사람에 대한 정보를 얻을 수 있는 세상 말이다. 안면 인식 프로그램의 성능은 점점 더 강력해지고 있고, 이것이 평판경제의 데이터 분석력과 결합되면 더욱 극적인 결과를 도출하게 될 것이다. 자동차를 사기 위해 판매점에 들어갔는데 판매원이 안면 인식 프로그램과 공공 자산 기록을 이용해 당신이 현재 살고 있는 주택 가격과 그것을 구입했을 때의 가격을 알아내 당신의 재정 상태를 파악한다고 생각해보라. 아니면 술집에 들어갔는데 당신의 데이트 점수를 확인한 여성들이 옛 데이트 상대가 당신에게 형편없는 평점을 매긴 것을 보고 뒤도 돌아보지 않고 가버린다고 상상해보라. 우리가 무슨 이야기를 하는지 대충 짐작이 가는가? 당신이 원하든 원하지 않든, 앞으로 평판은 대중에 의해 즉각적이고 공공연하게 이용될 것이다.

새로운 평판경제가 신속한 성질을 지니고 있다고 해서 당신 역시 끝없는 업데이트 세례 속에서 살아갈 필요는 없다. 실시간 정보를 지속적으로 제공하는 기술이 존재한다고 해서 거기에 늘 관심을 기울여야 한다는 법은 없다. 대부분의 사람들은 '오늘 아침 당신 상사의 점수가 2점 오름', '당신이 좋아하는 레스토랑이 오늘 오전 11시 30분 차가운 수프를 서빙해 1점 잃음'과 같은 메시지에는 관심이 없다. 한마디로 평판경제는 은행 계좌와 비슷하다. 정보는 늘 업데이트되지만, 당신은 필요할 때만 그것에 접속하면 된다.

평판으로 VIP 대접을 받으려면

평판경제가 도래하기 전, 비즈니스와 관련된 평판 정보는 일방적으로 흐르는 경향이 있었다. 즉, 소비자에게로만 말이다. 가령 어떤 사람이 호텔을 예약하거나 식당에 가거나 중고차 대리점을 찾고 싶으면 옐프나 앤지스 리스트, 또는 트립어드바이저(TripAdvisor)에 접속하면 된다. 반면에 동네 스테이크 식당은 가게에 들어오는 고객이 어떤 사람인지 알 길이 없다. 하지만 오늘날에는 에어비앤비나 릴레이라이드(RelayRides), 리프트(Lyft) 같은 개인 간 서비스 덕분에 고객과 서비스 제공자 양쪽 모두가 서로의 평판 정보에 접근할 수 있게 되었다. 예를 들어 숙박 공유 서비스인 에어비앤비를 생각해보자. 에어비앤비는 어떤 점에서 호텔과 비슷하다. 집주인은 고객에게 단독 주택 또는 아파트, 침실을 빌려주거나 거실에 있는 침대 겸 소파를 숙박용으로 제공하고, 고객은 호텔에 숙박할 때처럼 집을 정하고 예약을 한 다음, 사이트에 집주인과 숙소에 대한 후기를 올린다. 하지만 호텔과 에어비앤비의 다른 점은 바로 여기에 있다. 에어비앤비의 집주인은 호텔 매니저와는 달리 손님들에게 점수를 매길 수 있다는 것이다. 홀리데이 인(Holiday Inn)이 온라인 고객을 평가하고 이에 관한 정보를 올리려면 아직 많은 시간이 필요하겠지만, 에어비앤비나 그와 유사한 서비스의 출현은 우리가 그런 세상을 향해 나아가고 있음을 보여준다. 호텔 고객이나 레스토랑 손님, 혹은 아파트 임차인으로서 '당신의 점수'가 매겨지고 공개되며 누구든 즉시 접속이 가능하고 그 정보를 영원토록 지울 수도 없는 세상 말이다.

지금도 개개인의 온라인 평판 점수와 그에 따른 사적, 상업적 결과를 찾아보는 일은 어렵지 않다. 일례로 에어비앤비는 집주인에게 세입자가 그곳에 머무르는 동안 얼마나 깔끔하고 정리 정돈을 잘하며 예의가 바르고 함께 지내기 좋았는지 평가해달라고 요청한다.[3] 그것이 어떤 결과로 나타날지는 확연하다. 에어비앤비에서 좋은 평판을 받은 고객들은 남들보다 저렴한 가격으로 서비스를 이용하거나, 보증금 또는 예약금을 적게 내거나, 그 외의 다른 특권을 누릴 수 있을 것이다.

같은 업계의 기업들은 논란의 여지가 될 수 있는 블랙리스트를 갖고 있지만 외부에는 공개하지 않는다. 예를 들어 라스베이거스 카지

206

노의 보안팀은 몇몇 호텔에 출입이 금지된 고객 명단을 갖고 있는 것으로 유명하다. 하지만 이 명단이 대중에게 공개될 일은 결코 없다. 당신이 애플비에서 환영받지 못한다는 이유로 올리브가든에서까지 쫓겨나지는 않는다는 뜻이다. 그러나 고객과 서비스 제공자 사이에 신속하고 공개적인 쌍방향 피드백이 이뤄지는 세상에서는 다르다. 에어비앤비의 블랙리스트에 당신의 이름이 오르면 다른 업체들도 곧 그 뒤를 따르게 될지 모른다. 이에 대해 큰 소리로 항의한다면 당신의 평판이 더 떨어질 수도 있다.

　이미 요식업계에서는 이러한 추세가 나타나고 있다. 미국에서 가장 유명한 온라인 레스토랑 예약 사이트인 오픈테이블(OpenTable)은 예약을 하고도 식당에 나타나지 않는 경우가 너무 빈번한 사용자를 가려내 그들이 이 사이트에서 예약을 하지 못하도록 아예 차단해버린다.[4] 예약을 하고 식당을 방문하지 않는 사람은 약속을 지키지 않는 사람으로 간주되어 나쁜 고객으로 찍히고, 그렇게 예약을 지키지 않는다는 보고가 너무 자주 올라오면 아예 사이트에서 예약할 권리를 잃게 되는 것이다.

　이번에는 동전의 반대쪽을 살펴보자. 양방향으로 흐르는 평판 정보는 다양한 혜택을 가져온다. 예를 들어 당신이 처음 방문한 낯선 도시에서 평소에 자주 방문하는 이탈리안 레스토랑 체인점을 발견해 들어갔다고 하자. 당신은 이 레스토랑에 처음 와봤다. 아니, 이 도시 자체가 처음이다. 하지만 카운터에 이름을 대자마자 당신과 일행은 예약을 하지도 않았는데, 곧장 자리를 안내받는다. 웨이터가 그날의 특별요리를 읊더니 채식주의자들을 위한 메뉴를 추천한다(당신이 얼마 전부터 채식주의자가 되었다는 걸 어떻게 알았을까?). 그러고는 수돗물이 아닌 당신이 좋아하는 탄산수를 무료로 따라준다. 이렇게 당신이 처음 가본 레스토랑에서 VIP 대접을 받는 것은 당신이 아주 충성스럽고 팁에 후한 고객이라는 평판을 지니고 있기 때문이다. 당신이 같은 체인의 다른 지점에서 무슨 음식을 주문했는지도 이미 알고 있기 때문에 레스토랑은 모든 것을 당신의 취향에 맞춰 준비할 수 있다.

이것이 바로 정보가 단순히 '존재'하는 세상과 그 정보에 '접근'할 수 있는 세상의 차이다. 평판경제 이전에도 레스토랑은 이론적으로는 당신이 지난번 저녁식사 때 무엇을 주문했는지 알 수 있었다. 하지만 그러기 위해서는 몇 번의 전화를 걸어야 했을 테고 그만한 수고와 시간이 낭비되었을 것이다. 하지만 요즘에는 언제든 접근할 수 있는 데이터베이스에 필요한 모든 정보가 저장되어있다. 하지만 그것은 오로지 훌륭한 평판을 지닌 단골 고객을 위해서만 사용된다. 좋은 고객이라는 평판과 명성을 쌓으면 당신이 다니는 레스토랑뿐만 아니라 다른 곳에서도 최고의 대우를 받을 수 있다. 공짜 전채요리, 공짜 디저트, 간단한 어깨 마사지 등 뭘 얻을 수 있을지 누가 알겠는가? 다만 분명한 점은 훌륭한 온라인 평판을 지닌 사람들만이 이런 보상을 얻을 수 있다는 것이다.

동네 술집이든 대형 슈퍼마켓 체인점이든 혹은 별 다섯 개짜리 고

208

급 레스토랑이든, 오늘날의 평판경제에서는 누군가의 최고 고객이 되면 그에 따른 보상을 받을 수 있다. 너무 과장하는 건 아니냐고? 페이스딜(Facedeals)이라는 어플리케이션은 가게 입구에 설치된 안면 인식 프로그램으로 페이스북에서 수집한 정보를 이용해 고객들에게 맞춤화 서비스를 제공한다. 가게에 발을 들여놓은 순간, 당신이 얼마나 좋은 고객인지에 따라 문자 메시지로 특별 제안을 받게 되는 것이다.[5] 소름끼치는 일인가, 아니면 너무도 편리한 세상인가? 아마도 양쪽 모두일 것이라. 하지만 많은 사람들이 사생활을 포기하면서까지 VIP 대접을 받고 싶어 하는 것은 사실이다.

이미 오래 전부터 이와 비슷한 VIP 보상 시스템을 운영하던 항공회사들은 평판 정보 공유 기술이 본격적으로 발달하자 전보다도 훨씬 복잡한 시스템을 개발하기에 이르렀다. 요즘에 짐 가방을 끌며 출장 가는 사람들은 최소한 하나 이상의 항공 클럽에 가입되어있을 것이다.

하지만 모든 항공사가 단순히 선의에서 이런 보상 프로그램을 제공하는 것은 아니다. 이런 프로그램은 최소한 두 가지 목적을 지니고 있다. 고객들의 충성도를 자극하고 단골 고객들에게 특별한 서비스를 제공함으로써 사업을 확장하고 수익을 늘리는 것이다(특히 정기적으로 출장을 가는 고객들은 회사 공금으로 비행기를 타기 때문에 그들이 개인적으로 여행을 하는 고객들보다 더 높은 요금을 지불할 용의가 있다면 더욱 그렇다). 이것은 무료 티켓과 특별 대우를 받을 수 있는 고객과 수익을 올릴 수 있는 항공사, 양쪽 모두가 이득을 얻는 윈윈 거래다.

하지만 여기에 문제가 없는 것은 아니다. 이를테면 당신이 유나이티드 항공의 마케팅 담당자라고 하자. 어떻게 하면 아메리칸 항공에서 이미 충분한 보상을 받고 있는 고객들을 당신 회사로 끌어들일 수 있을까? (비행기를 탈 때 나오는 안내 방송을 들어보면 이런 프로그램에 붙일 보석 이름도 이미 다 동이 난 듯 보인다) 당신과 고객의 동기는 일치하지 않는다. 사업차 자주 출장을 다니는 고객 한 명이 유나이티드에 연간 1만 달러의 수입을 안겨준다면 유나이티드 항공은 그를 아메리칸 항공로부터 가로챌 동기가 있다. 그러나 그에게는 현재 항공사를 바꿀 이유가 전혀 없다. 이미 아메리칸 항공으로부터 비행기에 가장 먼저 탑승할 수 있는 특권을 누리고 있는데 굳이 유나이티드 항공에서 차례로 줄을 서서 탑승할 이유가 없기 때문이다. 다른 평범한 여행객들처럼 줄을 서서 차례로 탑승하라니. 라운지에도 들어갈 수가 없다고요? 저런, 사양할래요.

해결책은 다소 지저분하고 은밀한 스테이터스 매칭(status matching) 서비스에 있다. 대형 항공사마다 조금씩 다르긴 하지만 기본적으로 이 제도의 취지는 그들이 원하는 우수 고객이 다른 항공사로부터 제공받는 서비스를 그들 역시 최대한 맞춰주는 것이다. 다시 말해 당신이 어떤 항공사의 높은 등급 회원임을 증명하면 그 경쟁 항공사에서도 임시로 우수 고객 명단에 오를 수 있다. 하지만 라스베이거스 카지노의 블랙리스트처럼 이런 매칭 프로그램의 규칙—어떤 항공사까지 해당되는가, 각 항공사의 어떤 등급을 서로 동등하게 취급할 것인가—은 아직 공개되지 않았고, 투명하지도 않으며, 게다가 자주 바뀐다. 나아가 이런 시스템은 또 다른 문제를 낳는다. 매칭의 기준과 방법이 복잡해질수록 더욱 헌신적인 고객을 끌어와야 한다. 그렇다면 어떻게 망설이는 고객들을 발견하고 그들을 유혹할 것인가?

평판경제는 이런 난감한 상황에 대한 해결책을 제시한다. 가까운 미래에 항공사들은 수많은 고객들 중 누가 출장 고객인지를 분석하고, 그들에게 보다 적극적으로 유리한 제안과 높은 회원 등급을 제시할 것이다. 그렇다면 항공사는 누가 더 자주 여행을 하고 더 높은 가격을 지불할 가능성이 있는지를 어떻게 예측할 수 있을까? 이럴 경우 특정한 디지털 흔적을 포착하는 컴퓨터 알고리즘을 활용하면 된다. 링크드인의 상태 변화가 '사무 영업 대표'에서 '현장 영업 대표'로 바뀌기만 해도 충분하다. 뛰어난 현장 영업팀은 1년에 수천 수만 마일의 항공 마일리지를 쌓고, 하급 간부에서 상급 간부로 승진하거나 해외에서 새로운 사업을 시작하는 경우에도 출장이 잦고 지출은 늘어날 것이다. 심지어 위치기반 SNS인 포스퀘어(Four square)의 체크인 기능을 자주 사용하거나 다양한 도시에서 페이스북에 접속했다는 사실만 포착해도 해당 고객이 여행을 자주 할 것이라는 예측이 가능해 다른 승객들에게는 제공하지 않는 특전이나 혜택을 약속할 수 있다.

평판경제가 무르익을수록 기업들도 예측 분석 능력을 연마할 것이다. 다음 세대의 프로그램은 단순히 당신이 비행기 여행을 자주 할 가능성을 계산하는 것을 넘어, 다른 상품에 대한 당신의 충성도를 바탕으로 평판을 분석하고 그에 따라 당신이 받을 보상을 조정할 것이다. 가령 당신이 매일 아침 출근길에 똑같은 커피숍에 들르고 매주 금요일마다 똑같은 음식을 주문하며 이제껏 구입한 자동차 세 대가 모두 똑같은 제조사라면, 높은 소비자 충성도 점수를 얻어 다른 형태의 비즈니스에서도 소중한 고객으로 대우받을 수 있다. 적어도 처음에는 말이다. 단점이 있다면 처음의 환대에 비해 시간이 지날수록 서비스의 질과 수준이 하락할지도 모른다는 것이다. 충성도가 높은 고객에게는 그렇지 않은 고객보다는 꾸준히 주의를 기울일 필요가 없기 때문이다. 반대로 당신의 충성도가 낮다면(늘 새로운 레스토랑을 방문하고, 자동차를 살 때도 그때그때 유행인 브랜드를 구입하는 등) 기업들은 구태여 당신을 붙잡아두기 위해 그리 많은 투자를 하지는 않을 것이다. 그래봤자 당신은 어차피 몇 년 뒤면 또 다른 업체로 옮겨갈 테니까 말이다. 하지만 대신에 일찍 출발하는 비행기를 탈 경우 좌석을 무료로 업그레이드해주는 등 비교적 작은 특전을 제시하여 특정한 거래를 마무리짓게 독려할 수는 있다.

평판경제에서는 이 모든 일들이 즉석에서 일어난다. 비행기 표를 살 때나 체크인을 할 때 컴퓨터는 당신이 그런 작은 특전을 누릴 자격이 있는지 확인하기 위해 순식간에(탑승권을 인쇄하거나 신용카드 거래를 하는 짧은 시간 동안) 당신의 평판을 심사할 것이다. 신청서도 필요 없고 면접이나 개인적인 조사를 할 필요도 없다. 눈 깜짝할 새에 모든 일이 끝나고, 역시 눈 깜짝할 새에 새로운 정보가 업데이트된다. 만일 당신이 아침에 승진을 했다면 그날 오후 비행기 티켓을 업그레이드 받을 수도 있다. 어쩌면 당신 가족보다도 컴퓨터가 먼저 승진 소식을 알고 있을지도 모른다(실제로 유통업체 '타깃'은 너무나도 드라마틱한 방식으로 누군가를 '아웃'시킨 적이 있다. 아직 가족에게 임신 소식을 전하지 못한 십대 임신부에게 '임신 축하' 쿠폰 선물을 보낸 것이다).[6]

물론 이런 형태로 제도를 보완하는 곳은 항공사뿐만이 아니다. 은행, 호텔, 자동차 판매점, 부동산 회사 등 당신을 원하는 모든 사업체들이 당신에게 어떤 특전과 거래, 제안을 제시할 것인지 결정하기 위해 당신의 평판 점수를 다양한 방법으로 검토하고 분석하고 점검한다. 그에 따라 당신은 자신이 어떤 좋은 기회를 놓쳤는지 알지 못한 채 지낼 수도 있다.

그러므로 더 많은 혜택을 누리고 싶다면 온라인 프로필을 늘 정확하게 유지하고 꾸준히 업데이트하라. 당신이 실제로 있는 곳이 아닌 다른 장소에 있다고 믿게 하는 것은 어렵지만(대부분의 사이트가 GPS나 다른 기술을 사용해 당신의 위치 정보를 확인한다) 당신이 다른 도시에 있었다고 알리는 것은 쉽다(빈집털이를 당하고 싶지 않다면 자신이 집에 없었다는 사실을 여행을 다녀온 후에 알리는 것이 좋다). 어떤 공항을 이용했고 어딜 갔다 왔는지 알리는 것을 쑥스러워하지 마라. 이런 곳 저런 곳에 다녀왔다고 인터넷에 공개하고, 다음번에는 '어딘가 공중을 날아다니고 있을 것'이라고 퍼트려라. 그보다 더 간단한 방법은 회사에서 승진했을 경우, 그 즉시 온 세상에 알리는 것이다. 돈을 많이 쓰는 사람을 좋아하는 것은 항공사뿐만이 아니다. 링크드인이나 직업과 관련된 프로필을 좋은 소식으로 채워 당신이 얼마나 잘나가고 있는지 알려라. 그리고 무엇을 쇼핑하고 있는지 온라인에 알리는 것은 전혀 잘못된 게 아니다. "새 SUV를 사려고 알아보는 중. @BMWUSA 나 @MBUSA를 생각 중인데 뭐가 좋을지 추천 좀"이나 "보험을 갈아타려는데 누구 괜찮은 곳 아는 사람?" 같은 트윗을 올리는 것도 좋다. 보장할 수는 없지만 이렇게 공공연하게 과시하면 적당한 고객을 물색하고 있는 업체 컴퓨터의 관심을 끌 수 있다. 이때 중요한 것은 당신이 마음을 결정하지 못해 어느 쪽이든 선택할 수 있다는 기색을 보여야 한다는 점이다. 한 브랜드에만 너무 집중하면 다른 회사들은 당신에게 접근할 필요를 못 느낄 것이다.

또 다른 좋은 전술은 당신이 좋아하는 브랜드를 칭찬하는 것이다. 어떤 브랜드에 대해 긍정적인 경험을 했다면 트윗을 날리거나 페이스북에 글을 올려라. "오늘 @BofA_ 서비스가 끝내줬음. 계좌이체신청서를 엉망으로 썼는데 매니저 신디가 10분 만에 문제를 해결해줬어." 당신이 좋아하는 상품도 마찬가지다. "#새 자동차가 죽여준다. 100마일을 #전기 자동차 모드로 가는데 거의 스포츠카 같았어." 당신이 좋아하는 것에 대해 공개적으로 긍정적인 반응을 보인다면 트렌드세터라는 명성을 얻을 수 있다. 그러면 해당 브랜드 측에서는 당신을 자기 편으로 끌어들이기 위해 안달을 낼 것이다. 특히 당신이 팔로어가 많다면 말이다. 가령 당신이 은행의 서비스를 칭찬하는 글을 본 항공사가 당신에게 라운지 출입권과 다른 혜택을 주면서 그와 비슷한 칭찬을 해주길 바랄 수 있다.

"요즘 아멕스 카드로 어떤 일을 했나요?"

대부분의 유명 신용카드 회사는 아직도 평판경제식 사고를 갖추지 못하고 있다. 그들은 신용 한도액을 고정해 무슨 일이 생기든 고객들이 정해진 한도 내에서만 금액을 사용할 수 있게 한다. 대부분의 신용카드사는 한도액을 자주 갱신하지 않는다. 고객이 깜박 잊고 대금을 납부하지 않았거나 한도액을 상향 조정해달라고 요구했을 때, 그리고 매년 혹은 2년마다 정기 심사를 할 때나 변동을 줄 뿐이다.

반면에 아메리칸 익스프레스 카드(이하 아멕스)는 이제껏 정해진 한도액이 없다고 선전해왔다. 이 말은 오늘 아멕스 카드를 만들면 내일 벤틀리를 살 수 있다는 뜻이 아니다. '정해진 한도액이 없다'는 것은 '한도가 없다'는 뜻이 아니다. 신용카드 회사들은 대부분 거래를 승인할 때 당신의 한도액과 최근 사용 금액을 확인한다. 카드 한도액이 초과되어도 당신이 성실하게 대금을 납부해왔다면 대개는 거래가 승인된다(대신에 20달러에서 50달러의 한도 초과 수수료를 청구할 테지만). 하지만 아멕스의 경우에는 회원의 납부 내역, 최근 거래, 비슷한 거래를 한 적 있는 다른 회원들의 과거 내역, 시장 동향, 그 외 수많은 데이터를 바탕으로 각각의 거래를 분석하는 보다 복잡한 시스템을 갖추고 있다. 다시 말해 아멕스는 당신의 평판은 물론, 당신과 유사한 이들의 행동을 분석해 당신의 신용을 판단한다. 컴퓨터 시스템은 카드 대금을 돌려받을 수 있다는 판단이 내려지면 거래를 승인하고 위험 신호가 감지되었을 때는 승인을 거부하거나 직원이 직접 검토할 것을 요청한다. 사람들은 대부분 이런 시스템에 만족하는데, 보통은 이런 기준을 통과할 수 있기 때문이다. 다만 이 시스템은 평판에 한번 금이 가면 재정 도구가 연쇄적으로 붕괴할 수 있다는 위험이 있다. 예기치 않게 한도액을 초과하기라도 하면 아멕스와 다른 카드사는 곧장 당신의 카드를 중지시킬 것이다. 작은 과속방지턱이 졸지에 거대한 산맥으로 돌변하는 것이다.

아멕스는 신용카드의 미래를 보여준다. 옛날에는 주로 계좌를 개설할 때 한도액을 설정했고 신용 점수도 그런 식으로 결정됐다. 하지만 평판경제에서는 신용도가 끊임없이 신속하게 업데이트된다. 연봉이 인상되었다고? 당신의 신용도도 상승한다. 직장에서 중요한 고객을 유치하는 데 성공했다고? 그 소식도 즉시 반영될 것이다. 고객 유치가 반드시 연봉 인상이나 보너스로 이어지지는 않더라도 그것은 당신의 잠재력이 뛰어나고 미래에 성공을 거둘 가능성이 크다는 방증이므로, 평판 엔진 역시 그 정보를 반영한다. 신용카드 회사와 대출업자들은 이런 데이터를 분석하여 출세를 꿈꾸는 야심찬 젊은 전문직 종사자들에게 더 높은 신용 한도와 보상 점수를 제공한다. 즉, 이런 바람직한 고객들에게는 특권을 제공하고 그 외의 사람들은 경쟁사에게 떠넘기는 것이다.

　이런 신용 평가는 부정적인 상황에서도 똑같이 적용된다. 페이스북에 상사에 관한 험담을 늘어놓았는가? 어떤 신용카드 회사도 공공연히 인정하지는 않을 테지만 이런 정보가 당신의 신용 한도를 어떻게 낮출지는 익히 짐작할 수 있을 것이다. 만일 그로 인해 당신이 해고라도 당한다면, 미리 한도액을 낮춰놓지 않았을 경우 당신이 갑자기 카드 대금을 갚지 못하게 되었을 때 손해를 보는 것은 카드사이기 때문이다. 물론 그런 사소한 불만 글을 쓴다고 해서 실제 직장생활에서 큰 문제가 생기는 경우는 드물지만, 당신이 해고를 '초래할 수 있는' 행동을 하거나 직장을 그만두고 싶을 만큼 현 상황에 만족하지 못한다는 위험 신호가 될 수는 있다. 어쨌든 핵심은 페이스북에 상사에 대한 험담을 쓰면 해고를 당할 수 있다는 이야기가 아니다. 중요한 것은 신용카드 회사와 은행, 대출업자나 다른 이들이 당신의 온라인 활동이나 기록에 빠르고 쉽게 접근할 수 있고, 그로써 당신의 신용도에 영향을 끼칠 수 있다는 점이다. 그보다 더 최악은 결과가 자동 처리된다는 것이다. 아멕스 직원이 모든 페이스북 게시글을 낱낱이 읽어볼 리는 없다. 정보 수집 과정은 유머 감각도 없고 맥락도 잘 파악하지 못하며 연민 따위는 결코 있을 수 없는 컴퓨터에 의해 처리될 것이며, 자동 검색된 게시글은 컴퓨터의 '정서 분석(정서적으로 긍정적인지, 부정적인지 판단하는 것)'을 거쳐 점수화될 것이다.

당신의 재정 상태에 영향을 끼칠 중요한 결정들도 모두 신속하게 자동 처리된다. 이를테면 온라인 결제를 생각해보라. 온라인 결제 회사인 페이팔(PayPal)은 사업 초기 월수입이 500만 달러도 되지 않던 시기에 사기성 결제 때문에 매달 1,000만 달러 이상의 손해를 입었다.[7] 잃는 돈이 버는 돈보다 두 배나 많았던 것이다. 페이팔은 이렇게 만연하는 사기성 거래 때문에 도산할 위기에 처해있었다.

결국 페이팔은 사이트에서 이뤄지는 모든 거래를 분석해 사기성 거래를 차단 및 거부하는 컴퓨터 시스템을 개발했다. 이 시스템은 거래 규모에서 송금인과 수취인의 IP 주소, 지난 거래 내역을 비롯해 관련성이 없는 듯 보이는 계좌에서 동시 발생하고 있는 다른 거래의 숫자들과 유사성에 이르기까지 수천 개의 변수를 분석했다. 또한 그와 동시에 별개의 컴퓨터 네트워크가 일련의 다른 거래들을 분석해 특정 계좌가 사기에 이용되거나 사기꾼이 합법적인 거래 밑에 숨어 사기성 거래를 하고 있지는 않은지 등을 감시했다. 그들이 개발한 컴퓨터 시스템은 눈 깜짝할 사이에 사기성이 짙은 거래를 거부하거나 그와 관련된 계좌 전체를 아예 동결할 수 있었고, 어떤 경우에는 굳이 인간이 개입하지 않아도 의심스러운 자금에 대한 접근을 자동으로 차단했다.

이렇게 개발된 시스템은 페이팔을 거의 파산 직전까지 몰고 간 조직적 사기 거래를 와해시켰다. 그러나 그에 따른 대가도 있었다. 때때로 컴퓨터가 합법적인 계좌마저 닫는 바람에 그 과정에서 중요한 자금이 동결되었다는 불평불만이 쏟아져나온 것이다. 일부 피해자들은 페이팔 직원에게 직접 항의하기도 했지만 아무 소용이 없었다. 평판 경제에서는 모든 결정이 신속하고 자동적으로 내려지며, 한번 내려진 결정들은 번복되지 않는다.

컴퓨터의 신속하고 자동화된 판단 능력으로 중요한 거래를 관리하는 것은 페이팔뿐만이 아니다. 단기 대부업자, 특히 (전당포나 자동차 담보 대출과는 달리) 담보물 없이 돈을 빌려주는 직장인 소액 대출업자들을 생각해보라. 직장인 소액 대출을 이용하는 사람들의 대부분은 보통 평범한 은행 신용 대출을 받기에는 자격이 미흡하다. 그들은 대부분 금전적으로 궁지에 몰려있고 다음 달 월급이 들어올 때까지 아등바등 살아간다.

직장인 소액 대출을 이용하는 사람들은 대출업체 사무실을 방문해 급여 명세서를 보여주고, 1,000달러 정도의 대출을 받는다. 질문은 별로 오가지 않는다. 신청서는 한 페이지면 충분하고 계약서는 그보다 몇 장이 더 많을 뿐이다. 최근에는 수많은 직장인 소액 대출업체가 온라인 사업을 벌이고 있다. 대출 요건은 누구나 충족시킬 수 있을 만큼 관대하지만 금리는 살인적으로 높다. 아직도 논란의 중심에 있는 직장인 소액 대출은 2000년대 후반에서 2010년 초반 금융 위기가 닥쳤을 때 급격히 발전한 새로운 형태의 금융 사업이다.

직장인 소액 대출은 은행(대출을 받으려면 까다로운 심사 과정을 통과해야 한다)과 사채업자(주로 조폭들이 관리하며 음지에서 활동한다) 사이에서 돈을 필요로 하는 사람들의 요구를 들어주고 있지만 아주 골치아픈 문제에 직면해있다. 웬만한 고객들에게 무조건 돈을 빌려주기 때문에 연체율이 엄청나게 높다는 것이다. 예를 들어 이런 업체들 가운데 규모가 큰 캐시 아메리카(Cash America)는 매년 약 30억 달러를 대출하는데, 그중 2,250만 달러 이상을 '소비자 손실'이라는 명목으로 허공에 날린다. '소비자 손실'이란 돈을 빌려가서 한 번도 제대로 갚지 않은 사람들을 점잖게 일컫는 용어다.[8] 미국 정부의 지원으로 작성된 한 보고서에 따르면 직장인 소액 대출 전체 액수 가운데 평균 15퍼센트가 상환되지 않고 있으며, 일부 시장에서는 더 높다고 한다.[9]

2006년, 영국의 창업가인 에롤 다멀린(Errol Damelin)과 존티 휴리즈(Johnty Hurwitz)가 15퍼센트라는 이 어마어마한 손실률을 보고 '내가 해도 이것보단 잘하겠다'라고 생각했다. 그들은 은행 심사의 정밀함과 직장인 소액 대출의 빠른 속도, 편의성을 결합시켜 컴퓨터로(은행원이 아니라) 단기 대출자들의 평판을 분석하고 상환율이 높은 사람들을 가려내는 일에 착수했다.

다멀린과 휴리즈는 컴퓨터로 보다 믿음직한 고객들을 엄선함으로써 대부업체보다 대출 수수료를 낮추고 훌륭한 소비자 서비스를 제공하는 한편, 기존의 직장인 소액 대출업체보다 더 높은 이윤을 올릴 수 있다고 주장했다. 그들은 무수한 측정값을 분석하고(소문에 의하면 주택 정보와 인터넷 검색 결과 그리고 심지어 계보학 정보도 포함되어 있다고 한다), 이를 과거에 대출금을 상환하거나 그렇지 못한 사람들의 정보와 비교함으로써 누가 빌린 돈을 상환하고 연체할지 예측하는 수학 공식을 고안해냈다.[10]

다멀린과 휴리츠는 이런 벤처 사업에 필요한 자금을 쉽게 조달할 수 있으리라고 생각했다. 특히 그들이 이미 성공한 사업가임을 감안하면 말이다. 그러나 아이러니하게도 은행들은 그들을 비웃었고, 대출업체들도 마찬가지였다. 어쨌든 그들은 어찌어찌 자금을 구해 '웡가(Wonga)'라는 사업체를 열었다. 1분도 안 돼 첫 번째 고객이 대출을 신청했고, 일주일도 안 돼 한 명의 고객이 상환을 연체했다. 그들은 그렇게 일주일 만에 그들이 완벽하다고 믿었던 알고리즘이 현실에서는 그렇지 못하다는 사실을 깨달았고, 그 교훈을 얻는 데 금전적 대가를 치러야 했다. 하지만 그들은 포기하지 않았다. 알고리즘은 시간이 지나고 실패를 거듭하며 점차 발전해나갔고, 곧 보답이 돌아오기 시작했다. 오늘날 웡가 알고리즘은 대출 신청자의 3분의 2 이상을 거부하지만 자금 손실율은 10퍼센트 미만에 불과하다. 은행보다는 높지만 손실율이 평균 15퍼센트인 단기 대출 금융권에 비하면 3분의 2 수준인 것이다. 더구나 다소 역설적이긴 해도 웡가의 고객들은 높은 만족도를 표하고 있다. 웡가는 여러 단기 대부업체를 이용한 적이 있는 고객들의 91퍼센트가 웡가를 선호한다고 주장한다.

웡가의 성공에서 비롯되는 또 다른 결과는 웡가처럼 데이터를 활용하지 않는 직장인 대출업체들은 결국 더 비싼 손해 비용을 지불해야 한다는 것이다. 웡가가 상환율이 높은 '좋은' 대출 고객들을 선점한 대신, 상환율이 낮은 고객들은 다른 대부업체에 넘겨주었기 때문이다.

웡가가 단기 대출 시장 꼭대기에 있는 알짜배기 고객을 빼갈수록 다른 대출업체들은 고객들의 연체로 입은 손실을 메우기 위해 수수료를 인상해야 하고, 결국 시장은 쳇바퀴처럼 같은 패턴을 반복한다. 다른 단기 대출업체들이 금리를 인상할수록 더 많은 고객들이 웡가로 빠져나간다. 그리고 빌린 돈을 갚을 가능성이 높은 고객들이 빠져나갈수록 다른 단기 대출업자들은 금리를 계속 인상해야 한다. 어쩌면 평판에 기반하는 맞춤형 대출업체가 탄생해 단기 직장인 대출 사업 자체에 종지부가 찍힐 수도 있다.

예측 모델이 정교하고 복잡해질수록 컴퓨터를 속이는 일은 점점 더 어려워질 것이다. 많은 대출업체들이 막대한 돈이 걸려있을 경우 당신에게 돈을 빌려주기보다는 거절할 방법을 찾는다. 다른 평판 점수를 관리할 때처럼 공개적인 곳에서 상사의 험담을 하거나, 당신이 직장을 그만두거나 해고될 수 있음을 암시하는 행동은 피해라. 은행과 다른 업체들이 당신의 위험도를 평가하기 위해 당신의 친구들까지도 조사한다는 사실을 잊지 마라. 그러니 주택담보대출처럼 거금을 빌려야 하는 상황이라면 최근에 파산하거나 집을 차압당한 사람과 관계가 있다고 쓸데없이 떠벌리지 말아야 한다. 부정적인 평가를 받을 위험이 있다면 얼마 전 뜻밖의 횡재를 하거나 연봉이 크게 인상된 사람들과 친구가 되는 것도 나쁘지 않다. 컴퓨터가 당신이 부유한 사람들과 어울린다고 '생각한다면' 당신의 평판 점수도 상승할 수 있다.

온라인 평판에 금이 가지 않게 관리하는 법

단도직입적으로 말하자면, 실시간 평판 점수를 바탕으로 하는 보상 시스템은 매우 효과적이다. 적어도 효과가 떨어질 때까지는 그렇다. 믿음직하고 책임감 있는 행동은 그 즉시 평판 점수를 향상시키고, 그런 행동을 하는 사람들은 평판 지위에 따라 금전적 혜택이나 특별 대우, VIP 대우 그리고 기회라는 다른 보상을 받을 수 있다. 문제는 컴퓨터 알고리즘이 실수를 저지르거나 잘못된 정보가 입력되면 통제 불능의 상황에 처할 수도 있다는 것이다. 더구나 디지털 기록은 영원히 저장되기 때문에 만약 그런 일이 발생할 경우 당신이 손쓸 수 있는 일은 거의 없다.

인터넷 루머는 전혀 새로운 현상이 아니다. 비극적인 사건이 발생할 때마다 사람들은 득달같이 컴퓨터로 달려가 블로그와 트위터, 페이스북에 온갖 상상과 추측을 휘갈긴다. 그런 추측 중 일부는 사실이 되어 널리 퍼져나가고―요즘 뉴스 매체들은 블로거나 트위터 사용자들에게 '선수를 빼앗기는' 것을 두려워한다―종국에는 또다시 터무니없는 루머를 양산한다. 이런 식의 패턴이 반복되다보면 사실이 왜곡될 수밖에 없고, 진실은 인터넷 공간에 복잡하게 얽혀있는 허위 정보를 모두 헤치고 들어낸 후에야 마주할 수 있다.

한 가지 예만 들어도 알 수 있다. 2013년 보스턴 마라톤 대회에서 폭탄 테러가 발생했을 때 몇몇 온라인 평론가들이 결승점 근처에서 백팩을 들고 있던 두 사람이 범인일 것이라는 추정을 내놓았다. 그러자 전국 수천 수만 명의 사람들이 당시 마라톤 대회와 관련된 또 다른 사진들을 뒤져 그 두 사람을 추적하기 시작했다(후에 두 사람은 무고함이 밝혀졌다). 무시무시한 광풍이 인터넷의 바다를 휩쓸었다. 심지어 네티즌들은 용의자 중 한 명의 이름을 밝혀내기에 이르렀다. 수닐 트리파티(Sunil Tripathi), 브라운 대학을 다니다 휴학한 학생이었다. 얼마 지나지 않아 수닐 트리파티가 '경찰의 검문에 발각되었다'는 루머가 추가되었다.[11] 수천 명의 온라인 아마추어 탐정들이 수닐 트리파티와 공범에 대한 온갖 자료와 정보를 날조하기에 이르렀고, 사진을 이용해 그들의 행적을 추적하고 동기를 분석했다. 원래의 의문—수닐 트리파티는 정말로 용의자인가?—은 '수닐 트리파티는 지금 어디에 있는가?'와 '수닐 트리파티는 왜 그런 짓을 했는가?'에 묻혀 사라졌다.

수닐 트리파티를 뒤쫓는 온라인 추격전은 극단적인 수준으로 치달았다. 심지어 자칭 정의를 추구하는 몇몇 심판자들이 그의 부모에게 전화를 걸기도 했다. 그러나 나중에 밝혀진 실제 용의자는 체첸 출신의 형제인 타멜란 차르나예프(Tamerlan Tsarnaev)와 조하르 차르나

예프(Dzhokhar Tsarnaev)였다. 조하르는 대대적인 수색과 총격전 끝에 경찰에 붙잡혀 범행을 자백했고, 타멜란은 탈출 시도를 하다 사살되었다. 서글프게도, 그로부터 일주일 쯤 뒤 자살한 것으로 추정되는 수닐 트리파티의 시신이 프로비던스 강에서 발견되었다.

이는 온라인 루머가 무고한 사람의 삶을 어떻게 파괴할 수 있는지를 보여주는 극단적인 예시다. 대부분의 온라인 루머가 이처럼 극적인 사건과 연관되어 있거나 비극적인 결말로 이어지지는 않지만, 그것이 확산되고 가속화되는 메커니즘 자체는 거의 언제나 비슷하다. 근거 없는 추측은 일부 부정확한 정보를 사실처럼 보이게 하고, 더욱 잘못된 추리를 낳으며, 진실을 점점 더 왜곡된다. 물론 원래 루머란 그런 것이다. 그렇지만 요즘처럼 잘못된 정보가 순식간에 퍼질 수 있는 세상에서는 상황이 훨씬 좋지 않다.

평판경제에서는 잘못된 정보가 워낙 눈 깜짝할 새에 확산되기 때문에 당신이 눈치채기도 전에 이미 당신의 평판 계좌가 엉망이 되었을 수도 있다. 그보다 최악인 것은 컴퓨터가 거의 모든 결정을 내리는 세상에서는 거짓이나 허위 정보가 진실을 압도하기 쉽다는 것이다. 앞에서 봤듯이 아무리 정교하고 복잡한 컴퓨터도 살아있는 인간을 대체하기란 어렵다. 1장과 3장에서 이야기했지만, 오늘날 재정과 관련된 결정들은(모기지 대출 기한 또는 새 신용카드 기한의 연장 여부) 대부분 당신이 재정 상태와 관련해 어떠한 행동을 했느냐에 달려있다. 오늘날 개인 신용평가기관인 FICO에서 매기는 점수는 당신이 대금을 꾸준히 지불했는지, 신용도는 얼마나 높은지 등을 토대로 계산되는데, 이는 모두 객관적이고 증명 가능한 자료들이기 때문에 잘못 이해되거나 해석될 가능성이 적다. : 당신은 기한 내에 대금을 지불했는가, 지불하지 않았는가? 당신은 얼마나 많은 빚을 지고 있는가? 등. 하지만 평판경제에서는 예상되는 미래에 기초해 재정 심사가 이뤄지고, 따라서 주관적이고 복잡하며 일부 요인에 따라 잘못 해석될 여지도 크다. : 당신의 미래는 전도유망한가? 다른 사람에게 자주 속는가? 당신은 친구와 거래를 할 때 정직한가? 당신은 빚을 잘 갚을 만큼 도덕적인가?

이런 요인들은 기존의 신용 심사에서 사용되는 것들보다 객관성이 떨어지고 잘못된 루머처럼 자기 강화적 순환 고리에 빠질 수 있다. 이를테면 평판경제에서 대출업체들은 당신의 직업적 전망에 대해 가장 최신 정보를 얻고 싶을 것이다. 따라서 지금은 돈도 많이 못 벌고 신용도가 높지도 않지만, 만약 당신이 회사에서 떠오르는 샛별로 주목받고 있다면 좋은 신용 등급을 받을 수 있다. 거참 솔깃하지 않은가? 하지만 이런 류의 예측들이 주관적이고 불확실한 데이터에 기대고 있다고 생각해보라. 투입되는 정보에 아주 작은 오류만 있어도(예: 어떤 직원이 올린 심술궂은 트윗 하나 때문에 당신 회사나 부서가 위태롭다는 오해를 받는 일) 당신의 미래에 대한 확신이 흔들릴 수 있고, 그 결과 당신이 내야 할 이자율이 치솟을 수도 있다. 이를 대출업체의 입장에서 한번 생각해보자. 아무리 대출 시장이 상승세를 맞았다 해도 대출업체는 금리대로 이자를 받을 뿐이다. 하지만 고객이 연체를 하면 대부금 전부를 잃게 된다. 다시 말해 돈을 빌려주는 사람이 지게 될 위험 부담은 그가 얻는 이익보다 훨씬 크다. 그래서 대부분의 대출업체들은 고객에게 수상한 낌새만 느껴져도(나중에 그것이 아무것도 아니라고 밝혀지더라도) 금리를 올리거나 자금을 회수한다.

평판 점수가 투명하게 공개되는 세상에서는 이런 문제가 증폭될 수밖에 없다. 평판에 묻은 오점은 단순히 대출업체 한 곳이 아니라 당신의 평판에 광범위한 손상을 입힌다. 오늘날의 평판경제에서 은행과 대부업체들은 심사 기준에 '대중의 지혜'를 적용하고 있다. 실제로 대중의 지혜는 대단히 효과적이다(대중의 지혜에 관한 유명한 이야기는 다들 한 번쯤 들어봤을 것이다. 시골 축제에서 황소의 몸무게를 맞추는 대회가 열렸는데 많은 전문가들이 실패했다. 가장 정확한 추정치는 지나가는 100명의 행인들에게 물어 얻은 대답의 평균치였다). 그렇지만 갑자기 대중이 놀라서 우르르 도망치기라도 한다면 어떻게 될까?

문제가 발생하는 것은 당신이 관계를 맺고 있는 모든 사업체와 개인들이—당신이 세입자로 적당한지 알아보려는 집주인에서부터 당신에게 투자를 고려 중인 투자자, 당신의 경제적 책임감을 가늠하고 싶은 미래의 고용주에 이르기까지(자, 우리가 어떻게 한 바퀴를 돌아왔는지 알겠는가?)—최초의 대부업자로부터 당신의 정보를 구할 때다. 이렇게 되면 부정적인 자기 영속적 고리가 재빨리 완성된다. 집카(Zipcar) 같은 자동차 대여 서비스와 에어비앤비 같은 숙박 공유 서비스 그리고 은행이 자신들의 고객에 관한 정보를 얻기 위해 서로를 참고한다면 어떻게 될지 생각해보라. 짚카가 잠재고객의 에어비앤비 프로필을 찾아 그가 과연 예의 바르고 시간을 엄수하며 책임감이 강한지 확인하는 것은 당연한 일이다. 빌린 집을 함부로 사용하는 사람은 자동차도 함부로 다룰 가능성이 크기 때문이다. 그 반대도 마찬가지다. 에어비앤비는 잠재 세입자가 자동차를 빌렸을 때 깨끗하게 정돈해 돌려주었는지 알고 싶어 할 만한 이유가 있다. 여기까지는 좋다. 하지만 만약 양방이 평판 점수를 계산하기 위해 서로의 경우만을 참고한다면 자기 영속적 고리가 형성되게 된다. 어떤 사용자의 짚카 점수가 떨어지면 그의 에어비앤비 점수도 하락한다. 그 결과 그의 짚카 점수가 떨어지고, 때문에 또다시 에어비앤비 점수가 떨어지고······ 무슨 이야기인지 짐작이 갈 것이다. 이번에는 당신의 은행이나 재정 심사관이 이와 똑같은 방식으로 데이터를 검토한다고 상상해보자. 그렇게 되면 하룻밤 만에 대출 기회가 날아갈 수도 있다.

이런 피드백 고리와 전통적인 FICO 점수를 비교해보라. 좋든 나쁘든 FICO 점수는 평가가 규격화되어있고 중앙 집중적이다. FICO에는 자기 강화적 편견이 작용하지 않는다. 어떤 신용평가기관도 다른 신용평가기관의 점수에 기초해 대상을 평가하지 않는다. 그리고 수많은 단점에도 불구하고 FICO식 신용 평가는 최소한 오류를 시정할 수 있는 통로를 갖추고 있다. 법률적으로 신용 정보를 수집하는 신용평가기관은 세 곳 모두 반드시 소비자의 시정 요구를 수용해야 한다.

그렇다고 잘못된 FICO 점수를 받은 사람들이 모두 구제를 받을 수 있다는 이야기가 아니다. 소비자가 자신에 대한 오류나 문제를 바로 잡을 '기회'가 있다는 뜻이다. 시스템이 작동하는 속도가 더딘 까닭에 평판에 돌이킬 수 없는 피해를 입기 전에 되돌릴 수 있는 것이다.

세상으로부터 자기 자신을 보호하고 싶다면 점수화되고 수치화되는 삶의 '모든' 분야를 신중하게 관리하라. 얼마 전까지만 해도 호텔에 묵을 경우 룸을 심하게 망가뜨리면 매니저의 권한 하에 벌금을 내거나 호텔 출입을 금지당할 수 있었다. 하지만 그래봤자 그 호텔에서만 적용되는 사안일 뿐 그곳을 벗어나면 아무런 문제도 없었다. 하지만 새로운 평판경제에서는 호텔 룸을 망가뜨리는 것처럼 당신 인생의 한 부문에서 잘못된 결정을 내리면 다른 모든 부문에도 그 영향이 끼치게 된다(관련 점수가 떨어지는 것은 물론 당신의 재정 및 다른 점수에도 여파가 미친다). 보다 평범하고 일상적인 분야도 예외가 아니다. 심지어 아주 사소한 사건들, 예를 들어 에어비앤비 집주인과 말다툼을 하거나 이베이에서 거래를 하다 상대방과 갈등이 생기는 경우에도 완전히 다른 분야의 점수에까지 화가 미칠 수 있다. 그러므로 사태가 심각해지기 전에 재빨리 방지해라. 아무리 상대와 의견이 맞지 않더라도 일단 해가 될 수 있다고 판단된다면 자존심을 누르고 일을 성사시키는 것이 좋다.

또한 당신 자신에 관한 정보가 잘못되거나 오류는 없는지 늘 빈틈없이 감시하고 점검하라. 컴퓨터가 자주 저지르는 실수 중 하나는 같은 이름을 가진 두 사람을 혼동하는 것이다. 인터넷에서 이름을 자주 검색하고 확인하는 것은 당신의 온라인 평판에 잘못된 정보가 영원히 각인되지 않게 예방할 수 있는 유일한 방법이다. 만일 실수나 오류가 발견되면—여기서 '오류'란 실제로 당신은 거기 있지 않았거나 누군가 다른 사람의 이름으로 착각한 것 같은 진짜 오류를 뜻한다—그 즉시 필요한 절차를 밟아 시정하라. 의견이나 관점이 다른 것이 아니라, 그것이 객관적으로 잘못된 '컴퓨터의 실수'라는 사실을 알려야 한다.

평판이 현금처럼 중요한 세상에서, 온라인 평판도 은행 계좌나 다른 자산만큼이나 시간과 노력을 들일 가치가 충분하다.

8장

NBA 스타를 베이비시터로 고용해도 괜찮을까

– 평판점수와 의사결정

지원자가 경험이 풍부하지 않거나 유사한 경험이 없다면

고용주는 실력이 입증되지 않은 직원을 채용하는 위험을 무릅써야 한다.

그래서 베이비시터를 고용하는 부모처럼

직접적인 정보 없이도 최고의 후보와 최악의 후보를 가려내고 싶어 한다.

실제 업무 환경과 비슷한 시험이나 행동학적 면접 방식은 효과가 있지만,

일자리 하나에 지원자 수천 명이 몰려드는 상황에서

모든 후보를 테스트하려면 어마어마한 비용과 시간이 들 것이다.

이럴 경우 비슷한 특성을 지닌 이들의 실적을 검토하는 알고리즘을 사용한다.

과거에 뛰어난 회계 능력을 지닌 직원들이 성공을 거뒀다면

회계 자격증을 가진 후보들을 눈여겨보는 것이다.

르브론 제임스는 뛰어난 농구선수로 유명하다. 농구 팬이라면 누구나 그의 이름을 알고, 스카우터라면 누구나 그가 선수로서 수많은 장점을 지니고 있다는 것을 안다. 심지어 NBA를 잘 모르는 사람도 그가 코비 브라이언트(Kobe Bryant)보다 한 세대 앞서 이름을 날리던 선수라는 정도는 알 것이다. 경기장이든 길거리든 심지어 트램펄린 위에서든, 르브론이 농구라면 그 누구에게도 지지 않으리라는 사실은 굳이 컴퓨터로 계산하지 않아도 자명하다.

하지만 이제 당신이 다음과 같은 질문을 받는다면 르브론이 받은 NBA 챔피언십이나 MVP 트로피, 올해의 신인상은 더 이상 아무 의미가 없을 것이다. 자, 당신은 과연 당신의 아기를 르브론에게 믿고 맡길 수 있겠는가? 농구 실력으로 아이를 돌보는 능력을 가늠하는 것은 어리석은 짓이다. 한 분야(농구)에 뛰어나다고 해서 다른 분야(아기 돌보기)에도 뛰어날 것이라는 보장은 없기 때문이다. 그렇다면 한 가지 분야의 명성으로 완전히 다른 분야의 능력을 판단하려면 어떻게 해야 할까?

일단 완전히 바보 같은 가정이긴 하지만 르브론을 베이비시터로 채용할지 고민하는 사람이 있다고 치자. 그는 르브론이 베이비시터로서 충분한 자격을 갖추고 있는지 농구 외에 다른 특성을 살펴볼 것이다. 가령 르브론은 두 아이를 키우고 있고, 대가족인 코치와 함께 살면서 아이들과 지낸 경험도 풍부하며, 지나치게 부유하기도 하다 (그러니 아기를 돌보다 문제라도 생기면 전화를 걸어 어떻게 해야 할지 조언을 구할 수 있는 사람도 많을 것이다). 하지만 이것들은 모두 한정된 데이터 조각들이다. 솔직히 이런 정보를 바탕으로 베이비시터를 고용하는 사람은 거의 없을 것이다. 하지만 평판경제 사회가 도래하기 전에는 이 이상의 자세한 정보를 구할 길이 없었다. 대부분의 사람들이 아는 것이라고는 르브론이 세계 최고의 농구선수 중 한 명이라는 것이 전부고, 구글 검색을 해봤자 농구와 관련된 이야기밖에 없기 때문이다.

그렇다면 이제 르브론 제임스나 그의 마이애미 팀 동료인 크리스 보시(Chris Bosh)가 좋은 베이비시터가 될 수 있는지 알 수 있는 세상이 됐다고 가정해보자. 아니면 논란의 여지가 좀 있긴 하지만, 당신이 베이비시터로 채용한 이웃집 십대 소년이 NBA 스타가 될 수 있을지를 예견할 수 있는 세상이라고 치자. 아니면 한 분야에서 성공을 거둔 덕분(예를 들어 음악)에 전과는 완전히 다른 분야(회계)에서 일자리를 얻을 수 있다면 어떨까?

평판경제는 이러한 평판의 '호환'을 가능케 한다. 오늘 이 세상의 어떤 장소, 어떤 회사, 어떤 분야에서 한 일이 누적돼 당신 삶의 모든 분야에 이득이 될 수도 있다. 당신이 한 분야에서 쌓은 평판과 명성은 다른 분야로도 흘러간다. 평판이 호환되는 방법은 최소 세 가지가 있다. 첫째, 한 분야(가령 광고업계)에서 당신의 능력에 대한 평판이 관련 분야의 능력(예를 들면 소셜미디어 마케팅)을 입증하는 증거가 된다. 둘째, 직장을 옮겼을 때 이전과 같거나 비슷한 일만 해야 한다거나, 전에 당신이 하던 일과 능력이 인정받지 못하는 시대는 지났다. 이제 당신의 평판은 다양한 일자리와 새로운 분야로 확장될 것이다. 그리고 마지막으로, 당신의 능력과 기술에 대한 정보는 지리적 한계까지 넘어 호환이 가능해진다.

프로 농구선수와 베이비시터의 채용 기준

평판경제는 사람들이 한정된 2차 정보를 바탕으로 결과를 예측하거나 결정을 내릴 수 있게 돕는다. 가령 당신이 베이비시터를 채용하고 싶다고 하자. 당신은 면접을 보러 온 후보가 아기를 다루는 모습을 한 번도 본 적이 없다. 어쩌면 이 사람은 당신의 아이들 같은 지독한 말썽꾸러기를 다뤄본 경험이 없는지도 모른다. 당신은 베이비시터가 당신의 아이들을 어떤 식으로 돌볼지 알 만한 직접적인 방법이 없고, 베이비시터 역시 당신의 아이가 천사인지 악마인지 알 길이 없다. 따라서 당신이 할 수 있는 일은 정보를 수집하는 것이다. 이 사람의 성격은 어떤가? 전에 일했던 집에서 아이들과의 관계는 어떠했는가? 무슨 교육을 받았는가? 평판경제는 데이터를 이용해 베이비시터와 관련성이 높은 기술과 그렇지 않은 것을 구분해줄 것이고, 당신은 이를 통해 결론을 도출하고 간접적인 정보를 얻음으로써 더 나은 결정을 내릴 수 있다.

르브론 제임스의 경우 그가 재능 있는 운동선수라는 것은 공공연한 사실이다. 상식적으로 생각해보건대 그는 농구가 아닌 다른 스포츠에서도 뛰어난 기량을 발휘할 수 있다거나 아니면 적어도 일반인보다는 그 실력이 훨씬 나을 것이다. 하지만 과연 얼마나 뛰어날까? 평범한 실력의 미식축구 선수보다도 더 뛰어날까? 아마도 그럴 것이다. 한번은 그가 NBA로 가야 하는지 NFL로 가야 하는지를 놓고 토론이 벌어진 적도 있다. 그렇다면 축구는 어떨까? 어쩌면 가능할지도 모른다. 그의 순발력과 체력, 존재감은 축구에도 잘 어울린다. 체조선수는? 이건 아닐 거다. 그의 체격 조건은 일반 남자 체조선수와는 많이 다르고, 키도 필요 이상으로 크다.

우리는 이런 문제로 굳이 추측을 할 필요가 없다. 이미 선수들의 몇 가지 특성을 분석해 어떤 종류의 스포츠에 뛰어날지 예측하는 시스템이 존재하기 때문이다.[1] 속근이 발달하고 반사 신경이 뛰어나며 우세안과 우세손의 방향이 서로 다른 선수들(예를 들어 오른손을 주로 사용하지만 왼쪽 눈이 우세안인 경우)은 테니스나 야구에 적합하다. 반대로 반사 신경은 평범하지만 유산소 능력이(폐와 심장) 탁월한 선수들은 육상 장거리나 마라톤에 유리하다.

　이런 연구는 프로 선수 스카우터들이 여러 스포츠와 다양한 수준의 플레이에 있어 선수들의 실력을 보다 정확하게 평가할 수 있도록 해준다. (원래 이런 시스템은 프로 리그와 올림픽 아마추어 선수들을 가려내기 위해 개발된 것이었지만, 요즘에는 운동을 하는 자녀를 둔 극성 부모들도 지대한 관심을 보이고 있다. '스포츠 엑스 팩터Sports X Factor'라는 회사는 자녀들의 지근과 속근 비율을 알고 싶어 하는 부모들에게 유전자 검사를 해주고 있는데, 부유한 지역일수록 청소년 스포츠 평가기관이 늘어나고 있는 형편이다.) 물론 아직 시장이 한정되어있긴 하지만 평판경제가 도래하면 스포츠 외의 다른 분야에서도 이런 분석 도구를 사용해 한 분야의 능력이나 기술이 다른 분야에서도 통용될 수 있는지 파악하게 될 것이다. 한 가지 유명한 예를 들자면, 어릴 적에 음악을 배운 학생들은 그렇지 않은 학생들보다 수학에 평균적으로 더 뛰어나다.[2] (물론 평균이란 대다수에게 적용된다는 의미다. 수학 경시대회에 참가한 적이 있는 당신의 조카가 음치이거나, 음악적 천재가 단순한 덧셈조차 못하는 경우도 있을 수 있다. 하지만 만일 고등학생 중에 당신 대신 수학 시험을 봐줄 사람을 골라야 한다면, 첼로나 클라리넷을 들고 지나가는 학생을 선택하는 게 나을 것이다.)

한 가지 분야에 특출한 사람이 과연 다른 분야의 일도 잘할 수 있을지를 예측하는 방법론이 각광받는 이유는 간단하다. 예를 들어 수학 능력과 고객 서비스, 리더십을 지닌 신입사원을 뽑아야 한다고 하자. 고객을 상대하는 동시에 머릿속으로는 잔돈을 계산해야 하는 계산대 직원은 어떨까? 아마 지원자 중 대부분은 관련 경험이 거의 없을 것이다. 고용주가 신입사원을 고용할 때 마주치는 가장 큰 도전 과제가 바로 닭이 먼저냐, 달걀이 먼저냐 하는 문제이다. 많은 고용주가 경험이 풍부한 직원을 원하지만, 아직 미숙한 사람을 고용해 그런 경험을 쌓게 해주려는 고용주는 별로 없다.

이런 문제를 해결하려면 유사한 경험이 없는 지원자가 과연 이 일을 잘할 수 있을지를 파악해야 한다. 어쨌든 고용주는 실력이 입증되지 않은 직원을 고용한다는 위험을 무릅써야 하고, 그래서 베이비시터를 고용하는 부모처럼 직접적인 정보 없이도 최고의 후보와 최악의 후보를 가려내고 싶어 한다. 실제 업무 환경과 비슷한 시험이나 행동학적 면접 방식은 꽤 효과가 있지만, 일자리 하나에 지원자 수천 명이 몰려드는 상황에서 모든 후보를 이와 같은 방식으로 테스트하려면 어마어마한 비용과 시간이 들 것이다.

그러므로 고용주는 전도유망한 후보를 선별할 방법을 고안할 필요가 있다. 바로 여기서 운동선수들에게 사용되는 것과 같은 데이터 분석법이 등장하는 것이다. 현명한 고용주들은 보통 다른 분야에서 특출한 능력을 보인(대학이나 고등학교 때 리더십 역할을 수행하거나 전 직장에서 성공한) 지원자에게 관심을 보인다. 하지만 과거의 성공이 고용주가 원하는 새로운 능력과 연관되어있는지 어떻게 알 수 있단 말인가? 이럴 경우 비슷한 특성을 지닌 이들의 과거 실적을 검토하는 알고리즘을 사용하면 된다. 예를 들어 뛰어난 회계 능력을 보유한 직원들이 과거에 모두 성공을 거뒀다면 회계 자격증을 가진 후보들을 눈여겨보는 것이다.

뉴욕의 유명 변호사인 마틴 립튼(Martin Lipton)의 경우를 예로 들어보자. 변호사라면 몰라도 대부분의 독자 여러분은 립튼이 누군지 모를 것이다. 이 점이 바로 포인트다. 법조계나 대기업에서 일하는 사람들은 그가 유명한 변호사라는 정도는 안다. 유명 로펌인 '와치텔, 립튼, 로젠 앤드 캐츠(Watchtell, Lipton, Rosen & Katz)'의 립튼은 포이즌필(poison pill, 경영권 방어 수단 중 하나로 이른바 신주인수선택권)을 비롯해 완전히 새로운 기업 거래 방식을 발명한 인물이다.

그는 실로 유능한 변호사다. 하지만 대부분의 고객들은 그의 실력 때문에 립튼을 고용하는 것이 아니다. 립튼의 고객은 자그마치 수백에 달하고, 따라서 대충 계산해봐도 아무리 중요한 사건이라 한들 그가 투자하는 시간은 고작 몇 시간도 채 되지 않을 것이다. 실제로 대부분의 일을 처리하는 사람은 그가 거느리고 있는 신입 변호사들이다. 많은 사람들이 립튼을 고용하는 이유는 그가 변호사로서 탁월한 명성을 지니고 있을 뿐만 아니라, 변호사로 유명해질 수 있었던 특성들 덕분에 인재를 발탁하고 관리하는 데에도 능숙하다고 믿기 때문이다. 이런 믿음은 결과적으로 자기 충족적 예언이 된다. 사람들이 그를 훌륭한 변호사로 인식할수록 더 많은 유능한 젊은 변호사들이 립튼과 함께 일하기를 바라게 되기 때문이다. 그뿐만이 아니다. 립튼을 고용하는 이들은 매우 합리적인 사고 과정을 거쳐 그의 법률 능력이 뛰어나기 때문에 인재를 영입하고 관리하는 능력 또한 뛰어날 것이라고 믿는다.

마찬가지로 많은 사람들이 법률적 문제 외의 다른 많은 분야에서도 립튼의 조언을 믿고 따른다. 립튼은 평범한 변호사보다 최소한 몇 배는 더 뛰어나다. 그러므로 다른 분야에 있어서도 그가 평범한 사람들보다 나을 것이라고 짐작하는 것이다. 이는 르브론 제임스가 농구에 있어 다른 모든 이들보다 탁월하기 때문에 미식축구나 축구도 평범한 선수보다는 훨씬 잘할 것이라고 믿는 것과 비슷한 이치다. 많은 사람들이 기회만 된다면 립튼에게 누가 CEO로 적당할지부터 외국 관료와의 복잡한 문제를 어떻게 해결해야 할지에 이르기까지 비즈니스나 윤리적인 문제에 대해 조언을 구할 것이다.

하지만 이는 또 다른 의문을 초래한다. 그의 전문 지식은 어느 수준까지 호환될 수 있을까? 립튼은 컴퓨터 수리에도 전문가일까? 남녀 관계나 종교와 관련된 고민을 상담하기에도 적절한 사람일까? 당신은 직장인 농구 대회에서 그를 같은 팀으로 고를 것인가?

평판경제 이전에는 이런 질문에 대한 답을 알 길이 없었다. 하지만 머지않아 마틴 립튼(그리고 다른 전문가들)을 검색하면 단숨에 이에 대한 해답을 얻을 수 있는 시대가 도래할 것이다.

평판 엔진은 여러 가지 점수를 통합해 어떤 사람의 평판을 한눈에 볼 수 있다는 점에서 검색 엔진과 비슷하다. 어떤 평판 엔진은 해당 변호사가 얼마나 많은 소송에 참가했고 얼마나 많은 거래를 완료했는지 법적 능력에 초점을 맞출 것이다. 그리고 또 다른 엔진은 무수한 영역들을 통합할 것이다. SNS의 규모와 친밀성에 기반한 우정 점수, 자선 소프트볼 리그의 참가 유무와 기부 빈도를 바탕으로 한 자선 점수 그리고 결혼 생활을 유지하는 기간과 어쩌면 이혼과 외도 횟수에 기초한 남녀 관계 점수에 이르기까지 말이다.

이처럼 각 분야의 상관관계를 분석하는 것은 평판경제 사회에서 매우 중요한 가치를 지니게 될 것이며, 바로 그런 이유로 다음 세대의 평판 엔진은 우리가 더 이상 르브론 제임스가 좋은 베이비시터가 될 수 있을지 고민하고 짐작할 필요가 없게 만들어줄 것이다. 평판 점수가 그 즉시 알아서 판단하고 결과를 알려줄 것이기 때문이다(혹여 평판 점수가 존재하지 않더라도 적어도 계산할 수는 있게 되리라).

평판은 전염된다

평판경제가 한정된 정보를 토대로 어려운 결정을 내리는 것이라면, 그중에서 가장 논란이 심한 영역은 친구들을 참고해 당신을 판단하는 일일 것이다. 어쨌든 당신 친구의 행동에는 수많은 정보가 내포되어있다. 사람들은 대개(항상은 아니더라도) 사고방식이나 행동 양식이 비슷한 사람들과 어울리는 경향이 있다. 그러므로 당신에 관해 어떤 결정을 내릴 만큼(대출 기한 연장, 일자리 제안, 중요한 자산을 믿고 맡기기 등) 충분한 정보를 끌어모으지 못했다면, 당신 친구의 평판을 알아보는 것도 한 가지 방법이 될 수 있다. 어떤 면에서 이는 평판 호환의 궁극적 형태라고 할 있다. 당신의 평판을 다양한 측면이나 맥락에 걸쳐 평가할 뿐만 아니라, 당신 친구의 평판까지 대입시켜 판단하기 때문이다.

3장에서 언급됐던 프레이밍햄 연구는 주변인의 존재가 당신의 행동에 얼마나 중요한 영향을 끼치는지를 보여주는 초창기 연구 중 하나일 뿐이다. 잠시 상기시키자면, 그 연구는 30년에 걸친 추적 연구를 통해 실험 참가자가 체중이 늘면 그의 친구나 가족 역시 체중이 불어날 확률이 크다는 것을 입증했다.

당신의 경제적 상황도 친구들과 연관되어있다. 친구들이 채무를 갚지 않으면 당신도 지급을 연체하거나 빚을 갚지 않을 가능성이 크다. 1997년에 시행된 한 연구에 따르면 개인 파산 신청자의 절반가량이 친구나 친척으로부터 개인 파산을 신청할 수 있다는 사실을 알게 되었다고 한다. 펜실베이니아 대학의 한 논문은 파산 신청을 한 친구가 많을수록 당사자 역시 그럴 확률이 크다는 사실을 밝혀냈다. 심지어 사람들이 비슷한 경제 수준의 친구들과 어울리는 경향이 있다는 사실을 대입했을 때도 말이다.[3] 후에 미시간 대학과 시카고 대학 교수 연구진은 이를 '파산 문화'의 확립 때문이라고 요약한 바 있다. '파산이라는 개념을 보다 친숙하게 느끼기 때문에'[4] 파산 신청을 하는 데 부담감을 덜 느낀다는 것이다. 논란의 여지가 많은 '전략적 파산'—주택 융자액 지불을 포기함으로써 은행이 집을 차압하고 관련 비용을 모두 책임지게 하는 것—도 전염성이 강한 행동이다. 시카고 대학 연구진은 주택 위기가 심각했던 시기에 지역사회 전반에 전략적 파산(보통 '징글 메일Jingle Mail'이라고 불렸는데, 주택 소유주들이 집 열쇠를 봉투에 넣어 업체에 보내면 봉투에서 열쇠가 짤랑거리는 소리가 난 데서 붙여진 이름이다)이 얼마나 만연했는지를 조사했는데, 전략적으로 집을 포기한 친구가 있는 주택 소유주는 그 자신도 일부러 파산을 선언하고 싶다고 응답한 경우가 82퍼센트나 되었다.[5]

이러한 인적 네트워크의 특성 때문에 어쩌면 당신의 재정 점수는 친구의 재정 점수에 따라 달라질지도 모른다. 적어도 그런 관행이 불법이 되기 전까지는 말이다. 너무 불공평한 판단이라고? 좋은 지적이다. 대부분의 사람들은 아무리 힘들어도 빚을 갚으려 노력하고 쉽게 집을 포기하지 않는다. 그저 가까운 친구가 그랬다는 이유만으로 내가 손해를 봐야 한다니, 정말이지 너무 불공평하다. 그러나 일정한 패턴이 계속해서 반복된다면 평판경제는 그런 높은 상관관계를 고려하지 않을 수 없다. 더구나 어느 쪽으로 보나 위험 부담이 높다. 5퍼센트도 안 되는 금리로 30년간 수백만 달러의 주택 담보대출을 받을 때는 조금만 연체율이 달라져도 대출 포트폴리오 전체가 무너질 수 있다. 만약 한 집단(파산을 하거나 연체율이 높은 친구들이 있는 대출자)의 신용 위험도가 다른 집단(그런 친구가 없는 대출자)에 비해 평균적으로 더 높다면 은행은 당연히 위험도가 낮은 집단을 선호할 것이다. 실제로는 고객이 융자금을 연체할 확률이 거의 없을 때도 말이다. 다시 말해 신용 위험도가 높은 사람과 알고 지내기만 해도 은행이 당신의 신용 위험도까지 높이 평가하고 대출 금리를 인상할 수 있다는 이야기다.

오늘날에는 소셜미디어가 이런 분석의 시발점을 마련해주는 역할을 하고 있다. '무븐뱅크(Movenbank)'라는 이름으로 뉴욕에서 창업한 이 새로운 형태의 은행(현재는 '무븐')은 소셜미디어에서 추출한 정보로 대출자의 성향을 파악한다. 무븐뱅크는 입출금 계좌와 금융상품 등 보통의 은행과 비슷한 서비스를 제공하지만 은행과는 달리 순전히 온라인에서만 활동하며 심지어 플라스틱 신용카드를 스마트폰 앱으로 대체하기 위해 애쓰고 있다. 그중 가장 큰 차이점은 이들이 평판 점수를 사용한다는 것이다. 무븐의 선언에 따르면 그들은 고객의 '크레드 점수(CREDscore)'에 따라 다양한 종류의 은행 계좌와 신용카드, 금융상품을 제시한다. 간단히 말해 크레드 점수가 높을수록 유리한 제안과 낮은 수수료, 더 좋은 고객 서비스를 받을 수 있는 것이다. 반면에 크레드 점수가 낮으면 아예 고객이 되는 것을 거부당할 수도 있다. 그렇다면 무븐뱅크는 크레드 점수를 어떻게 산출할까? 그들은 잠재고객의 SNS 계정을 검색한다. 무브뱅크의 특수 알고리즘은 링크드인, 페이스북 등 당신의 SNS에 접속해 직업과 관련된 정보(안정적인가? 지속적인 수입을 보장해주는가?)와 포스팅 내역(실존 인물임을 증명할 수 있을 만큼 꾸준히 글을 올리는가? 일에 지장을 줄 정도로 소셜미디어에 너무 빠져있지는 않는가?), 당신의 트위터 영향력(인기가 많다면 추가 점수를 얻을 수 있다) 등을 분석한다. 이 알고리즘이 당신 친구의 신용도를 참고하는지는 아직 밝혀지지 않았지만, 페이스북과 링크드인에서 친구들을 찾는 것이 얼마나 쉬운지 그리고 개인 파산 신청자 명단을 얼마나 쉽게 구할 수 있는지를 고려하면 무브뱅크가 페이스북 친구 명단과 파산 신청자 명단을 비교하는 데 군이 MIT 수준의 프로그래머는 필요하지 않을 것이다.

오늘날 기계는 인간의 도움 없이도 당신의 평판과 당신 친구의 평판에 근거해 재정적으로 중요한 결정을 내린다. 만약 컴퓨터가 당신의 온라인 프로필을 신뢰할 수 있다고 판단하면 당신은 은행에서 대출을 받거나 금융상품을 구입할 수 있다. 하지만 그렇지 않은 경우에는 아무 이유도 모른 채 대출 신청을 거절당할 것이다. 이는 평판이 여러 가지 상황과 판이한 분야 그리고 심지어 개인 간에도 호환될 수 있다는 사실을 보여주는 수많은 사례 중 하나일 뿐이다.

9장

디지털 흔적이 지워지지 않기 때문에 주의해야 할 것들

– SNS 루머가 일과 연애에 미치는 영향

데이트 사이트나 앱이 SNS에서 당신의 평판과 당신의 SNS에 대한
평판을 이용해 약속을 잘 지키는지, 독신인지 등을 알아내려고 할 것이다.
그들은 남들이 당신을 어떻게 평가하는지를 알아내기 위해
페이스북과 트위터를 비롯한 모든 사이트를 샅샅이 뒤질 것이다.
만일 친구들이 당신을 좋아하고 심지어 헤어진 옛날 애인마저
당신에 대해 따뜻하고 긍정적으로 말한다면, 진심으로 축하하는 바이다.
당신은 여러 사람들과 즐거운 데이트를 할 기회를 얻게 될 것이다.
만약 당신에 대해 험담을 하는 사람이 있다면 가능한 한 빨리 그와 화해하라.
이제 우리는 인터넷에서의 평판에 늘 신경을 곤두세워야 한다.
온라인에서 루머가 얼마나 빨리 확산되고 어떻게 맥락을 무시한 채
단편적인 정보만을 퍼트릴 수 있는지 상기시킬 필요는 없으리라.

　2012년 6월 7일, 인터넷 사용자들은 정유회사 셸(Shell)의 새로운 광고를 보고 경악했다. 신생 웹사이트 악틱레디(ArcticReady.com)에서 시작된 이 광고 캠페인은 순식간에 인터넷 전체를 강타했다. 광고는 셸이 극지방의 얼음 밑에서 석유를 채굴하는 장면을 뽐내듯이 자랑하고 있었는데, 한 페이지를 가득 메운 이 고화질의 선명한 사진에는 "오늘 우리는 더 밝은 내일을 위해 극지방 정복에 나섰습니다"라는 문구가 새겨져있었다.

　이 광고가 공개되자 소셜미디어가 폭발했다. 트위터 사용자들은 셸의 무감각한 마케팅에 분통을 터트렸고, 환경 단체와 다른 사회 단체들은 너도나도 셸을 규탄했다. 그리고 이런 반응에 부채질이라도 하듯 셸은 자신의 인터넷 사이트에 방문객이 채굴을 찬성하는 메시지를 남길 수 있는 창을 달고 거기에 페이스북 공유 버튼까지 첨부했다. 눈 깜짝할 사이에 수천 개의 메시지가 생성되었는데, 대부분이 충격적인 내용이었다. 그중에서 가장 사람들의 기억에 남은 이미지는 귀여운 북극여우 사진에 "귀여움만으로는 SUV를 달리게 할 수 없다"라는 태그가 붙은 것이었다(이 이미지는 300번이 넘게 리트윗되었고 페이스북에서는 1,000개 이상의 '좋아요'를 받았으며, 추적이 불가능한 이메일과 웹사이트 포럼을 통해서도 어마어마하게 공유되었다).

무자비하고, 현실 파악이 느리며, 소셜미디어와 소통하지 않는 전형적인 대기업의 모습을 보는 듯했다. 이 광고 캠페인의 무지막지한 규모는 대중의 분노를 부추길 뿐이었다. 셸의 광고는 그 내용이 부적절했을 뿐만 아니라, 광고의 송출 빈도와 웹사이트의 규모를 봤을 때, 셸은 이 캠페인에 수십 수백만 달러의 돈을 쏟아부은 게 분명했다.

소셜미디어의 악용을 주의하라

이 흥미로운 일화에는 한 가지 반전이 있다. 모든 것이 가짜였던 것이다. 셸은 실제로 이 광고와 아무 상관도 없었다. 악틱레디는 환경보호 단체인 그린피스(Greenpeace)가 만든 가짜 사이트였다. 가짜 광고를 만들고 소셜미디어에 뿌린 것도 그들이었다. 셸은 6월 7일 아침까지 인터넷에서 무슨 일이 벌어지고 있는지 전혀 알지 못했다. 셸이 이 사태를 깨달은 것은 회사 홍보부에 어쩌다 이런 최악의 광고 캠페인을 벌이게 되었는지 그 이유를 캐내려는 기자들로부터 인터뷰 요청이 쇄도했기 때문이다.

따지고 보면 이 광고 캠페인이 가짜라는 단서는 곳곳에 뿌려져있었다. 어떤 광고들은 무감각한 정도를 넘어 노골적인 불쾌감을 불러일으켰다. 북극곰이 바다 위 떠있는 유막(油膜)을 피해 헤엄치는 사진에 "살아남기 위해서는 한계를 시험해야 합니다" 같은 문구를 붙인 것은 아무리 대중의 관심을 끄는 일에 혈안이 된 광고회사라도 절대로 하지 않을 일이었다. 마티니를 잔뜩 들이킨 돈 드레이퍼(Don Draper, 드라마 〈매드맨Mad Man〉에 나오는 광고 제작자 – 옮긴이)라도 그 광고를 봤다면 그 자리에서 벌떡 일어났을 것이다. 하지만 때는 늦었다. 이 가짜 광고는 전 세계로 퍼져나갔고, 셸의 이미지는 막대한 손상을 입었다.

그러나 사건은 여기서 끝나지 않았다. 광고 캠페인이 가짜라는 사실이 밝혀진 후 셸의 광고 마케팅에 우려를 표했던 많은 블로거와 기자들이 셸의 홍보 에이전시와 법무팀에서 보낸 듯한 이메일을 받았던 것이다. 이메일은 '인터넷에서 명예훼손이 될 수 있는 내용'을 퍼트리는 데 일조한 웹사이트에 대해 '로열 더치 셸(Royal Dutch Shell plc.)'을 대신해 변호사들이 법적 조치를 준비 중'이라고 협박하고 있었다. 심지어 가짜 광고를 미처 보지 못한 이들에게도 대기업의 과장된 협박 편지는 유명 뉴스 블로그의 특집 기사가 되기에 충분했다. 사이트를 폐쇄해버리겠다는 위협만큼 블로거를 자극하는 것도 없다. 크립톰(Cyriptome)에서 데일리코스(Daily Kos), 보잉보잉(Boing Boing)에 이르기까지 유명 블로그의 필진들이 셸의 협박에 분노를 터트렸다. 그것은 인터넷에서 정보를 삭제하려고 애를 쓸수록 더 멀리 퍼지는 전형적인 '스트라이샌드 효과(Streisand effect)'¹였다. (스트라이샌드 효과는 가수 바브라 스트라이샌드의 이름을 딴 것이다. 그녀는 원래 캘리포니아의 해변 사진을 게재하는 사이트에 우연히 자신의 집이 찍힌 사진이 올라있는 것을 알고 삭제를 요청했는데, 그것이 도리어 거대한 역풍이 되어 그녀의 집 사진을 올린 사이트가 수백 개로 늘어나는 결과를 가져왔다.) 블로거들은 대기업이 뉴스를 검열하는 부당한 압박에 있는 힘을 다해 대항하기로 결심했다.

혹시 눈치챘는지 모르겠지만 그 이메일 역시 가짜였다. 이메일 속 셸 법무팀의 전화번호는 그린피스의 광고회사 및 오큐파이 시애틀(Occupy Seattle)과 관련된 가짜 홍보회사로 연결되었다. 이메일을 보낸 것은 그린피스와 연계하고 있는, 이른바 '예스멘(Yes Men)'이라고 알려진 '문화 훼방(culture jamming)' 단체였다. 첫 번째 광고 캠페인에 속지 않았던 이들조차도 대기업 변호사들의 과잉 반응이라는(이와 같은 현실은 실제로 자주 발생하는 일이기도 하다) 너무나도 현실적으로 보이는 두 번째 속임수에는 가차 없이 속아넘어갔다.

결과적으로 그린피스의 홍보 캠페인은 대성공을 거뒀다. 어쩌면 처음 그것을 생각해낸 사람이 바랐던 것보다도 더 크게 성공한 셈이다. 진상이 밝혀진 후 사실관계를 바로잡기 위한 뉴스를 곳곳에 내보냈지만, 셸의 가짜 광고와 그 뒤를 이은 협박 이메일에 대한 반응만큼 커다란 반향을 일으키지는 못했다. 흔히 그렇듯 거짓은 그것을 바로잡으려는 노력보다 더 강력한 영향을 끼치는 법이다.

그리고 물론―디지털 흔적은 지울 수 없기 때문에―셸의 구글 검색 결과는 여전히 가짜 캠페인의 오명으로 얼룩져있다. 이 글을 쓰는 지금도 구글 이미지 검색창에 '셸 극지방', '셸 시추', '셸 안전', '셸 광고' 및 관련 검색어를 넣어보면 가짜 광고들이 잔뜩 튀어나오며, 그 중 상당수에 그린피스가 일부러 심은 가짜 광고라는 정보가 빠져있다. "귀여움만으로는 SUV를 달리게 할 수 없다"는 광고는 구글의 정보에 따르면 최소한 50개 이상의 사이트에서 아직도 보관 중이다. 그리고 트위터가 인터넷 세상의 분위기와 최첨단 유행을 가장 쉽게 엿볼 수 있는 곳이라고 한다면, 진실이 밝혀지고 수년이 지난 지금까지도 꽤 많은 사람들이 그 가짜 광고에 속고 있다는 사실을 확인할 수 있다.[2] 속도가 좀 느려지긴 했지만 그린피스의 이 캠페인은 아직도 바이러스처럼 퍼져나가고 있다. 원래의 웹사이트가 닫혀도(자발적으로든 법적 조치에 의해서든) 가짜 광고들은 이미 수없이 복사돼 삽시간에 전 세계 수천 수만 개의 웹사이트로 퍼져나갔기 때문이다.

악틱레디의 캠페인은 셸이라는 브랜드를 암살한 것과 같은 결과를 낳았다. 이 가짜 캠페인의 성공은 잘못된 정보의 힘이 얼마나 막강하고 온라인 평판을 막대하게 손상시킬 수 있는지를 보여준다. 오늘날에는 누군가에 대해 거짓말을 지어내고 퍼트리는 것이 그 어느 때보다도 쉽고 간단하다. 온라인에서는 다른 사람인 척하는 것도 어렵지 않다. 2006년부터 2011년까지 애플의 스티브 잡스를 흉내냈던 '가짜 스티브 잡스'를 생각해보라.

평판 점수 시스템의 영향력은 오해의 여지가 없을 정도로 강력하다. 그러나 아무리 복잡하고 정교한 컴퓨터 알고리즘이라도 사실과 교묘하게 지어낸 허구를 구분하기는 힘들다. 정보의 신뢰성을 판단하는 능력은 아직 시스템이 내리는 결정의 중요성을 따라잡지 못하고 있다.

그렇다면 당신이 운영하는 회사나 개인 브랜드를 온라인의 위협으로부터 어떻게 보호할 수 있을까? 솔직히 말하자면 그것은 불가능하다. 그러나 대처 방법에 따라 손해를 최소화하거나 반대로 극대화할 수도 있는 것도 사실이다. 만약 당신이 셸의 경우처럼 평판 암살의 위기에 처해있다면 잘못된 정보를 부인할 것인지, 바로잡을 것인지, 원인 제공자에게 법적 위협을 가할 것인지를 결정하기 전에 각각의 방안이 상황을 어떻게 개선하고 또는 악화시킬지 곰곰이 생각해보아야 한다. 전국적으로 이름이 알려지지 않은 개인이라면 비판을 통해 잘못된 명예훼손 행위를 중단시키는데 성공한 경우도 있지만, 이 같은 고압적인 태도가 오히려 불난 데 기름을 들이부은 결과를 가져온 사례들도 무수히 많다. 셸의 거짓 이메일이 생성되었을 때, 가짜 광고는 이미 수많은 웹사이트에 퍼져있었고, 이를 효과적으로 제거하기란 불가능했다.

물론 셸처럼 정교하고 파괴적인 공격을 받는 사람들은 드물다. 그렇지만 평판을 훼손하는 크고 작은 위협들을 날마다 마주하고 있는 수많은 작은 사업체들을 생각해보라. 경쟁사가 옐프에 가짜로 부정적인 후기를 남기거나, 사람들을 고용해 부정적인 댓글을 남기는 것만으로도 평판은 서서히 몰락할 수 있다. 이런 경우에는 어떻게 대응해야 할까?

직접적으로 나서야 할 때와 간접적으로 대응해야 할 때

당신의 인터넷 검색 결과나 디지털 이력서에 부정적 정보가 더해진다면 직접적인 조치를 취할지, 아니면 간접적인 대응을 취할지 결정해야 한다. 권투선수들이 때로는 강력한 펀치만큼이나 재빨리 공격을 피하는 기술을 중요하게 여기는 것처럼, 직접적인 대응 없이 공격으로부터 슬쩍 빠져나가는 방법을 배울 수도 있다.

평판 암살의 대응법을 일일이 설명하자면 책 한 권으로는 모자랄 것이다. 그러니 간단하게 요약해보겠다. 첫째, '객관적이고 명쾌하게' 거짓임을 증명할 수 있는 일로 억울한 비난을 받는다면 공개적으로 부인하는 방법도 나쁘지 않다. 물론 이와 같은 직접적인 반응은 자칫 더 많은 시선을 끌거나 지나치게 공격적 혹은 방어적으로 비쳐질 수도 있다. 그러므로 일단 제3자가 당신의 반응을 얼마나 중립적으로 인식할지를 먼저 고려해야 한다. 당신에게 악의를 품고 공격을 가하는 사람들을 같은 편으로 끌어들일 수는 없겠지만, 제3자의 인식을 바꾼다면 많은 도움이 된다. 다만 제3자가 당신을 합리적이고 냉정한 사람이라 여기고 있다는 확신이 없다면 직접적인 대응은 피하는 게 좋다.

만약 직접적인 대응을 선택했다면 최대한 원래 사건에 대한 관심을 불러일으키지 않으면서 사실을 바로잡을 방법을 찾아라. 가령 실은 당신이 먼저 사표를 썼음에도 해고를 당했다고 말하는 블로그 게시글을 발견하면 송별 파티 때 찍었던 사진을 올리거나, 당신이 얼마나 좋은 직원이었는지 칭찬하는 부서장의 서신을 공개하거나, 전 직장에서 받은 긍정적인 링크드인 리뷰를 링크해 그것이 거짓임을 증명하라. 이와 같은 새로운 정보를 당신을 공격하는 메시지보다 더 널리 잘 보이도록 심어야 한다. 블로그나 트위터, 링크드인 어디든 좋다. 당신이 디지털 공격을 받고 있다는 사실을 굳이 언급할 필요는 없지만 중립적인 자세의 제3자들에게 당신이 아무것도 숨기는 게 없다는 확신을 주어야 한다.

때로는 잘못된 정보를 반박하기 위해 그에 대한 보충 설명을 해야 할 수도 있다. 게임회사인 온라이브(OnLive)가 이에 관한 좋은 본보기를 보여준다. 작은 게임회사인 온라이브는 경영상의 어려움을 겪고 있었는데, 결국 회사 측에서는 파산을 신청하기보다는 운영 자산을 다른 회사에 넘겨 회사의 이름과 직원들을 계속 유지하기로 결정했다. 문제는 그럴 경우 직원들이 과거에 온라이브로부터 받은 스톡옵션이 휴지 조각이 된다는 사실이었다. 게임 개발 커뮤니티는 아주 좁은 세상인 데다, 개발자들은 자신이 부당한 대우를 받는 것에 특히나 민감하다. 온라이브 게임 개발자들이 옵션을 잃었다는 소식이 돌자, 분노한 게임 커뮤니티는 오랫동안 동고동락한 직원들을 착취했다는 이유로 온라이브를 마구 몰아세우기 시작했다. 그러나 며칠이 지나고 몇 주일이 흐르는 동안, 온라이브의 임원들과 옹호자들은 스톡옵션의 가치는 이미 파산을 앞둔 상황에서 사라졌으며, 회사 자산을 매매함으로써 최소한 개발자들의 일자리는 지킬 수 있었다고 조심스럽게 설명했다. 이 보충 설명은 모든 게임 커뮤니티 개발자를 납득시킨 것은 아니지만, 적어도 온라이브의 평판을 되살리는 데 도움을 주었고 회사는 다시 직원들을 모집할 수 있었다.

하지만 때로는 나름의 속사정이 있더라도 잘못된 정보를 바로잡는 일이 상당히 어려울 수 있다. 그런 경우에 가장 바람직한 대처는 계속 전진하는 것이다. "왜 프로그레시브 보험사(Progressive Insurance)는 도덕적으로 붕괴했는가?"와 같은 질문이 쏟아졌을 때 프로그레시브가 대처한 것처럼 말이다. 프로그레시브는 무보험 오토바이 운전자가 낸 교통사고 때문에 딸이 사망해 상심에 빠진 가족에게 법적 문제를 무시하고 보험 혜택을 줘야 한다는 대중의 압박에 시달리고 있었다. 사실 이처럼 브랜드에 대한 공격이 쏟아지면 회사가 할 수 있는 일은 별로 없다. 어떤 반응을 보이든 간에 상황은 더 악화될 뿐이기 때문이다. 프로그레시브는 (잘못은 아니지만 현명하지 못하게도) 그들이 적법한 절차를 수행했고 이는 보험업계에서 매우 일반적인 관행이라고 변명했지만 변명을 하면 할수록 더 많은 관심이 집중됐다. 어쨌든 감정적인 싸움에 이성적으로 대처하는 것은 그다지 효과를 보지 못하는 법이다.

결국 프로그레시브가 할 수 있었던 최선의 대응은 최대한 조용히 그 상황으로부터 빠져나가는 것이었다. 회사는 가족에게 조용히 보상금을 건넸고 대중의 관심에 더 이상 아무런 변명이나 대응도 하지 않았다. 비탄에 빠진 가족에게 보험금을 지불하지 않는 듯 보이는 감정적 다툼에 반증으로 내놓을 수 있는 사실과 증거 따위는 없다. 이와 유사한 상황이 닥친다면 문제를 경시하는 듯한 행동으로 관심을 모으기보다는 그저 조용히 그 상황을 벗어나는 것이 현명하다.

잘 알고 있겠지만, 온라인 평판 공격은 엄청나게 빠른 속도로 진행된다. 온라인 루머는 마치 9월의 허리케인처럼 조용히, 그러나 놀라운 속도로 며칠 또는 겨우 몇 시간 만에 거대한 폭풍우로 성장한다. 하지만 항상 경계 태세를 유지하고 있다면 폭풍을 다른 방향으로 유도하거나 방공호로 미리 피신하거나 적어도 창문을 널빤지로 보강할 수는 있을 것이다.

코니 2012(Kony 2012) 캠페인을 예로 들어보자. 우간다의 반군 사령관인 조지프 코니(Joseph Kony)를 국제 심판대에 세우자는 목적으로 일어난 이 운동은 페이스북에서 시작된 지 하루도 안 돼 미 전역으로 퍼져나갔다. 며칠 후에는 거의 모든 사람들이 코니 2012 캠페인이 얼마나 긍정적인지, 코니가 얼마나 못되고 사악한 인간인지 떠들어대고 있었다. 그러나 코니 2012과 이 운동의 창시자인 제이슨 러셀(Jason Russell)에게 저항하는 분위기도 그 못지않게 빠른 속도로 일기 시작했다. 인종 차별주의와 아프리카에 대한 일반적 인식 그리고 다른 주제들이 캠페인의 의의를 신속하게 좀먹기 시작했고, 곧이어 대중의 관심이 러셀에게 쏟아지는 사건이 발생했다. 그가 신경쇠약으로 무너져 샌디에이고 거리 한복판을 벌거벗고 활보하며 고래고래 소리 지르는 모습이 포착되었던 것이다. 그때부터 코니 2012는 아프리카의 인권 유린이 아니라 러셀 개인에 관한 이야기가 되고 말았다. 하지만 그들은 늘 경계 태세를 유지한 덕분에 재빨리 폭풍의 눈을 감지할 수 있었고, 코니에 대한 새로운 정보를 내보내 대중의 관심을 다시 올바른 방향으로 되돌릴 수 있었다.

대다수의 대기업은 폭풍이 생성되는 기미를 눈치채는 데 굼뜬 편이다. 얼마 전 애플은 애플의 기술자가 아니면 제품을 수리할 수 없도록 현존하는 스크루 드라이버에는 맞지 않는 자신들만의 나사를 사용해 제품을 만든다는 루머에 휩싸였다. 이 루머는 새빨간 거짓말로 밝혀졌지만 한동안 소셜미디어에서 시끄럽게 들썩거렸다.[3] 만약 애플이 이 루머에 관한 폭풍의 눈을 초기에 발견했다면 전 세계에 헛소문이 퍼지기 전에 좀 더 빨리 진실을 알릴 수 있었을 것이다.

개인 브랜드의 암살

평판 암살의 대상이 될 수 있는 것은 기업체뿐만이 아니다. 평범한 개인도 이런 위험에 노출되어있기는 마찬가지다. 개인의 사적 또는 직업적 평판이 잘못되거나 거짓된 온라인 정보에 오염되는 일은 이미 너무도 비일비재하게 일어나고 있다(그리고 개인은 그런 일이 일어나고 있음을 더더욱 알아채기가 힘든데, 평범한 사람들에게는 평판 오염으로부터 보호해줄 수 있는 홍보팀이나 법무팀이 없기 때문이다). 뿐만 아니라 잘못된 정보나 성격 묘사는 다른 어떤 공격보다도 더 큰 피해를 입힐 수 있다.

사실 평판경제의 점수 알고리즘은 대단히 정교하고 복잡하면서도 오류가 일어날 소지가 다분하다. 온라인 프로그래밍 코드를 저장하는 깃허브는 한때 유능한 개발자를 찾는 IT 회사들 사이에서 명성을 누렸는데, 전통적인 이력서를 대체할 수단으로 인정받았다. 이론상으로는 앞으로 프로그래머들은 장래의 고용주에게 평범한 이력서를 보내는 것이 아니라, 이제까지 자신이 쓴 코드를 깃허브에 올려 직접 보여줄 수 있었다.

하지만 그렇다고 종이 이력서를 갖다버리지는 말기 바란다. 깃허브는 채용 문화를 혁신하기에는 조금 모자란 부분이 있었다. 무엇보다 깃허브는 볼 수 있는 코드와 프로젝트가 한정되어있었다. 사용자들은 온라인 저장소에 공개된 코드만을 볼 수 있었고, 사기업을 위해 일한 내용은 공개되지 않았으며, 심지어 공짜 오픈 소스인 크롬의 운영 체제를 만든 생산적인 개발자들은 깃허브를 이용할 수가 없었다. 크롬은 다른 코드 저장소를 사용했기 때문이다. 그리고 코드를 쓰는 능력 외에 프로그래머들이 갖고 있는 다른 장점은 전혀 어필할 수가 없다. 깃허브는 상품 전략 개발이나 멘토링 같은 활동에는 점수를 부여하지 않고 영상 제작, 글쓰기, 관리, 판매는 물론 R&D나 고객 서비스 같은 다른 종류의 능력도 전혀 고려하지 않는다. 그 결과 치명적인 오류가 발생했다. 실제로는 업무 활동의 아주 일부만을 취급함에도 불구하고, 겉으로는 마치 프로그래머의 능력에 공정한 점수를 매기는 듯 보였던 것이다.

요즘 직원을 고용하거나 다른 인사 결정을 내릴 때 자주 참고하는 클라우트 같은 점수 시스템도 그 정확도를 심각하게 의심해야 하는 상황이다. 초기에 워런 버핏의 클라우트 점수는 100점 만점에 36점이었다.[4] 워런 버핏이 어떤 인물인가. 소위 '오마하의 현자'로 불리는 투자의 귀재가 아닌가. 그가 매년 주최하는 투자 컨퍼런스에는 3만 명이 넘게 참가하고, 전국에서 몰려든 사람들이 이 투자업계의 수퍼볼에 참가하기 위해 입장권 한 장당 평균 250달러를 지불하며,[5] 그가 발행하는 소식지는 거의 모든 투자 전문가는 물론 수백만 명의 소액 투자가들도 애독한다. 버핏이 버크셔 헤서웨이의 성공에 어떤 역할을 했는지 생각해보라. 1967년 말, 주당 20.5달러였던 버크셔의 주가는 2013년 초에 이르러 장장 17만 8,000달러에 달했고, 주식시장이 붕괴한 2000~2010년에도(심지어 S&P 500조차 마이너스 13.3퍼센트를 기록한) 76퍼센트나 상승했다. 하지만 만약 클라우트 점수만을 가지고 투자를 한다면 이런 버핏의 능력을 까맣게 모르고 지나치게 될 것이다. 그의 클라우트 점수는 언론인 레슬리 홀러(Lesley Hauler)보다도 낮다(그녀가 누군지 모른다고? 걱정하지 마라. 트위터에서 그녀를 팔로잉하고 있는 631명을 제외하면 다들 마찬가지니까.[6] 비록 그녀의 클라우트 점수는 100점 만점에 60점이나 되지만 말이다).[7] 클라우트를 위해 변명을 좀 하자면 나중에 버핏의 실제 영향력과 클라우트 점수 사이의 모순을 바로잡기 위해 알고리즘을 업데이트했고, 그 결과 현재 버핏의 점수는 80점으로 상승했다. 하지만 워렌 버핏의 클라우트 점수가 오랫동안 50점 이하였다는 사실은 클라우트의 영향력 평가 방식에 분명 오류가 있었음을 보여준다.

클라우트를 향한 또 다른 비판은(클라우트가 형편없는 점수 체계를 갖고 있다고 폄하하는 게 아니라 워낙 대표적인 사이트라 말해두는 것이다) 점수 조작이 용이하다는 것이다. 예를 들어 애드리안 펠저(Adriaan Pelzer)라는 한 디지털 마케팅 매니저는 '봇(정해진 메시지를 자동적으로 올리는 프로그램)'을 사용해 자신의 클라우트 점수를 51점으로 만들었다. 50점 이상이면 실존하는 사람치고는 꽤 높은 점수다.[8] 닐 코드너(Neil Kodner)라는 사람은 그보다 조금 더 나아가 사인펠드(Seinfeld)나 세라 페일린(Sarah Palin) 같은 유명 인사에 관한 트윗이 있으면 자동적으로 멘션을 남기는 봇을 운영했는데(당사자가 한 말을 무작위로 인용하는 식으로) 덕분에 그의 '@HelloooooNewman' 계정은 클라우트 점수를 74점까지 축적할 수 있었다. 이는 워렌 버핏의 초기 클라우트 점수의 두 배가 넘는 점수다.[9]

평판에 해를 끼치는 잘못된 소스 데이터

'쓰레기를 넣으면 쓰레기가 나온다'는 표현은 아무리 복잡하고 정교한 컴퓨터라도 부정확한 데이터를 입력하면 부정확한 결과가 나올 수밖에 없다는 뜻이다. 온라인 세계의 가장 큰 위험 중 하나는 아무리 훌륭하고 유용해 보이는 데이터라도 실제로는 쓰레기 더미에 불과할 수도 있다는 것이다. 우리는 복잡하고 정교한 컴퓨터 알고리즘이 다양한 출처를 참고해 내놓은 점수를 신뢰한다. 그렇지만 만약 그 점수의 기반을 이루는 데이터가 쓰레기라면(실제로도 그럴 확률이 크다) 출력 결과 역시 쓰레기일 것이다.

그렇다면 어떻게 평판 엔진에 잘못된 데이터가 입력되는 것일까? 이 질문에 대답하기 위해 온라인 데이터 통합 서비스를 잘못된 방향으로 이끄는 프로그램을 운영하는 세계 최대의 기업(적어도 2012~2013년에는 그랬다)에 대해 이야기해보자. 애플은 당신의 온라인 활동과 유사한, 그러나 완전히 동일하지는 않은 네트워크 활동을 생성해 당신의 온라인 정체성을 혼란시키는 시스템에 대한 특허를 보유하고 있다. 예를 들어 당신이 구글에서 '스페인 휴가'를 검색하면 애플의 특허 시스템은 구글에서 '이탈리아 휴가'나 '포르투갈 휴가'를 검색한다. 물론 당신이 단순히 휴가 장소를 물색하는 것뿐이라면 이 시스템은 당신에게 아무런 해도 되지 않는다. 그렇지만 만약 당신이 한 회사가 아니라 다섯 곳의 회사에서 일자리를 찾는 듯 보인다면(검색 내역을 발견한 현재 고용주는 당신이 일과 관련된 자료를 찾거나 친구를 도와주고 있는 것이 아니라 이직을 고려하고 있다고 생각할 것이다), 혹은 시체를 유기할 다양한 방법을 찾고 있는 듯 보인다면(당신은 살인을 계획하고 있을 수도 있고, 좋아하는 범죄 드라마에서 본 사실을 확인하는 것일 수도 있다), 또는 다른 무수한 잘못된 가정을 초래하게 된다면 어떻게 될지 상상해보라.

당신이 애플 사용자가 아니더라도 안심하기엔 아직 이르다. 그것과 똑같은 일을 해주는 공짜 오픈 소스 프로그램이 있기 때문이다. 뉴욕대학교 사이트(nyu.edu)에 올라온 트랙미낫(TrackMeNot)은 이른바 사생활 보호 프로그램이다.[10] 트랙미낫을 작동시키면 검색어를 무작위로 사용해 자동으로 구글 검색을 하는데, 이 때문에 구글은 진짜 사용자를 구분하기가 힘들어진다. 사용자의 목적에 따라 다르긴 하지만 이것은 당신의 검색 내용을 감시하는 이들에게—가령 정부라든가—정보의 홍수를 흘려보내 당신의 디지털 흔적을 추적할 수 없게 만든다. 어쨌든 당신이 하루에 수백 수천 개의 단어들을 무작위로 검색한다면 정부가 당신의 진짜 검색 내역을 감지하기는 훨씬 어려

워질 테니 말이다.[11]

일부 웹퍼블리셔 역시 구글이나 기타 검색 엔진을 속이기 위해 여러 가지 웹사이트를 무작위로 섞어 '매시업(mash up, 웹서비스 업체들이 제공하는 각종 데이터나 콘텐츠를 받아 합치거나 전혀 다른 새로운 서비스를 만드는 것 – 옮긴이)' 페이지를 만든다. 구글이 그것을 진짜 콘텐츠라고 판단해 방문객들을 그 페이지로 들여보내면, 그들이 방문할 때마다 광고 수입을 올릴 수 있기 때문이다. 형편없는 수법이긴 하지만(이런 스팸 퍼블리셔들은 페이지뷰당 0.1센트만이라도 벌 수 있길 바라며 수십에서 수백 개의 페이지를 만든다), 대단히 저렴한 방법이기도 하다. '봇' 하나가 인터넷 전체를 뛰어다니며 웹페이지 링크를 모으면 다른 봇은 무작위로 그런 주소들을 모아 하나의 새로운 페이지를 만든다. 만약 당신의 이름이 뉴스 사이트나 유명 디렉토리에서 한 번이라도 언급된 적이 있다면, 이런 웹스팸 어딘가에 당신의 이름도 떠돌고 있을지도 모를 일이다.

보통은 문제될 게 없지만 가끔은 이런 스팸 페이지가 당신의 평판에 직접적인 해를 가할 수도 있다. 예를 들어 이런 무작위 웹사이트 모음 봇이 인권 운동가의 명단과 성범죄자의 명단을 한데 합쳐 새로운 페이지를 만들었다면 어떨까. 물론 봇은 그저 아무렇게나 웹페이지를 긁어모은 것일 뿐 사람들에게 혼란을 주려고 했던 건 아니다. 하지만 그 결과 당신의 이름이 성범죄자들의 이름과 나란히 엮이게될지도 모른다. 또 다른 예로 작가 마이클 퍼틱의 이름이 전화기와 카메라 광고를 노리는 스팸 블로그 목록에 포함되어있다고 하자. 이는 그의 평판에 직접적인 해가 되지는 않지만 평판 엔진과 잠재 투자자, 고용주, 혹은 그의 전문 분야와 경력에 관한 정보를 찾는 사람들[12]에게는 혼란을 줄 수 있다.

다행스럽게도 웹에 떠도는 다른 정보들에 비해 이런 것들은 발견하기가 비교적 쉬운 편이다. 구글에서 당신 이름을 검색해봤는데 일부 검색 결과가 숨겨져 있다면 버튼을 눌러 나머지를 살펴보고 이런 디지털 헛소리에 행여 당신의 이름이 포함되어있지는 않은지 살펴보라. 그러나 안타깝게도, 당신의 이름이 이런 곳에 포함되어있다고 해도 당신이 할 수 있는 일은 별로 없다. 자동 시스템이 데이터를 긁어모았으므로 원글의 게시자를 찾기가 어렵기 때문이다. 하지만 어쨌든 그 사실을 미리 알고 있기라도 하면 면접이나 데이트하러 나갔을 때 최소한 해명이라도 함으로써 피해를 줄일 수 있다.

이런 오류들은 당사자에게 그다지 큰 피해를 주지는 않지만 온라인에서 의도적으로 생성, 개제된 데이터가 얼마나 널리 퍼질 수 있는지를 보여준다. 잘못된 데이터는 신속하게 확산될 뿐만 아니라 전 장에서 논한 피드백 고리의 일부로 기능한다. 디지털 데이터를 바탕으로 하는 평판 점수 시스템, 다시 말해 모든 평판 점수 시스템은 이런 디지털 정보의 파편에 쉽게 속을 수 있다는 사실을 명심하라. 잘못된 정보가 흘러들어가면 아무리 정교하고 믿음직한 평판 엔진이라도 진실과 거짓을 구분하기가 어려워진다.

266

나쁜 평판이 당신의 연애에 미치는 영향

이런 부정확한 정보가 떠돌고 있음에도 당신의 온라인 평판은 미래와 관련해 아주 사적인 결정을 내리는 데에도 사용된다. 가령 연애가 그렇다. 요즘 온라인 데이트는 하나의 거대한 사업이다. 시장 규모만 해도 어마어마하다. 2011년에 매치닷컴은 작은 경쟁사인 오케이큐피드를 5,000만 달러에 인수했는데, 이 작은 사이트에는 매달 130만 명이 몰려들었다. 무료 데이트 사이트인 플렌티오브피시(PlentyOfFish)는 월 60억(그렇다, 6,000,000,000이다!) 이상의 페이지뷰를 자랑하는데 그 가치는 2억 달러에서 10억 달러에 달한다. 파머스온리(FamersOnly)나 트렉패션스(Trekpassions, 스타트렉 팬들을 위한 사이트 – 옮긴이)처럼 틈새시장을 노리는 사이트들도 매일같이 탄생하고 있다.

그러나 온라인 데이트 사이트는 초창기부터 유독 결함이 많았다. 일례로 온라인 데이트는 술집에서 데이트 상대를 만날 때 발생할 수 있는 문제점을 해결할 수 있어야 한다. 술집은 시끄럽고 북적거리며 대개 가벼운 만남이 이뤄지고, 그런 곳에서 낯선 사람을 만나면 위험에 처하거나(특히 여성들에게) 반사회적인 행위(특히 남성들에 의한)의 피해자가 될 수도 있다. 하지만 초기 1세대 온라인 데이트 사이트는 술집을 온라인에 그대로 옮겨놓은 것에 지나지 않았다. 사용자들은 잠재 후보들의 사진을 수백 장씩 넘겨보고(가벼운 관계), 말도 안 되는 사적인 질문에 대답해야 했다(도대체 초밥과 강아지 그리고 '아무 음악이나'를 좋아하지 않는 사람은 없는 것인가?). 당신의 알고리즘은 위험하거나 불쾌한 사용자들을 전혀 걸러내지 못했고, 여성 회원들은 남성들로부터 불쾌한 메시지가 너무 자주 날아온다며 불평을 쏟아냈다. 하지만 시간이 흘러 온라인 데이트 사이트의 두 번째, 세 번째 세대가 탄생하면서 새로운 종류의 허점들이 드러나기 시작했다. 형편없는 데이터 수집과 컴퓨터 모델링에 따른 정보의 부정확성이었다.

2세대 데이트 사이트인 이하모니는 데이트 시장을 보다 전통적인 중매 시스템으로 바꾸려고 노력했다. 심리학자 겸 결혼 상담사인 닐 클라크 워렌(Neil Clark Warren)은 성공적인 남녀 관계에서 나타나는 공통점을 찾아 이용자 평가 모델에 적용시키면 개인의 특성에 맞춰 어울리는 짝을 연결시킬 수 있으리라고 생각했다. 문제는 사이트에서 회원들을 중매할 때 참고하는 질문이 고작 258개에 지나지 않는다는 것이었다. 이는 그 설문이 자기 보고에 수반되는 개인적 편견에서 비롯될 수 있는 모든 문제점을 지니고 있다는 뜻이다. (이와는 별개로 이하모니는 일부 주에서 동성 커플은 무시하고 이성 커플만을 취급한다는 이유로 소송에 휘말렸다. 이후 회사는 '컴패터블 파트너스Compatible Partners'라는 사이트를 따로 열어 이 문제를 해결했다.)

이하모니뿐만이 아니다. 모든 데이트 사이트는 사용자의 성격이나 특성에 대해 오직 자기 보고에만 의존하고 있다. 예를 들면 "록 음악을 좋아하나요, 아니면 랩을 좋아하나요?", "아이를 갖고 싶나요, 아니면 아이를 원하지 않나요?", "예술 작품을 좋아하나요, 아니면 야외활동을 좋아하나요?" 같은 식이다. 하지만 이런 식의 시스템은 파트너를 결정하는 데 중요한 여러 특성들을 구분하는 데 실패할 수밖에 없다. 사용자들은 상대방이 정말로 착하고 반듯한 성격인지 알아낼 방도가 없다. 직접적으로 질문을 던지면 거짓말이나 판에 박힌 대답만을 듣게 될 것이며, 심지어 행동에 관한 질문들도("시간을 잘 엄수하는 편인가요?"와 같은) 비슷하게 편향된 결과를 가져왔다. 뿐만 아니라 사람들이 이미 다른 사람과 사귀고 있는지 혹은 결혼을 했는지에 관한 질문(대부분은 사실을 너무 늦게 알아차린다)에 항상 정직한 대답을 하는 것도 아니었다. "당신은 정직합니까?"라는 질문은 스파크(스타트렉의 주인공으로 이성적인 사고를 가장 중시하는 캐릭터 - 옮긴이)의 뇌를 녹여버릴 만큼 논리적으로 모순이다.

요크(Yoke)라는 신생 데이트 회사는 자기 보고에 따른 부정확한 정보를 줄이기 위해 짧은 기간이나마 (아마 이름 때문에 망한 게 아닌가 싶다) 보다 발전된 형태의 평판 점수를 매기기 위해 노력했다. 사용자에게 페이스북을 통해 접속하도록 유도함으로써 그들이 페이스북에서 누른 '좋아요'나 아마존닷컴에 남긴 후기, 넷플릭스 영화 평점 등을 토대로 진짜 성격을 판단하려 한 것이다. 심지어는 그들의 출신 대학을 참고하기도 했다(출신 대학을 참고하는 중매 시스템이 어떻게 돌아가는지는 잘 모르지만, 가령 스미스 대학 졸업생과 브리검 영 졸업생을 서로 연결해주지는 않을 것이다). (브리검 영은 모르몬교 재단이 운영하는 종교적이고 보수적인 대학이며, 스미스 대학은 여성 지도자 양성에 힘쓰는 미국 최고의 여성 인문대학이다. - 옮긴이) 요크는 이렇게 수집한 데이터를 종합해 유사성 점수를 산출하고 공통적인 관심사를 토대로 회원들을 짝지었다. 이를테면 한 회원이 넷플릭스에서 〈못말리는 패밀리Arrested Development〉에 높은 별점을 줬다면, 아마존에서 〈오피스The Office〉 DVD 박스를 구매한 다른 회원과 연결시켜주는 식이었다.[13] 하지만 이 시스템은 결국 실패하고 말았다. 회원들이 자신의 페이스북이 참조용으로 활용되는 데 대한 사생활 침해 문제에 민감하게 반응했기 때문이다. 그들은 페이스북 친구들이 그들의 데이팅 사이트 프로필을 알게 되고, 또 데이트 상대가 페이스북 친구들과 대화를 나누고, 페이스북 사이트가 그들의 정보를 다른 목적으로 사용할지도 모른다는 데 우려를 느꼈다(매우 타당한 반응이기도 하다). 다시 말해 요크는 친구들을 통한 신뢰와 평판 네트워크의 장점을 부각시키기보다 오히려 평판 네트워크의 단점(사생활 침해 우려)을 드러냈고 결국 사람들로부터 불안감을 조성했던 것이다. 요크는 의식적이든 아니든 사람들이 페이스북에서 자기 자신을 잘못 표현하는 경우가 많고, 그 결과는 데이터의 왜곡으로 나타날 수 있다는 점을 간과하고 말았다.

신생 데이트 사이트들이 평판 네트워크의 중요 요소를 획득하는 다음 단계에 들어서고 있다는 증거들이 드러나고 있다. 더컴플리트닷미(TheComplete.me) —아무래도 데이트 사이트를 열 때 가장 골칫거리는 사이트 이름인 것 같다— 는 요크와 마찬가지로 사용자의 공통점과 관심사를 참고하는데, 역시 SNS를 활용하여 누구의 포스팅을 좋아하고 누구와 답글을 주고받는가를 파악한다.[14] 또 어떤 사이트들은 사용자에게 불쾌감을 줄 수 있는 요소들을 제거한다. 예를 들어 '서클닷이에스(Circl.es)'(상당히 도전적인 작명 센스가 아닐 수 없다)는 페이스북 데이터에 크게 의존하고 있는데, 사용자의 사진에 기반한 데이트 시장 인터페이스를 사용하는 대신 사생활 보호 기능을 훨씬 강화했다.

미래의 사이트들이 당신의 SNS 평판(당신의 친구들은 당신에 대해 뭐라고 이야기하는가?)과 당신의 SNS에 대한 평판(사람들은 당신의 친구들에 대해 뭐라고 이야기하는가?)을 이용해 당신이 정말로 착한지, 약속을 잘 지키는지, 정직한지, 독신인지 등을 알아내리라는 사실은 자명해보인다. 그들은 당신의 친구와 전 애인 그리고 정부 기록에 이르기까지 남들이 당신을 어떻게 평가하는지를 알아내기 위해 페이스북과 트위터를 비롯한 모든 사이트를 샅샅이 뒤질 것이다. 그런 뒤 수집한 자료를 종합하고 분석해 각각의 특성에 대해 점수를 매길 것이다. 하지만 지금처럼 자기 보고에 의존하기보다 타인의 평가를 참조하게 되면 거짓과 왜곡된 자료를 보다 효과적으로 걸러내어 당신에게 어울리는 파트너를 훨씬 정확하게 예측할 수 있다. 당신에게 잘 맞는 사람이나 당신이 잘 맞출 수 있는 사람들을 쉽게 연결시킬 수 있는 것이다.

어찌 보면 이는 현대의 중매쟁이가 가족과 주변 친구들을 먼저 만

나보고, 편견 없는(혹은 적어도 편견이 적은) 시선으로 고객을 평가하고, 소개 대상의 뒷조사를 철저하게 하는 것과 비슷하다. 또 어떤 면에서는 작은 시골 마을 중매쟁이가 젊은 남녀를 짝지은 경험도 풍부하고 마을 주민들에 대해서라면 뭐든지 알고 있는 것과도 비슷하다.

만일 모든 친구들이 당신을 좋아하고 심지어 헤어진 옛날 애인마저 당신에 대해 따뜻하고 긍정적으로 말한다면, 진심으로 축하하는 바이다. 당신은 그에 대한 보상으로 여러 사람들과 즐거운 데이트를 할 기회를 얻게 될 것이다. 이미지를 바꾸기에 너무 이른 때란 없다. 당신에 대해 험담을 하는 사람이 있다면 가능한 한 빨리 화해하라. 목구멍에 데킬라를 퍼붓는 사진이 있다면 당장 지워라. 온라인에 글을 쓸 때는 문법과 철자에 신경 써라. 완벽할 필요는 없지만 적어도 형편없는 맞춤법으로 창피를 겪는 일은 없어야 한다. 옛날 옛적 마이스페이스(Myspace) 프로필의 '애인 있음'처럼 수년간 손도 대지 않은 오래된 정보가 있다면 빨리 지워버려라.

그리고 너무 거창한 기대는 하지 않는 편이 좋다. 아무리 정교한 컴퓨터 알고리즘이라도 감정적 문제를 예측하는 데 성공하기란 매우 어려운 일이다. 데이트나 남녀 관계에 관한 한 컴퓨터는 절대로 인간의 상호작용을 능가할 수 없다. 사람들은 컴퓨터는 결코 모방할 수 없는 방식으로 상대방에게서 매력이나 흥미를 느낄 것이며, 앞으로 얼마 동안은 여전히 우리 인간이 누가 누구를 만나고 사귈 것인지를 결정하게 될 것이다. 하지만 컴퓨터의 평판 점수 시스템은 강력한 필터

링 기능을 갖추고 있다. 만약 컴퓨터 알고리즘이 당신과 특정 인물이 어울리지 않는다고 판단한다면 미리 그 인물을 걸러낼 것이고, 그러면 당신은 그 사람이 당신과 같은 공간에 존재하는지조차 모른 채 지나치게 될 것이다. 당신은 그들의 프로필을 읽지도 못하고 그들 역시 당신의 프로필을 발견하지 못하며, 어쩌다 그렇게 됐는지 그 이유조차 알지 못한다. 단순한 입력 오류만으로 이런 일이 발생할 수도 있다. 가령 당신이 그룹 '캔자스(Kansas)'의 '홀드 온(Hold On)'이란 노래를 좋아한다고 적었는데 컴퓨터가 그것을 조나스 브라더스(Jonas Brothers)의 노래로 인식한다면 완전히 다른 결과가 도출될 것이다 (캔자스는 하드록밴드이고 조나스 브라더스는 보이밴드다. - 옮긴이).

마지막으로, 늘 신경을 곤두세우고 있어야 한다. 온라인 루머가 얼마나 빨리 확산되고 인터넷이 어떻게 맥락을 무시한 채 단편적인 정보만을 퍼트릴 수 있는지를 새삼 상기시킬 필요는 없으리라. 당신에게 필요한 것은 경각심이다. 구글 알리미 서비스를 사용하면 당신의 검색 결과가 바뀔 때마다 저절로 알 수 있다(간단하고, 쉽고, 게다가 무료다). 당신의 이름, 이름과 직장, 이름과 회사 또는 부서, 그 외에 생각나는 중요한 검색어로 알리미 기능을 설정해놓아라. 항상 인터넷을 감시하고 문제가 생길 때마다 적절한 행동을 취한다면 잘못된 정보가 퍼지기 전에 막을 수 있다. 온라인 세상에서든 다른 어떤 세상에서든, '아는 것이 힘'이다.

10 장

나에게 유리한 방식으로
게임의 룰을 바꿔라

– 평판경제에서 승자가 되는 전략

"상대방이 먼저 제안하는 내기에는 절대로 응하지 마라"는

조언은 오늘날의 평판경제에서도 유용하다.

이 전략을 당신의 평판에 적용하는 방식은 두 가지다.

첫째, 남들이 비교 기준을 선택하게 하지 마라.

만약 당신과 다른 부서의 관리자가 승진을 놓고 겨루고 있고,

당신의 경쟁자가 수익 성장률을 부각시키려 한다면 주의하는 게 좋다.

그가 하필 그것을 선택한 데에는 속셈이 있기 때문이다.

다른 사람이 비교 기준을 좌우하게 하지 마라.

둘째, 대화를 주도하게 되면 당신의 장점을 부각시켜라.

술집에서 처음 만난 낯선 사람이 내기 당구를 치자고 할 때, 얼씨구나 하고

달려든다면 당신은 바보다. 그것은 그가 당구를 잘하기 때문이다.

당신도 당신에게 유리한 것을 이용해라.

당신의 평판이 뜻밖의 벽에 부딪히더라도 미리 포기할 필요는 없다. 그런 점에서 온라인 평판은 은행 계좌보다 주식 투자 포트폴리오에 가깝다. 올라갈 수도 있고, 내려갈 수도 있으며, 심지어 바닥으로 추락하더라도 다시 오를 방법이 있다. 비결은 사전에 먼저 행동하는 것이다. 사람들의 판단을 통제할 수 있다면, 또는 말 그대로 대화의 내용을 좌우할 수 있다면 당신에게 유리한 쪽으로 방향을 바꿔라.

대화의 방향을 바꿔라

평판경제가 힘을 얻기 전으로 돌아가보자. 1990년대에 자동차 제조업체인 현대의 평판은 그야말로 바닥을 기고 있었다. 한국의 이 자동차 회사는 1986년에 '엑셀(Excel)' 모델을 내세워 미국 시장에 진출했다. 소형차인 엑셀은 초반에는 꽤 인기를 끌었고 첫해에만 16만 8,000대를 판매함으로써 미국 진출 첫해 최대 판매량이라는 신기록을 세웠다. 엑셀의 경쟁력은 낮은 가격에 있었다. 한 대의 가격이 4,995달러에 불과했던 엑셀은 대부분의 미국산 자동차보다 훨씬 저렴했고, 포드 타우러스에 비하면 절반, 1986년에 엄청난 인기를 끈 테디 럭스핀 곰인형 83개에 맞먹는 가격이었다.[1] 하지만 얼마 지나지 않아 엑셀은 저렴한 가격뿐만 아니라 (별로 놀랍지는 않지만) 부실한 내구성으로도 정평을 얻었다. 좌석 시트는 금방 해졌고, 본체 하부에는 녹이 슬었으며, 창문은 빡빡해서 늘 걸리기 일쑤였다.[2] 결국 1990년대가 되자 엑셀 판매량은 10만 대 이하로 떨어졌고, 현대는 자동차 시장에서 밀려나기 시작했다.

엎친 데 덮친 격으로 엑셀은 영화판에서도 농담거리가 되었다. 1992년 부동산업을 다룬 영화 〈글렌게리 글랜 로스Glengarry Glen Ross〉에서 알렉 볼드윈(Alec Baldwin)은 신참 세일즈맨에게 이렇게 말한다. "넌 오늘 여기 올 때 현대차를 몰고 왔지만 난 8만 달러짜리 BMW를 몬다고."(그리고 한 번 더 강조하기 위해 "내 시계가 네 자동차보다 더 비싸"라고까지 덧붙인다.)[3] 제이 레노(Jay Leno)는 현대 자동차를 모는 사람은 연료통에 기름을 채우는 것만으로도 자동차의 가치를 쉽게 높일 수 있다는 농담을 하기도 했다.

1990년대 현대차의 판매량이 연간 10만 대 이하에 머무른 데에는 1990년대가 중소 자동차 제조사에게 잔인한 시절이었다는 점도 일조했을 것이다. 지오(Geo)와 이글(Eagle)이 몰락했고 크라이슬러 (Chrysler)마저 연간 50만 대 이하의 판매량을 기록하며 비틀거렸다 (얼마 지나지 않아 크라이슬러는 다임러-벤츠Daimler-Benz와 합병했는데 많은 사람들이 독일 회사가 크라이슬러를 인수했다고 생각했다).[4] 1990년 대 후반만 해도 매년 140만 대씩 팔리던 플리머스(Plymouth) 브랜드 도 2001년에 폐기되었다.[5] 현대의 판매량과 영향력이 형편없어지자 자동차 매체들은 더 이상 현대에 대해 보도조차 하지 않았고, 심지어 월간 판매량 도표에 올리지도 않았다.[6] 의미는 분명했다. 현대가 평판 을 되살리지 못한다면 그들은 수익성 좋은 미국 시장에서 퇴출될 것 이 분명했다. 어쩌면 영원히 말이다.

이런 현실적인 위협 속에서 현대차의 판매량은 계속 감소했으며 가맹점의 손실은 더욱 늘어만 갔다. 이에 현대는 특단의 조치를 취하 기로 결심했다. 현대는 그들 자동차의 성능이 미국의 기준을 충분히 충족시킬 수 있음을 알고 있었다.[7] 현대 경영진은 고객들의 요구를 분석한 결과 품질적인 면에서 분명하고 뚜렷한 개선이 이뤄지고 있 었지만, 저품질이라는 평판을 회복시키기가 어렵다는 것도 알고 있 었다. 그래서 그들은 대중의 인식을 직접적으로 바꾸는 대신 더 바람 직한 전략을 취했다. 대중의 요구보다 먼저 움직임으로써 대화의 내 용을 바꿔버린 것이다. 1998년, 현대의 혁신적인 보증 정책이 온갖 신문의 1면을 장식했다. 모든 제품에 대해 그 누구도 들어본 적 없는

'10년, 10만 마일' 무상 보증 수리 정책을 제시한 것이다. 그와 더불어 모든 신형 자동차의 '10년 내구성'을 보증한다는 대대적인 광고 캠페인이 시작되었다.

지금이야 몇몇 자동차 회사도 긴 보증 기간을 자랑하고 있지만(최소한 어느 정도는) 당시만 해도 10년이라는 보증 기간은 업계 평균인 3년에 비하면 어마어마하게 파격적이었다. 싸구려에 금방 고장 난다는 인식을 지닌 회사였기에 대중이 받은 충격은 더욱 컸다. 어떻게 현대처럼 결함이 많기로 유명한 회사가 10년 무상 수리 보증이라는 카드를 들고 나올 수 있단 말인가? 현대의 미국 지사 CEO인 존 크라프칙(John Krafcik)은 그것을 "회사의 사활을 건 한 수"라 말했고, 실제로도 그랬다.[8]

그 결과 현대 자동차는 순식간에 자동차 시장 뉴스의 중심으로 떠올랐다.[9] 자동차 리뷰 전문 사이트인 에드먼드(Edmunds)는 현대의 보증 내용을 자세히 설명하고 구독자들에게 "다시 한 번 읽고 감동받아라"고 말하며 "현대의 신뢰성에 대한 어떤 의구심도 남김없이 없앨 수 있는 완벽한 정책"[10]이라고 표현했다. 어떤 이들은 "자동차업계 사상 가장 광범위한 소비자 보증 정책 중 하나"라고 표현했으며,[11] 심지어 펜실베이니아 벅스 카운티의 〈리딩 이글Reading Eagle〉 같은 지방지 마저도(평소 자동차 섹션의 머리기사: '리무진 운전사들, 시간 내에 뉴욕 필라델피아에 도착할 수 있는 비결을 밝히다') 현대의 보증 정책을 머리기사로 다뤘다.[12] 여기서 중요한 점은 실제로 현대 자동차의 품질이 개선되었느냐에 대해서는 아무도 신경 쓰지 않았다는 것이다. 언론은 현대의 보증 정책을 다른 수입 및 국내 자동차 회사와 비교하는 데 대부분의 지면을 할애했으며, 기사의 대부분은 현대에 대한 긍정적인 이야기로 채워졌다.

그들의 계략은 훌륭하게 적중했다. 1999년 현대 자동차의 판매량은 전년보다 82퍼센트 증가했다. 2006년에는 45만 대 이상이 판매됐는데, 미국 자동차 시장의 2.8퍼센트에 해당하는 수치였다. 2010년이 되자 수치는 다시 53만 대까지 치솟았고, 시장 점유율도 4.6퍼센트로 증가했다.[13] 2012년 현대는 미국 시장에서 70만 대의 판매 기록을 올려 닷지와 지프, 폭스바겐 같은 오랜 경쟁자들을 제쳤다. 실제로 2012년 현대의 판매량은 BMW와 메르세데스, 인피니티 같은 고급 자동차들의 판매량을 넘어섰다. 게다가 그들 모두를 합쳐서 말이다.[14]

물론 새로운 보증 정책만이 현대를 구한 것은 아니다. 경영진은 품질 관리에서부터 디자인, 가격에 이르기까지 다양한 차원에서 현명한 판단을 내렸다. 그러나 새로운 무상 수리 정책에 대한 대중의 반응이야말로 대화의 방향을 긍정적으로 돌려 낮은 품질로 유명한 브랜드 평판을 끌어올릴 수 있었던 요인이었다. 사람들은 더 이상 현대차의 품질에 대해 이야기하지 않았고, 그들의 무지막지하게 긴 보증 기간에 대해 말했다. 해지기 쉬운 좌석 시트와 말 안 듣는 뻑뻑한 창문을 불평할 수도 있지만, 보증 정책에 있어서만큼은 현대가 업계 리더라는 사실을 부정할 수는 없었다. 현대는 그들의 약점에 관한 부정적인 대화를 강점에 관한 긍정적인 대화로 바꾸는 데 성공한 것이다.

이 책의 전반에서 살펴봤듯이, 평판경제에서는 좋든 싫든 우리의 약점과 강점이 영원히 저장된다. 우리는 어떤 정보가 저장되고 저장되지 않을지 결정할 수는 없지만, 적어도 어떤 정보로—긍정적이든 부정적이든—사람들의 관심을 끌 것인지는 결정할 수 있다. 이 장에서는 그 비결에 관해 다룰 것이다.

충격 요법을 사용하라

현대 자동차의 '미국 최고의 무상 보증' 캠페인은 이미 널리 퍼져있는 인식에 도전하는 것에 대해 중요한 교훈을 알려준다. 기존의 사고방식을 깨트리기 위해서는 충격을 줘야 한다는 것이다. 현대 자동차는 단순히 보증 기간을 늘린 것만이 아니다. 그들은 보증 기간을 기존의 세 배로 늘린 동시에, 그 분야 최고의 경쟁사보다 두 배의 서비스를 약속함으로써 업계 전반에 충격을 선사했다. 그것은 단순히 좋은 보증 정책 정도가 아니라 사람들이 두고두고 회자할 만큼 훌륭한 정책이었다. 현대는 수입 자동차가 10만 마일 이상 달릴 수 있으리라고는 기대하지 않던 시절에 믿기 힘들 정도로 좋은 조건을 내밀었던 것이다.

주요 신문의 1면을 장식할 만큼 충격적인 이야기로 나쁜 평판을 내몰아낸다는 것은 다른 분야에서도 충분히 통하는 방법이다. 사실 평판경제 사회에서 눈에 띄게 화려한 홍보 활동은 종종 기존의 메시지를 효과적으로 잠재울 수 있는 반응을 이끌어낸다. 아무리 훌륭한 알고리즘을 가진 평판 엔진이라도 시끌벅적한 사건에 관심을 기울인다는 점에서는 인간과 똑같은 편견을 갖기 쉽다. 수집하거나 분석할 데이터가 그리 많지 않을 때에도 그런 사건에 이상하게 큰 비중을 두기 때문이다.

오래된 IT 회사들의 경우에도 이런 식으로 평판을 회복시켰던 일화가 있다. 1990년대에 전성기를 누렸던 야후는 2000년대에 들어서면서 서서히 쇠락했다. 야후 디렉토리는 구글 검색에 밀려났고 독자적인 검색 엔진을 운영할 힘도 없었다(야후는 마이크로소프트의 빙 엔진을 사용한다). 야후의 이메일은 구글의 지메일을 따라잡지 못했고 마이크로소프트의 엑스박스(Xbox)같은 하드웨어도 없었다. 결국 2010년대 초반 야후는 궁지에 몰렸다. 그들은 시대에 뒤처졌고, 발전도 없었으며, 더 이상 첨단도 아니었다. 빨리 특단의 조치를 취하지 않으면 새로운 인력을 모집하지도 못할 정도로 망가질 것이고, 이는 개발 역량의 하락을 몰고 올 것이며, 또다시 평판의 추락으로 이어질 것이다.

그리하여 2012년, 야후는 아무도 예상치 못한(심지어 자사의 최고 임원들조차도 모르게) 새로운 CEO를 영입함으로써 업계 전체에 참신한 충격을 던졌다. 후보 명단에 올라있던 모든 인재들을 배제하고 당시 구글 임원이었던 마리사 메이어(Marissa Mayer)를 고용한 것이다. 메이어를 CEO로 영입한다는 기사들이 일시적이나마 야후의 회생에 추진력을 부여하긴 했지만, 메이어가 야후의 재기를 위한 행동에 돌입한 순간 회사의 평판은 또다시 도마 위에 올랐다. 그녀의 혁신안은 회사 내에서 공공연한 적의와 반감에 부딪혔다. 그중에서 가장 눈에 띄는 것은 재택근무 금지 방침이었다. 실제로 이에 영향을 받는 직원은 소수에 불과했지만 그것은 상징적인 움직임으로 비쳐졌고, 각 언론사의 기자와 블로거들은 메이어가 야후에 '엄격함'이라는 새로운 회사 문화를 심음으로써 이미 사면초가에 몰린 직원들을 더욱 고립시키는 것 아니냐는 의심을 쏟아냈다. 재택근무 금지 방침이 내려진 지 일주일 뒤, 다소 불행한 시점에 메이어가 근무 중 자신의 아이들을 돌볼 수 있도록 사무실 옆에 놀이방을 설치했다는 사실이 밝혀졌다. 〈뉴욕 데일리 뉴스〉는 이런 머리기사를 내보냈다. "야후의 마리사 메이어가 직원들의 재택근무를 금지하고 자신의 사무실에는 놀이방을 설치해 직원들을 화나게 하다!"[15]

야후의 내부 방침과 관련해 두 번 연속 부정적인 이야기가 퍼지자 메이어는 언론의 관심을 다른 곳으로 돌릴 만한 화제가 필요하다는 사실을 깨달았다. 언론이 회사 내부 사정에 관해 두 눈을 부라리고 지켜보고 있는 이상 그녀는 야후를 구하는 데 필요한 변화를 일궈낼 수가 없었다.

기회는 유명한 마이크로블로깅 사이트 텀블러의 형태로 찾아왔다. 당시에 텀블러는 제일 잘나가는 소셜미디어 매체였고, 야후의 초라

하고 보잘것없는 소셜서비스(몇몇 게임 사이트와 더 이상 트렌디와는 거리가 먼 사진 공유 사이트 플리커)와는 완전히 대조적이었다. 메이어는 자신의 커리어와 사운을 건 도박으로 10억 달러라는 거금을 퍼부어 텀블러를 인수함으로써 새로운 미래를 향해 손을 내밀었다.

언론과 인터넷의 반응은 그야말로 즉각적이었다. 경제지들은 야후의 재기냐, 실패냐를 놓고 촉각을 곤두세우고 있었고, 메이어의 대담한 결단은 그들에게 근사한 스토리를 안겨주었다. 한 전문가는 메이어의 결정에 대해 "야후에 활력을 제공하는 움직임"이라고 평하며 "회사가 다시 실리콘밸리에 합류했다"고 말했다.[16]

굵직한 머리기사로 대중의 주목을 끈 야후와 메이어는 이제 회사에 관한 논의를 그들에게 유리한 방향으로 끌어올 수 있었다. 하지만 이런 전략을 취하기 위해 유명 회사의 CEO가 될 필요는 없다. 당신에 대한 사람들의 기대를 바꿀 수 있다면 당신에 대한 평가도 바꿀 수 있다. 회사에서 금요일 밤이면 무조건 술이나 푸는 사람으로 알려져 있는가? 그렇다면 자선 행사에 참가하거나 팀 교육에 매진하라. 식습관이 엉망이라는 평을 듣고 있는가? 크로스핏 운동 체육관에 가입해 동료들에게 크로스핏 운동 사진을 돌려라. 그들의 반응이 바로 당신이 원치 않는 정보를 지울 수 있는 지우개다. 스스로를 변명하거나 방어하려하지 말고 대화의 내용 자체를 바꿔라.

프레임을 주도하라

페이스북이 오리건 주 프린빌에 거대한 에너지 소비 데이터센터를 설립했을 때, 우리는 '논의가 시작되기 전에' 프레임을 마련해야 한다는 중요한 교훈을 배웠다. 페이스북닷컴을 방문할 때마다 당신의 컴퓨터는 저 멀리 어딘가에 존재하는 데이터센터에 자료를 요청한다. 데이터센터는 다양한 정보를 취합해—당신 친구의 활동 내역, 사진, 뉴스 업데이트 등—그것을 다시 당신에게 보낸다. 페이스북이 처음 문을 열었을 때 이 모든 활동은 마크 주커버그(Mark Zuckerberg)의 기숙사에 있는 한 대의 컴퓨터에 의해 통제되었다. 오늘날 페이스북은 수십 만의 동시 접속자들을 관리하기 위해 수만 대의 컴퓨터를 사용하고 있으며, 이들 컴퓨터는 거대한 데이터센터에 밀집해있다.

수만 대의 컴퓨터가 사용하는 동력은 그야말로 어마어마하다. 각각의 서버는 컴퓨터 화면 없이도 거의 500와트를 잡아먹는다. 2013년 페이스북은 약 6만 개의 서버를 운영하고 있었는데, 이 사실은 아주 중요한 질문을 던진다. "그것을 모두 어디에 둘 것인가?"[17]

페이스북은 오리건 주의 고지대 사막이 데이터센터를 세울 최적의 장소임을 깨달았다. 서늘한 기후는 냉방 비용을 줄여줄 것이고, 컴퓨터에 사용할 전력도 풍부했다. 하지만 건설 계획에 착수한 순간, 페이스북은 그들의 이미지에 심각한 손상이 생길지도 모른다는 사실을 깨달았다. 오리건은 오랫동안 환경 운동의 중심지였고(1990년대에 오리건의 환경주의자들이 부엉이 서식지를 둘러싸고 벌인 투쟁을 기억하는가?) 데이터센터는 막대한 동력을 소모했다. 프린빌 프로젝트의 첫 번째 단계는 15메가와트의 전력을 끌어오는 것이었다. 이 정도면 토고 섬의 전 국민이 사용하는 전력 소비량을 능가하는 양이다.[18] 기후 변화와 탄소 배출량이 화두인 시기에 이런 데이터센터를 오리건에 건설하는 것은 회사의 이미지 홍보에 있어 재앙에 가까웠다.

페이스북은 소문이 시끄럽게 퍼지기 전에 논의의 '프레임'을 미리 통제하기로 계획했다. 페이스북 홍보팀은 데이터센터에서 사용되는 총 전력 사용량(말 그대로 한 국가에서 사용하는 양보다도 많은)이 아니라, 사람들에게 호감을 줄 수 있는 통계에 초점을 맞추고─전력을 얼마나 효율적으로 사용하는가─그들의 '전력 효율성'이 높다는 사실을 언론에 반복적으로 노출시켰다. 이는 실로 창의적인 계획이었다. 그 결과 데이터센터는 실제로 어마어마한 양의 전력을 사용했지만 페이스북은 에너지를 매우 효율적으로 사용하는 기업으로 비쳐졌다. 덕분에 페이스북은 실질적으로 얼마나 많은 컴퓨터가 필요한지, 이렇게 하면 데이터를 얼마나 먼 곳에서 전송해야 하는지, 그리고 데이터센터 건설이 환경에 어떤 영향을 끼칠 것인지 등과 같은 질문들을 피할 수 있었다. 마감에 치여 사는 언론 역시 굳이 사실을 캐려 들지 않았다.

스토리를 완성하기 위해, 페이스북은 언론 매체를 대상으로 데이터센터의 전력 효율성에 집중한 흔치 않은 프로모션 투어를 기획했다.[19] 데이터센터를 방문한 기자들은 작은 태양광 시설을 지나(전력 공급에 별로 도움이 되지 않는) '전력 효율 지수(PUE)'가 실시간으로 측정되고 있는 장소를 견학했다.[20] PUE 측정 모니터 배경에는 데이터센터가 환경 친화적이라는 인상을 주기 위한 아름다운 오리건 호수의 풍경이 깔려있었다.

현대 자동차와 야후처럼 페이스북도 최소한 하나 이상의 충격적인 사실을 활용했다. 프린빌의 데이터센터에는 에어컨 시설이 없었다. 평범한 데이터센터는 프레온 가스를 쓰는 거대한 상업용 에어컨을 설치해 컴퓨터실의 온도를 낮춘다. 그러나 이 새로운 데이터센터는 물방울을 뿌려 온도를 낮추는 미스트 시스템을 갖추고 있었다. 시스템은 나름 훌륭하게 작동했다. 3층짜리 건물에 구름이 생성돼 비가 내리는 바람에 몇몇 컴퓨터에 합선이 일어나는 뜻밖의 사태가 발생하기 전까지는 말이다.[21] 그러나 어찌 보면 재앙이 될 수 있었던 이 사건은 도리어 페이스북의 평판을 높여주었다. 페이스북의 '클라우드' 컴퓨터센터에 진짜 '클라우드(구름)'가 생겼다는 이야기는 '친환경적인 데이터센터를 보유한 페이스북'이라는 이미지를 더욱 강화시켜주었다.

페이스북은 스스로 주도할 수 있는 영역—데이터센터를 '전력 효율 지수'를 최대화하는 방식으로 설계—에 초점을 맞춤으로써 그들이 통제할 수 없는 수백 개의 문제가 아닌 자신 있게 내세울 수 있는 한 가지 기준에 언론의 관심을 집중시켰다. 아무리 많은 데이터를 수집하고 분석하더라도 아무도 거기에 관심을 두지 않는다면 절대 피해를 보지 않는다는 사실을 보여준 것이다.

속지 말고 속여라

이처럼 장점에 관심을 집중시키는 것은(기존의 장점으로 효과가 없다면 아예 새로운 것을 만들어냄으로써) 기업뿐만 아니라 개인도 쉽게 사용할 수 있는 전략이다.

'술집에서 남의 시합에는 돈을 걸지 마라.'와 같은 오래된 충고를 잊지 마라. 이것은 사기를 피할 때는 물론 평판을 관리할 때에도 유용한 충고다. 원칙은 간단하다. 만약 술집에서 처음 보는 사람이 사근사근하게 굴며 내기 당구를 치자고 할 때, 얼씨구나 달려든다면 당신은 바보다. 설령 당신이 당구를 아주 잘 친다고 해도 낯선 사람이 당신을 찾아와 그런 제안을 한 데에는 그만한 이유가 있다. 그는 사기꾼이나 협잡꾼일 것이다. 20세기 초반에 활동하던 배우 윌리엄 A. 브레이디(William A. Brady)는 아마 〈뉴욕타임스〉에 자기가 얼마나 바보인지 털어놓은 최초의 인물일 것이다. 1901년에 그는 물건의 길이를 정확하게 맞힐 수 있다고 주장하는 사기꾼에게 깜박 속아넘어간 일화를 이야기하며(실제로 그 사람은 자신의 팔꿈치에서부터 손가락까지의 거리나 무릎에서 가랑이까지의 거리, 발 길이 등 대부분의 길이를 모두 외운 것으로 드러났다) 그 대가로 상당한 돈을 치러야 했다고 털어놓았다.[22] "상대방이 먼저 제안하는 내기에는 절대로 응하지 마라"는 브레이디의 조언은 오늘날의 평판경제에서도 유용하다.

이 전략을 당신의 평판에 적용하는 방식은 두 가지다. 첫째, 남들이 비교 기준을 선택하게 하지 마라. 만약 당신과 다른 부서의 관리자가 승진을 놓고 겨루고 있고, 당신의 경쟁자가 수익 성장률을 부각시키려 한다면 주의하는 게 좋다. 그가 하필 그것을 선택한 데에는 자신에게 유리한 무언가가 있기 때문이다.

둘째, 대화를 주도하게 되면 당신의 장점을 부각시켜라. 술집에서 만난 낯선 사람이 당신과 내기 당구(또는 물건의 크기를 맞추는 내기)를 하고 싶어 하는 이유는 그것이 그의 강점이기 때문이다. 그러므로 당신도 당신에게 유리한 것을 이용해라. 현대 자동차는 대화의 중심을 신뢰성에서 보증 기한으로 바꿨고, 야후는 진부함에서 새로운 CEO와 수십억짜리 사이트 인수로 이동시켰다. 현대와 야후는 품질이나 참신함이 아니라—둘 다 그들에게 불리한 것들—그들이 이길 수 있다고 생각한 게임을 했다.

당신에게도 다른 사람들보다 뛰어난 무언가가 반드시 존재한다. 가령 지금까지 수년간 사업을 운영했다면 적어도 그 분야에서는 다른 사람을 능가할 수 있을 것이다. 코스트코와 월마트를 보라. 월마트가 저렴한 가격에 있어 할인마트 시장의 일인자라는 사실은 부인할 수 없다. 심지어 그들의 공급망 효율은 세계 경영학계의 연구 대상이다. 그러나 코스트코는 월마트가 주도하는 게임에 참가하기를 거부함으로써 가격 경쟁력을 넘어 분명한 입지를 다졌다. 코스트코는 월마트와 정면으로 부딪히자 재빨리 직원들에게 더 높은 급여(월마트의 시급이 평균 10달러라면 코스트코는 17달러다)와 더 나은 복지 혜택을 제공하고 있다고 강조했다.[23] 사실 직원들이 급여를 많이 받더라도 그것이 고객에게 직접적인 혜택으로 전달되지는 않는다. 그렇지만 상관없다. 코스트코는 우리가 지금까지 말한 내용을 정확히 실천했다. 대화의 중심을 가격에서 가치로 옮겨간 것이다. 그들은 생활임금을 높이고 지역사회의 결속력을 강화했다.

회사가 내세울 수 있는 수단은 저렴한 가격과 높은 임금만이 아니다. 기업은 저렴한 가격 vs 건강식품, 폭넓은 선택 vs 지역 자본 등 수많은 프레임을 취할 수 있다. 회사의 모든 측면이 평가되고 점수로 환산되었을 때 결국 선택을 하는 것은 대중이다(저렴한 가격을 택할 것인가, 높은 생활임금을 택할 것인가? 싼 것이 좋은가, 건강식품이 좋은가? 규모를 선택할 것인가, 지역 상권을 선택할 것인가?) 그러므로 현명한 사업체라면 대화의 프레임을 유리한 쪽으로 짜야 할 것이다.

개인도 마찬가지다. 남들은 결코 이길 수 없는 쪽으로 평판에 대한 관심을 유도해라. 네 번 연속 이달의 직원으로 선출되었는가? 2년 연속 부서 최고의 판매 직원으로 선정되었는가? 성인이 된 후로 완벽한 신용도를 기록했는가? 감히 아무도 반론을 제기하거나 따라잡지 못할 만한 게 있다면 기꺼이 그것들을 과시하라. 또 최대한 큰 소리로 외쳐라.

무엇을 하든 구설수에 오르기를 바라면 당신이 할 수 있는 최선은 스스로 대화를 주도하고 주제를 선택하고 자기 자신을 최대한 밝고 화려하게 치장하는 것이다.

디지털 세상에서 기회는 평판이 만든다

우리는 평판경제라는 새로운 세상에 살고 있다.

눈 깜짝할 사이에 명성을 쌓고 또 잃어버릴 수도 있는,

당신의 일거수일투족이 추적되고 계산되고 측정되고 분석되며

클릭 한 번이면 누구든 이 세상 거의 모든 사람들에 관해

거의 모든 정보를 알아낼 수 있는 세상이다.

다양한 수단을 활용해 대중의 인식과 여론에 영향을 끼칠 수도 있지만,

결국 최고의 평판 관리 전략은 당신의 고용주와 고객에게

더 많은 가치를 부가하고 다른 사람들을 정당하게 대우하며,

사회적으로나 환경적으로 책임을 지는 것이다.

당신에게 있는 독특한 재능과 능력을 알리고, 평판 엔진을 작동시킬

원동력을 제공하고, 자신의 평판을 신중하게 다듬고 구축하라.

평판경제에서 한 가지 분명한 점이 있다면, 당신 같은 얼리 어답터나 혁신가들에게 유리한 기회를 선사한다는 것이다. 남들이 수치의 전당에서 몸부림치거나 전화번호부의 깨알 같은 글씨에 아직 갇혀있을 때, 당신은 세계적인 명성이나 평판을 쌓을 수 있다. 평판경제의 결실은 기업체나 사업가는 물론 평범한 개인에게도 달콤함을 선사한다. 10년 전만 해도 낯선 도시에서 얼굴 한번 본 적 없는 사람의 집에 묵고, 낯선 사람의 자동차를 현행 요금의 절반도 안 되는 가격으로 빌리고, 여행 안내책자에는 실려있지도 않은 숨은 맛집에서 또 다른 낯선 사람과 만나 식사를 한다는 것은 상상조차 못할 일이었다. 하지만 지금은 에어비앤비와 휠즈(Wheelz), 그럽위드어스(GrubWithUs) 덕분에 이 모든 일이 가능하다. 이런 서비스는 전적으로 사람들의 평판에 의존해 작동하고, 평판경제 전에는 불가능했던 거래들을—회사와 소비자 양쪽 모두에게 도움이 되는—가능케 한다.

이를테면 카우치서핑(Couchsurfing.org)은 여행자와 공짜 방문객을 반기는 사람들을 짝지어준다. 여행자는 집주인에게 재미있는 이야기나 요들 수업, 와인 한 병 등 능력껏 뭔가를 제공하고 하룻밤 묵을 곳을 얻는 것이다. 어딘가 히피스럽게 들리지만 이 사이트는 600만 명이상의 회원 수를 자랑한다(물론 그중에는 휴면 계정이나 탈퇴한 회원들도 있겠지만). 요는 이런 종류의 서비스가 사회적 평판에 기대고 있다는 것이다. 평판이라는 거름망이 존재하지 않는다면 현금을 받든 요들 수업을 받든 낯선 사람에게 현관문을 열어주는 것은(혹은 알지도 못하는 사람의 집에 묵는 것은) 엄청나게 위험한 일이다. 카우치서핑은 이러한 신뢰성 문제를 해결하기 위해 네트워크적으로 접근했다. 사이트의 설립자가 몇몇 친구들을 신뢰할 수 있는 사람으로 선택하고, 그들이 다시 다른 사람을 신뢰할 수 있는 친구로 지정하면 선택받은 이들이 또다시 신뢰할 수 있는 친구들을 지목한다. 그 결과 낯선 사람을 안심하고 집에 들일 수 있는 신뢰를 기반으로 한 거대한 커뮤니티가 생성된다. 친구의 친구를 통하면 결국 모두가 모두를 아는 셈이기 때문이다. 게다가 이것도 수많은 예시 중 하나일 뿐이다. 이처럼 평판을 바탕으로 운영할 수 있는 사업이나 서비스는 앞으로 무궁무진하고, 어쩌면 당신이 다음 세대의 선구자가 될지도 모른다.

물론 그렇게 되기 위해서는 극진한 노력이 필요하다. 평판만으로 구식의 사기 수법을 완전히 대체할 수는 없다. 하지만 평판경제에서는 충분한 시간과 노력을 들인다면 더욱 쉽게 사람들의 눈에 띌 수 있다. 음악가인 그렉 마이클 길리스(Greg Michael Gillis)를 보라. 그는 미국에서 가장 유명한 이과대학 중 하나인 케이스 웨스턴 리저브 대학에서 생물공학을 공부하는 한편, 뮤지션으로서의 경력도 쌓아나갔다. 프로젝트 그룹으로서 몇 번의 실패를 겪은 뒤, 그는 '걸 토크(Girl Talk)'라는 예명으로 솔로로 활동하기 시작했는데 얼마 안 가 '매시업계의 선구자'라는 평을 듣게 되었다(매시업은 여러 개의 서로 다른 곡을 조합하여 새로운 곡을 만드는 것이다).[1] 하지만 길리스는 앨범을 내는 데 그치지 않고 공학가로서의 삶을 포기하고 투어 공연에 뛰어들었다. 대부분의 시간을 길 위에서 보내며 사람들의 혼을 쏙 빼놓는(풍선과 폭죽, 두루마리 화장지가 날아다니고 무대 한가운데에서 미친 듯이 춤을 추다 그의 트레이드마크인 머리띠를 땀으로 흠뻑 적시는) 특유의 퍼포먼스로 가득 찬 무대를 만들었다. 위키피디아에 따르면 걸 토크는 매시업 앨범을 발표한 수많은 밴드 중에서 가장 '인지도 있는' 두 밴드 중 하나고,[2] 음악 잡지 〈바이브Vibe〉에 따르면 10대 매시업 앨범 목록에 두 개의 앨범을 올린(1위와 4위) 유일한 가수다.[3] 길리스가 풍부한 상상력과 음악적 재능을 지닌 것은 사실이지만, 그가 두각을 나타낼 수 있었던 것은 스튜디오와 공연 무대에서 독특한 브랜드를 구축하고 자신의 음악을 퍼트리기 위해 어마어마한 노력을 퍼부었기 때문이다.

길리스는 평판경제가 가져온 새로운 경제적 기회에 주목한 수많은 사람들 중 한 명일 뿐이다. 이런 기술을 수익성 사업으로 바꾸는 데

에는 아무런 제한도 없다. 물론 모든 사람이 사업이나 돈을 버는 데
만 관심을 갖고 있는 것은 아니며, 평판경제는 동전 한 푼도 들이지
않고 재미와 독특한 경험을 교환하는 데 관심이 있는 이들에게도 무
수한 기회를 가져다줄 것이다. 중요한 것은 이런 서비스들이 가장 재
미있다거나 수익성이 높다는 것이 아니라(비록 많은 경우 둘 모두 해당
되지만) 평판경제가 새로운 협력 모델을 형성하고 있다는 것이다. 실
제로 지금도 많은 서비스가 신뢰와 안전을 기반으로 돌아가고 있다.

호텔을 생각해보라. 호텔은 신뢰의 가장 간단한 형태라 할 수 있는
브랜드(퀄리티인Quality Inn, 모텔6Motel6, 포시즌Four Seasons)를 통해
고객들에게 이렇게 말한다. "우리에게는 일정 수준의 품질과 안전을
제공할 수 있는 수백 개의 객실이 있습니다." 브랜드에 따라 기준이
다르긴 하지만 당신은 어떤 도시에 가든 가장 가까운 홀리데이 인을
찾아갈 수 있고, 세계 어느 곳에 가도 (좋든 나쁘든) 똑같은 수준의 서
비스를 받을 수 있다. 하지만 에어비앤비와 같은 서비스는 대기업이
나 브랜드 이름 없이도 빌려주는 사람과 빌리는 사람에게 똑같은 수
준의 안전을 제공한다. 사실 에어비앤비 사이트에서는 사용자의 사
진과 사용 후기, 집주인의 훨씬 더 많은 사진과 후기, 집주인의 전적
등 홀리데이 인 웹사이트에서보다도 훨씬 더 많은 정보를 얻을 수 있
다. 시스템이 성장할수록 후기나 평점의 질과 양도 개선되고, 그 결과
양방에게 더욱 유용한 정보와 좋은 파트너를 제공할 수 있다.

다시 말하지만 이는 단순히 좋은 숙소를 찾거나 뛰어난 P2P 웹사

이트를 구축하는 것보다 더 큰 의미를 지닌다. 당신은 특정 분야에서 좋은 평판을 지니고 있거나 혹은 그럴 자격이 있는가? 오늘날의 평판경제에서는 중개가 필요한 분야라면 어디서든 누구나 선구자가 될 수 있다. 법조계만 해도 그렇다. 평판경제 이전에는 이미 명성 높은 변호사가 아닌 이상 잠재고객이 변호사에 대한 평판을 수소문하기가 어려웠다. 그런 공백을 메우기 위해 법률회사는 변호사의 능력을 보증하는 중개 역할뿐만 아니라, 그들 자신의 평판을 드높이는 창의적인 방법을 강구해야 했다. 그러나 변호사의 승소 기록에서부터 청구 금액, 법정에서의 처신에 이르기까지 다양한 평판에 대해 손쉽게 찾아볼 수 있는 세상이 되면 변호사는 더 이상 회사의 명성이나 평판에 기댈 필요가 없다. 그때부터는 자기 자신의 개인적인 평판만 신경 쓰면 된다.

평판경제는 사회에서는 이처럼 누구나 문 밖에 간판을 걸고 사업을 시작할 수 있다. 법률가든 미술 강사든 숙박 공유 서비스의 CEO든 상관없다. 앞으로의 평판경제에서 중개인은 설 곳을 잃고 쫓겨나게 될 것이다. 그러므로 기회를 붙잡고 싶다면 당신의 잠재력이 기존의 문지기와 정보 통합자들에 의해 어떻게 가로막혀있는지 알아보라. 그런 다음 과감하게 중개인을 무시하고 시장으로 곧장 나아가라.

당신이 어떤 분야에서 일하고 무슨 일을 하느냐에 따라 다르겠지만 우리는 평판을 이용해 중개인을 쫓아낼 수 있는, 아직 아무도 생각해내지 못한 분야가 반드시 존재하리라고 확신한다. 당신에게 가장 잘 어울리는 무언가를 찾아, 적극적으로 평판을 구축하고, 그것을 새로운 사업 기회로 활용하라. 여기 몇 가지 팁을 소개한다.

다른 사람들을 움직여라

그 어떤 사람이라도 자동차 나눠 타기 서비스나 법률 서비스를 제공할 수 있다면, 당신 역시 때가 되면 당신만의 사업을 시작할 수 있을 것이다. 물론 그렇게 간단한 일은 아니다. 평판경제가 발전하고 더 많은 사람들이 당신과 똑같은 사실을 깨닫게 될수록 경쟁자가 늘어날 것이기 때문이다. 그렇다면 당신은 스스로를 어떻게 포장해 사람들이 '프랑스어 강사'나 '최고의 그래픽 디자인 강사'를 찾을 때 당신의 이름이 떠오르게 만들 수 있을까? 가장 간단한 방법은 당신에게 만족한 고객들이 알아서 당신의 사업을 홍보해주거나(엔지스리스트나 또는 다른 적절한 곳에) 성공을 선전하게 하는 것(링크드인처럼 특화된 리뷰 사이트에)이다. 미국 서해안에 위치한 가구회사인 리빙 스페이스(Living Space)는 그런 전략을 활용하는 데 매우 탁월한 솜씨를 지니고 있다. 대기업도 아니고 소셜미디어에 많은 투자를 하지도 않는데 말이다. 리빙 스페이스는 다른 수많은 사업체처럼 상품을 구매하거나 배달받은 고객들에게 만족도 조사를 한 다음, 그 결과를 반영해 서비스를 개선한다. 하지만 이들은 여기에 매우 독특한 사항을 하나

더 추가했다. 고객들이 설문에 긍정적으로 대답하거나 높은 점수를 매기면 나중에 사용할 수 있는 쿠폰을 제공하면서 옐프에 리뷰를 올릴 것인지 추가로 묻는 것이다. 어찌 보면 쿠폰을 후기와 교환한다는 것이 다소 꺼려질지도 모르지만, 실제로 많은 사업체들이 후기나 평점, 또는 설문 조사 같은 피드백을 얻기 위해 오랫동안 이런 방법을 사용해왔다.

이 전략은 여러 면에서 훌륭한 효과를 거뒀다. 첫째, 리빙 스페이스는 그들의 서비스에 만족한 고객들이 좋은 후기를 남겼기 때문에 다른 많은 기업들이 직면하는 문제, 즉 서비스에 불만족한 고객들이 열심히 나쁜 후기를 남겨 결국 대중에게 잘못된 인상을 남기는 문제를 해결할 수 있었다. 둘째, 쿠폰으로 고객들이 다시 돌아오게 만들었다. 이것은 매우 고전적인 마케팅 수법이기도 하다. 그리고 마지막이자 가장 훌륭한 점은 고객들이 후기를 남기기 전에 쿠폰을 제공함으로써 고객들로부터 호의와 다른 한편으로는 부담감을 이끌어냈다는 것이다.

다수의 연구 조사에 따르면 선물을 받은 사람들은 뭔가 보답을 해야 한다는 부담감을 느낀다고 한다. 아니, 연구 조사까지 갈 필요도 없다. 행인들에게 꽃을 쥐여주며 기부를 부탁하는 하레 크리슈나(Hare Krishna)나, 동전을 보내면 달러 지폐가 날아올 것이라고 믿는 투자 단체들을 생각해보라(얼핏 보기엔 말도 안 되는 수법처럼 보일지 몰라도 여전히 많은 사람들이 이런 방법을 쓰고 있다는 사실은 이런 전략이 아직 통한다는 의미다). 리빙 스페이스의 경우 쿠폰을 받은 고객들은 뭔가 보답을 해야겠다는 생각을 하게 되고, 회사에 대해 더 긍정적인 느낌을 받게 되므로, 결국 좋은 후기를 쓰게 될 가능성이 크다(중요한 것은 이 과정에서 옐프의 규정을 어기지 않았다는 것이다. 그 누구도 후기에 대해서는 대가를 받지 않았다).

독특해져라

하지만 가장 긍정적인 방식으로, 누구보다 분명하게 눈에 띄고 싶다면 뭔가 독특하고 개인적인 특징을 보여주어야 한다. 사업가든 관리자든 전문직 종사자든 프리랜서든 아니면 그저 사적인 삶에서 앞서가려는 사람이든 상관없다. 성공의 물꼬를 트는 길은 결국 당신을 다른 사람의 틀에 맞추기보다 당신 자신이 되는 것이다. 평판경제의 가장 큰 장점은 그 기준이 다른 사람의 상자에 얼마나 잘 맞느냐가 아니라 자기 자신만의 독특함이 중심이라는 것이다. 예를 들어 당신이 요요 묘기를 부리는 세계 최고의 광대라고 하자. 평판경제가 도래하기 전에 당신의 주요 활동 영역은 가까운 동네였고, 요요 묘기와 광대를 모두 좋아하는 고객을 찾는 것은 정말이지 힘든 일이었다. 워낙 시장이 작았기 때문에 요요 묘기만 하거나 광대극만 해달라고 강요받은 적도 많았을 것이다. 하지만 평판경제에서라면 그 두 가지 모두에 관심을 가진 사람들을 비교적 쉽게 찾을 수 있다. 즉, 평판경제는 요요로 묘기를 부리는 광대라는 당신의 경쟁력을 향상시킬 것이며, 당신의 활동 시장 역시 넓혀줄 것이다. 당신은 명성을 널리 떨치고 굳이 좁은 동네에서 발버둥 칠 필요 없이 더 넓은 공간에서 당신만의 독특한 능력을 한껏 발휘할 수 있다.

당신이 요요 묘기를 부리는 광대가 아니더라도(만약 정말 그렇다면 제발 우리에게 전화 주시길) 어떤 독특한 기술이나 능력, 흥미, 특성을 지니고 있다면 같은 원리를 적용할 수 있다. 어쩌면 지금도 저 바깥 세상에서 당신의 능력을 간절히 필요로 하고 있는 사람이 있을지 모른다. 다른 사람이 원한다고 생각되는 기준에 맞추려 하지 말고, 자기 자신을 받아들이고 자신만의 독특한 특성을 홍보하고 널리 알려라.

구하라 그러면 얻을 것이다

우리는 평판경제라는 새로운 세상에 살고 있다. 눈 깜짝할 사이에 명성을 쌓고 또 잃어버릴 수도 있는, 당신의 일거수일투족이 추적되고 계산되고 측정되고 분석되며 클릭 한 번이면 누구든 이 세상 거의 모든 사람들에 관해 거의 모든 정보를 알아낼 수 있는 세상이다. 다양한 수단을 활용해 대중의 인식과 여론에 영향을 끼칠 수도 있지만, 결국 최고의 평판 관리 전략은 당신의 고용주와 고객에게 더 많은 가치를 부가하고 다른 사람들을 정당하게 대우하며, 사회적으로나 환경적으로 책임을 질 줄 아는 것이다. 당신에게 있는 독특한 재능과 능력을 알리고, 평판 엔진을 작동시킬 원동력을 제공하고, 자신의 평판을 신중하게 다듬고 구축하라.

1장 | 네가 어떤 삶을 살든 인터넷은 너를 알고 있다

▼

1. Sarah McBride, "Venture Capital Sees Big Returns on Big Data," *Huffington Post*, February 23, 2012, http://www.huffingtonpost.com/2012/02/23/venture-capital-sees-big-returns-on-big-data_n_1296519.html.

2. Jordan Novet, "Big Data Startups Pull in Big Money in 2013," *Venture Beat*, December 9, 2013, http://venturebeat.com/2013/12/09/big-data-startups-pull-in-big-money-in-2013/.

3. http://www.risk2reputation.com/files/Managing_Risks_to_Reputation_From_Theory_to_Practice.pdf@2. See also http://www.eiu.com/report_dl.asp?mode=fi&fi=1552294140.PDF@22.

4. Cory Doctorow, *Down and Out in the Magic Kingdom* (New York: St. Martin's Press, 2003), 14. The idea of a real-time view of somebody's reputation is not that far off; a smartphone can check Facebook instantly, and smartphone apps allow instant lookups of criminal histories for just a couple of dollars.

5. Ric Romero, "Are Insurance Companies Spying on Your Facebook Page?," ABC7, November, 7, 2011, http://abclocal.go.com/kabc/story?section=news/consumer&id=8422388.

6. Leslie Scism and Mark Maremont, "Insurers Test Data Profiles to Identify Risky Clients," *Wall Street Journal*, November 19, 2010, http://online.wsj.com/article/SB100 01424052748704648604575620750998072986.html?mod=googlenews_wsj.

7. Laura Mazzuca Toops, "Redlining Is Back—on the Web," *Property Casualty 360°*, February 9, 2012, http://www.propertycasualty360.com/2012/02/09/redlining-is-back—on-the-web?ref=hp.

8. 아메리칸 익스프레스는 최근 신용한도가 하향 축소된 한 고객에게 "당신이 최근 카드를 사용한 곳에서 물건을 구매한 다른 고객들의 신용 전적" 때문이라고 설명하며 그 사람 역시 신용도가 좋지 않음을 시사했다. Mike Stuckey, "AmEx Rates Credit Risk by Where You Live, shop," MSNBC, July 10, 2008, updated October 7, 2008, http://www.msnbc.msn.com/id/27055285/ns/business-stocks_and_economy/t/amex-rates-credit-risk-where-you-live-shop/#.T31TMDEgeQA.

9. Lori Andrews, "Facebook Is Using You," *New York Times*, February 4, 2012, http://www.nytimes.com/2012/02/05/opinion/sunday/facebook-is-using-you.html?_r=1&pagewanted=all.

10. Emily Steel, "Using Credit Cards to Target Web Ads," *Wall Street Journal*, October 25, 2011, http://online.wsj.com/article/SB1000142405297020400230457662703065133935 2.html.

11. 아직은 단순한 인구통계 데이터를 활용하는 데 그치고 있지만 라스베이거스의 "하늘"은 이미 단골 플레이어의 사진을 저장해 놓고 회원 카드와 비교한다. 개인의 데이터를 분류해 누가 언제 카지노의 어떤 구역에 갔는지 기록하고 갱신하는 것은 그리 어려운 일이 아니다. Shan Li and David Sarno, "Advertisers Start Using Facial Recognition to Tailor Pitches," *Los Angeles Times*, August 21, 2011, http://articles.latimes.com/2011/aug/21/business/la-fi-facial-recognition-20110821. David Thompson, coauthor of this book, is quoted in this article.

12. 이미 시행되고 있다. Scism and Maremont, "Insurers Test Data Profiles."

13. IMS 헬드 대 소렐 사건(2011)에서 대법원은 환자의 사생활보호를 들어 정보브로커들의 의약처방전 기록 접근을 방지하려는 버몬트 주의 법률을 기각했다. 대법원은 정보브로커에게도 언론의 자유가 있다고 판결했다.

▼

1. "IBM Card Storage," photo, 1959, *Wikipedia*, https://en.wikipedia.org/wiki/File:IBM_card_storage.NARA.jpg.

2. Ryan Lawler, "Netflix Moves into the Cloud with Amazon Web Services," *Gigaom*, May 7, 2010, http://gigaom.com/2010/05/07/netflix-moves-into-the-cloud-with-amazon-web-services/.

3. Lucas Mearian, "Scientists Calculate Total Data Stored to Date: 295+ Exabytes," *Computerworld*, Februrary 14, 2011, http://www.computerworld.com/s/article/9209158/Scientists_calculate_total _data_stored_to_date_295_exabytes.

4. Jon Stewart, "Global Data Storage Calculated at 295 Exabytes," BBC News, February 11, 2011, http://www.bbc.co.uk/news/technology-12419672.

5. A 6.25-terabyte tape cartridge is available at TapeResources.com for $110, http://www.tapesources.com/FJ-LTO-6.html.

6. Todd Bishop, "Microsoft Offers More Storage on Free Hotmail," *Seattle Post-intelligencer*, June 23, 2004, http://seattlepi.com/business/article/Microsoft-offers-more-storage-on-free-Hotmail-1147847.php.

7. Rob Waugh, "'Deleted' Facebook Photos Still Viewable Three Years Later," *Daily Mail*, February 6, 2012, http://www.dailymail.co.uk/sciencetech/article-2097005/Deleted-Facebook-photos-online-years-later—company-STILL-wont-fix-fault-systems.html.

8. David G. Savage, "Parents Cleared of False Allegations Remain on State's Child Abuser List," *Los Angeles Times*, February 23, 2010, http://www.latimes.com/news/local/la-me-court-registration23-2010feb23,0,5147585.story.

9. Will Reisman, "Muni Expanding Camera Program to Nab Drivers in Transit-Only Lanes," *San Francisco Examiner*, February 10, 2012, http://www.sfexaminer.com/sanfrancisco/muni-expanding-camera-program-to-nab-drivers-in transit-only-lanes/Content?oid=2194760.

10. National Vehicle Locator, http://ddq74coujkv1i.cloudfront.net/_misc/PDFs/National-Veh-Locator.pdf.

11. Artem Yankov, "How to Find Facebook Users on Match.com by Using Face Recognition Tolls," *Experimental Coding*, February 26, 2014, http://artemyankov.com/post/18307807152/how-to-find-facebook-users-on-match-com-by-using-face.

12. Stephanie Clifford and Jessica Silver-Greenberg, "Business Retailers Use Databases to Track Worker Thefts," *New York Times*, April 2, 2013, http://www.nytimes.com/2013/04/03/business/retailers-use-databases-to-track-worker-thefts.html?pagewanted=all&_r=2&.

3장 | 구글과 페이스북에서 당신은 몇 점짜리 인생인가

▼

1. Jeffrey Dean and Sanjay Ghemawat, "MapReduce: Simplified Data Processing on Large Clusters," USENIX Association, https://www.usenix.org/legacy/event/osdi04/tech/full_papers/dean/dean.pdf.
2. http://www.infoq.com/interviews/wiggins-heroku-ec2-cloud.
3. http://www.computerworld.com/s/article/9209158/Scientists_calculate_total_data_stored_to_date_295_exabytes.
4. http://www.bbc.co.uk/news/technology-12419672.
5. https://www.facebook.com/note.php?note_id=16121578919.
6. http://www.seattlepi.com/business/article/Microsoft-offers-more-storage-on-free-Hotmail-1147847.php.
7. "Apache Hadoop," *Wikipedia*, http://en.wikipedia.org/w/index/php?title=Apache_Hadoop&oldid=552614060#Facebook (accessed April 7, 2014).
8. Charles Babcock, "Yahoo and Hadoop: In It for the Long Term," *InformationWeek*, June 15, 2012, http://www.informationweek.com/development/database/yahoo-and-hadoop-in-it-for-the-long-term/240002133.
9. "Six Super-scale Hadoop Deployments," *Datanami*, April 26, 2012, http://www.datanami.com/datanami/2012-04-26/six_super-scale_hadoop_deployments.html,2.
10. Derrick Harris, "10 Ways Companies Are Using Hadoop for More Than Ads," *Gigaom*, June 5, 2012, http://gigaom.com/2012/06/05/10-ways-companies-are-using-hadoop-to-do-more-than-serve-ads/.
11. "Six Super-scale Hadoop Deployments," 7.
12. Craig Allen, "Data Supplements: How Much Should You Gather on Your Customers?," Delphi Analytics, April 17, 2013, http://www.delphianalytics.net/data-supplements-how-much-should-you-gather-on-your-customers/.
13. Tim Gruber, "Electronic Scores Rank Consumers by potential Value," *New York*

Times, August 18, 2012, http://www.nytimes.com/2012/08/19/business/electronic-scores-rank-consumers-by-potential-value.html?ref=natashasinger.

14. eBureau, "eScore's" data sheet, http://www.ebureau.com/sites/default/files/file/datasheets/ebureau_escore_datasheet.pdf.

15. "Very Personal Finance," *Economist*, June 2, 2012, http://www.economist.com/node/21556263.

16. Joseph Walker, "Data Mining to Recruit Sick People," *Wall Street Journal*, December 17, 2013, http://online.wsj.com/news/articles/SB100014240527023037221045792401 40554518458.

17. Lyneka Little, "Court Okays Facebook Party Photos in Workers Comp Claim," ABC News, February 3, 2012, http://abcnews.go.com/blogs/business/2012/02/court-okays-facebook-party-photoes-in-workers-comp-claim/.

18. Joan E. Collier, "California Woman Found Guilty of Workers' Compensation Fraud," Workers' Compensation Institute, May 9, 2012, http://www.wci360.com/news/article/california-woman-found-guilty-of-workers-compensation-fraud#. UYTAPbV8nng.

19. "Very Personal Finance."

20. Kate Freeman, "Klout Ranks the Time 100: Guess Who's#1?," *Mashable*, April 20, 2012, http://*mashable.com*/2012/04/20/klout-time-magazine-100/.

21. Nicholas A. Christakis and James H. Fowler, "The Spread of Obesity in a Large social Network over 32 years," *New England Journal of Medicine* 357, no. 4 (2007): 370-79.

22. "Facebook Abstainers Could Be Labeled Suspicious," *Slashdot*, n.d., http://tech. slashdot.org/story/12/07/29/1627203/facebook-abstainers-could-be-labeled-suspicious (accessed April 7, 2014.)

4장 | 필리핀 밤무대 가수가 어떻게 세계적 록스타가 되었을까

▼

1. "Faithfully," by Arnel Pineda with the Zoo Band, uploaded to YouTube July 26, 2008, http://www.youtube.com/watch?v=ragdoUO6s5w(14—/ 979+ as of last review).

2. "A Journey Back," CBS News, June 1, 2008, http://www.cbsnews.com/8301-3445_162-4142967.html.

3. "Cheapest Audition Ever: Journey Searches YouTube, Finds New Lead Singer,"

Stereogum, December 6, 2007, http://stereogum.com/7402/cheapest_audition_ever_journey_searches_youtube_fi/video/.

4. "A Journey Back," CBS News.

5. "Mars One," *Wikipedia*, http://en.wikipedia.org/wiki/Mars_One(accessed April 7, 2014).

6. Alison Doyle, "The Number of Job Applications per Opening," About.com, August 18, 2013, http://jobsearch.about.com/b/2013/08/18/the-number-of-job-applications-per-opening.htm.

7. "Are Emily and Greg More Employable Than Lakisha and Jamal? A Field Experiment on Labor Market Discrimination," *American Economic Review* 94 (2004): 991, 992, http://www2.econ.iastate.edu/classes/econ321/orazem/bertrand_emily.pdf.

8. 웹사이트는 http://images.google.com/이다.

5장 | 앤디 워홀이라면 인터넷 시대에 어떻게 평판을 관리했을까

▼

1. See, e.g., Andy Warhol, "Illustration of Shoe and Belt," *McCall's*, October 1953, uploaded to Flickr, December 6, 2008, http://www.flickr.com/photos/23097960@N04/3087751263/in/photostream/.

2. 첫 일자리에서는 업무 능력의 격차가 어마어마하기 때문에 때로는 가장 훌륭한 평가를 받은 지원자가 겨우 일주일 만에 직장생활에 적합하지 않다는 사실이 뚜렷이 드러나기도 한다.

3. See the segment on Sam Lassin on John Tozzi, Stacy Perman, and Nick Leiber, "2009 Finalists: America's Best Entrepreneurs," *Businessweek*, October 6, 2009, http://images.businesswe.com/ss/09/10/1009_entrepreneurs_25_and_under/7.htm.

4. Among many, Don Moore, "Stop Being Deceived By Interviews When You're Hiring," *Forbes*, February 7, 2012, http://www.forbes.com/sites/forbesleadershipforum/2012/02/07/stop-being-deceived-by-interviews-when-youre-hiring/.

5. Kevin Bonsor, "How the NFL Draft Works," *How Stuff Works*, n.d., http://entertainment.howstuffworks.com/nfl-draft4.htm.

6. Pamela Hawley, "How to Save Yourself the High Cost of a Wrong Hire," *Fast Company*, May 9, 2012, http://www.fastcompany.com/1836623/how-save-yourself-high-cost-wrong-hire.

7. "The ROI of Background Screening: Making Financial Success of 'Best Practices,'" *HR Management Magazine*, https://www.e-verifile.com/doc/eFYI-ARTICLE-HRMgt-

ROIofBckgrdScreening.pdf.

8. "Court Okays Barring High IQs for Cops," ABC News, September 8, 2000, http://abcnews.go.com/US/court-oks-barring-high-iqs-cops/story?id=95836.

9. M. J. Fry, Andrew W. Lundberg, and Jeffrey W. Ohlmann, "A Player Selection Heuristic for a Sports League Draft," *Journal of Quantitative Analysis* on Sports 3, no. 2 (2007), http://people.emich.edu/aross15/math319/player-selection-heuristic-sports-league-draft.pdf.

6장 | 기업은 수석 졸업생보다 하버드 꼴찌를 선호한다?

▼

1. https://nces.ed.gov/programs/digest/d12/tables/dt12_236.asp.

2. "China Has 25 Million College Students," Xinhua, October 18, 2007, http://www.china.org.cn/english/China/228657.htm.

3. U.S Census Bureau, *Number Enrolled in College by Type of school and Enrollment Status*, *1970-2011*, http://www.census.gov/hhes/school/data/cps/historical/TableA-7.pdf.

4. "Tuition Inflation," *FinAid*, 2014, http://www.finaid.org/savings/tuition-inflation.phtml.

5. National Center for Educational Statistics, *Digest of Education Statistics*, 2011, NCES 2012001 (Washington, DC, 2012), 532 and subsequent charts.

6. Richard Arum and Josipa Roksa, "Are Undergraduates Actually Learning Anything?," *Chronicle of higher Education*, January 18, 2011, http://chronicle.com/article/Are-Undergraduates-Actually/125979/.

7. Derek Bok, *Our UnderAchieving Colleges: A Candid Look at How Much Students Learn and Why They Should Be Learning More* (Princeton, NJ: Princeton University Press, 2006).

8. See Derek Bok, "Are Colleges Failing? Higher Ed Needs New Lesson Plans," *Boston Globe*, December 18, 2005, http://www.boston.com/news/education/higher/articles/2005/12/18/are_colleges_failing/?page=full.

9. University of Texas at Austin, "Budget 101: How the Money Gets Used," last updated May 16, 2011, http://www.utexas.edu/finances/money-used.html.

10. Ohio State University, "Statistical Summary," 2013, http://www.osu.edu/osutoday/stuinfo.php.

11. W. Craig Riddell, "Understanding 'Sheepskin Effects' in the Returns to Education," Paper for presentation at the CLSRN Workshop, University of Toronto, November 18-19, 2008, http://www.clsrn.econ.ubc.ca/hrsdc/papers/Paper%20no.%202%20-%20Craig%20Riddell%20-%20Sheepskin%20Effects.pdf.

12. Bryan Caplan, "The Present Value of a Sheepskin," Library of Economics and Liberty, http://econlog.econlib.org/archives/2012/01/the_present_val.html.

13. For example, "Validity," *Assessment Decision Guide*, U.S. Office of Personnel Management, http://apps.opm.gov/ADT/Content.aspx?page=2-02&JScript=1.

14. Vikrant Soman and Anmol Madan, "Social Signaling: Predicting the Outcome of Job Interviews from Vocal Tone and Prosody," http://web.media.mit.edu/~anmol/ICASSP_interviews_v12.pdf.

15. Alison Doyle, "The Number of Job Applications Per Opening," Job Searching, About.com, http://jobsearch.about.com/b/2013/08/18/the-number-of-job-applications-per-opening.htm.

16. 예를 들면 보스턴대 로스쿨은 잠재 고용주에게 인터뷰 대상의 75퍼센트를 선택하게 하지만 나머지 25퍼센트는 무작위로 선정한다. http://www.bc.edu/schools/law/services/career/employers/oncampusinterviews.html.

17. Posting on *Gadball*, http://www.gadball.com/job/26306262/reserch-and-operations-s/.

18. Salary:divide $1 million by number of years. David A. Kaplan, "Bill Gates' Favorite Teacher," *CNN Money*, August 24, 2010. http://money.cnn.com/2010/08/23/technology/sal_khan_academy.fortune/index.htm

19. Khan Academy website, https://www.khanacademy.org/about.

20. Kaplan, "Bill Gates' Favorite Teacher."

21. "Khan Academy Founder Proposes a New Type of College," *Chronicle of Higher Education*, November 29, 2012, http://chronicle.com/blogs/wiredcampus/khan-academy-founder-proposes-a-new-type-of-college/41160.

22. 당시에는 모든 우편물이 나름 최신이던 영국우편제도를 통해 배달되었다. "Getting the Word Out: Franklin's Communications Revolutions," The E Pluribus Unum Project, Assumption College, http://www.assumption.edu./ahc/1770s/pcomcircuit.html.

23. Salman Khan, "My View: The Future of Credentials,"CNN.com, October 4, 2012, http://schoolsofthought.blogs.cnn.com/2012/10/04/my-view-the-future-of-credentials/.

24. VORP는 탑 마이너리그 이상의 선수 또는 그를 대체할 수 있는 웨이버 명단 선수가 낼 수

있는 시즌당 추가 득점 혹은 승수로 계산한다. 영화 〈머니볼〉로 유명해진 세이버매트릭스의 핵심이기도 하다.

25. Jackie MacMullan, "Burning Desire," *Boston Globe*, October 7, 2009, http://www.boston.com/sports/baseball/redsox/articles/2009/10/07/red_sox_youkilis_has_burning_desire/?page=full.

26. "Lifetime Earnings: College Graduates Still Earn More," National Association of College and University Business Officers, October 18, 2012, http://www.nacubo.org/Rsearch/Research_News/Lifetime_Earnings_College_Graduates_Still_Earn_More.html.

27. Glen Tickle, "The Story Behind This Robotic Butt," *Geekosystem*, November 12, 2013, http://www.geekosystem.com/robot-butt-simulator/.

7장 | VIP는 돈이 아니라 평판이 결정한다

▼

1. Project Glass video on YouTube, http://www.youtube.com/watch?v=9c6W4CC9M4.

2. Anna Breslaw, "New STD-Free Certification App Invented for the Youngs," *Jezebel*, December 26, 2012, http://jezebel.com/5971182/new-std+free-certificatipm-app-invented-for-the-youngs.

3. Seth Porges, "Read These Tips, or Nobody Will Ever Let You Be an Airbnb Guest Again," *Gizmodo*, June 14, 2012, http://gizmodo.com/5918204/read-these-tips-or-nobody-will-ever-let-you-be-an-airbnb-guest-again.

4. Beth Spotswood, "Tourist Trapped: Getting Dumped by OpenTable.com," *SFGate*, September 19, 2011, blog.sfgate.com/culture/2011/09/19/tourist-trapped-getting-dumped-by-opentable-com.

5. Gregory Ferenstein, "Facedeals: Check-In on Facebook with Facial Recognition. Creepy or Awesome?," *TechCrunch*, August 10, 2012, http://techcrunch.com/2012/08/10/facedeals-check-in-on-facebook-with-facial-recognition-creepy-or-awesome/.

6. Kashmir Hill, "How Target Figured Out a Teen Girl Was Pregnant Before Her Father Did," *Forbes*, February 16, 2012, http://www.forbes.com/sites/kashmirhill/2012/02/16/how-target-figured-out-a -teen-girl-was-pregnant-before-her-father-did/.

7. Edward Stringham, "Ex Ante Risk Management by Paypal and Other Intermediaries:

How Technologically Advanced Markets Can Work Even When Fraud Is 'Legal,'"
http://econ.as.nyu.edu/docs/IO/26327/Stringham_09172012.pdf.

8. Cash America 2011 Form 10-K, p. 53, http://www.cashmerica.com/Files/Annual%20
    reports/Cash%20Amernca%202011%20Annual%20Report.pdf.

9. Mark Flannery and Katherine Samolyk, "Pay Lending: Do the Costs Justify the Price?,"
    working paper, FDIC Center for Financial Research, june 2005, p. 16, http://ww.fdic.
    gov/bank/analytical/cfr/2005/wp2005/cfrwp_2005-09_flannery_samolyk.pdf.

10. Tim Lewis, "With Wonga, Your Prosperity Could count on an Algorithm," *Guardian*,
    October 15, 2011, http://www.guardian.co.uk/money/2011/oct/16/wonga-
    algorithm-lending-debt-data.

11. Mary Elizabeth Williams, "What Really Happened to Sunil Tripathi?," *Salon*, April 24,
    2013, http://ww.salon.com/2013/04/24/what_really_happened_to_sunil_tripathi/.

8장 | NBA 스타를 베이비시터로 고용해도 괜찮을까

▼

1. 스쿼트 능력이 많은 스포츠에 필수적인 단거리 질주 능력과 상관관계가 있음을 보여주
    는 연구 결과가 있다. 다음의 예를 참고하라. Jeffrey M. McBride et al., "Relationship
    Between Maximal Squat Strength and Five, Ten, and Forty Yard Sprint Times," *Journal
    of Strength and Conditioning Research*, September 2009, http://libres.uncg.edu/ir/
    asu/f/Triplett_Travis_2009_Relationship_Between_Maximal.pdf.

2. Cindy Zhan, "The Correlation Between Music and Math: A Neurobiology Perspective,"
    Serendip, January 16, 2008, http://serendip.brynmawr.edu/exchange/node/1869.

3. David B. Gross and Nicholas S. Souleles, "An Empirical Analysis of Personal
    Bankruptcy and Delinquency," *Review of Financial Studies*, Spring 2002, note 1,
    http://finance.wharton.upenn.edu/~souleles/research/papers/Default_RFSversion.
    pdf.

4. Scott Fay, Erik Hurst, and Michelle J. White, "The Household Bankruptcy Decision,"
    American Economic Review, June 2002, 706-718, http://scholar.google.com/schol
    ar?cluster=6640412969679321777&hl=en&as_sdt=0,5&as_vis=1 (page 8, citing Visa
    1997).

5. http://faculty.chicagobooth.edu/workshops/finance/archive/pdf/negative_eq.july.
    pdf.

9장 | 디지털 흔적이 지워지지 않기 때문에 주의해야 할 것들

▼

1. See Michael Fertick and David Thompson, *Wild West 2.0: How to Protect and Restore Your Reputation on the Untamed Social Frontier* (New York: AMACOM, 2010), pp. 56-57.

2. For example: https://twitter.com/TMn/?status/226619997953331200.

3. Salvador Rodriguez, "Swedish Firm's Apple Hoax Shows Gullibility of Online Readers," *Los Angeles Times*, August 14, 2012, http://articles.latimes.com/2012/aug/14/business/la-fi-tn -apple-hoax-20120814.

4. Curt Finch, "The Klout Score, a Way to Measure Online Influence," Inc.com January 21, 2011, http://www.inc.com/tech-blog/the-klout-score-a-way-to-measure-online-influence.html; Jay Baer, "Solving Klout's 'Warren Buffett Problem,'" Convince and Convert, March 29, 2013, http://www.convinceandconvert.com/social-pros-podcast/solving-klouts-warren-buffett-problem/.

5. "Berkshire Hathaway Annual Meeting Keeps Growing," *Bloomberg Businessweek*, May 4, 2013, http://www.businessweek.com/ap/2013-05-04/berkshire-hathaway-annual-meeting-keeps-growing.

6. https://twitter.com/LesleyHauler.

7. http://Klout.com/LesleyHauler.

8. Adriaan Plezer, "Klout Is Broken," RAAK, December 2, 2010, http://wewillraakyou.com/2010/12/klout-is-broken.

9. http://www.neilkodner.com/2010/12/my-twitter-bots-tens-of-thousands-of-followers-cant-be-wrong/.

10. http://s.nyu.edu/trackmenot/#version.

11. Reuven Cohen, "Dept. of Homeland Security Forced to Release List of Keywords Used to Monitor Social Networking Sites," *Forbes*, May 26, 2012, http://www.forbes.com/sites/reuvencohen/2012/05/26/department-of-homeland-security-forced-to-release-list-of-keywords-used-to-monitor-social-networking-sites/2/.

12. 참고로 저작물을 찾는다면 다음 도메인에서 정보를 찾을 수 있다. xina.114.at/lock4494.html.

13. Josh Constine, "BuzzFeed's First Acquisition Kingfish Labs Could Make Its FB Ads Go More Viral Than Football Cats," *TechCrunch*, September 13, 2012, http://techcrunch.com/2012/09/13/buzzfeed-kingfish-labs.

14. Eric Eldon, "TheComplete.me Launches Social Dating Site, Mathches with $1.22M from Industry Leaders," *TechCrunch*, April 16, 2012, http://techcrunch.com/2012/04/16/thecomplete-me-launches-social-dating-site-matches-with-1-22m-from-industry-leaders.

10장 | 나에게 유리한 방식으로 게임의 룰을 바꿔라

▼

1. Sid Kirchheimer, "Where's Teddy Now?," *South Florida Sun-Sentinel*, April 22, 1987, http://articles.sun-sentinel.com/1987-04-22/features/8701250837_1_teddy-ruxpin-toy-store-toy-chest.

2. Don southerton, "Part 2—Hyundai, the Excel, and the 1986 U.S. Launch," *Bridging Culture Worldwide*, April 28, 2012, http:// bridgingculturekorea.blogspot.com/2012/04/Hyundai-excel-and-1986-us-launch.html.

3. "Glengarry Glen Ross (film)," *Wikiquote*, http://en.wikiquote.org/wiki/Glengarry_Glen_Ross_(film).

4. Bill Vlasic and Bradley A. Stertz, Taken for a Ride: *How Daimler-Benz Drove Off with Chrysler* (New York: William Morrow, 2000), excerpt at http://www.businessweek.com/2000/00_23/b3684147.htm.

5. "U.S. Automobile Production Figures," *Wikipedia*, http://en.wikipedia.org/wiki/U.S._Automobile_Production_Figures.

6. Robyn Meredith, "Sales by Ford Aid a Strong September for Auto Makers," *New York Times*, October 4, 1996, http://www.nytimes.com/1996/10/04/business/sales-by-ford-aid-a-strong-september-for-auto-makers.html; Robyn Meredith, "Auto Makers Fell Shy of Expectations," *New York Times*, November 6, 1006, http://www.nytimes.com/1996/11/06/business/auto-makers-fell-shy-of-expectations.html.

7. Michelle Krebs, "To Counter Stigma, Hyundai Bolsters Warranty," *New York Times*, November 8, 1998, http://www.nytimes.com/1998/11/08/automobiles/to-counter-stigma-hyundai-bolsters-warranty.html.

8. Tom Krisher, "How Hyundai Went from Joke to Contender in US," *Arizona Republic*, April 12, 2012, http://www.azcentral.com/arizonarepublic/business/articles/20120412how-hyundai-went-from-joke-contender-us.html.

9. Krebs, "To Counter Stigma, Hyundai Bolsters Warranty."

10. Greg Anderson, "Sonata Great car, But Sonata Bad Car," Edmunds.com, January 1, 1999, http://ww.edmunds.com/hyundai/sonata/1999/road-test.html.

11. Dave Boe, "Hyundai Announces New 10-year Warranty Program," *Chicago Daily Herald*, November 9, 1998, http://nl.newsbank.com/nl-search/we/Archives?p_product=ADHB&p_theme=adhb&p_action=search&p_maxdocs=200&p_topdoc=1&p_text_direct-0=0ED028F5D5CF884B&p_field_direct-0=document_id&p_perpage=10&p_sort=YMD_date:D&s_trackval=GooglePM.

12. See article at http://news.google.com/newspapers?id=iRgiAAAAIBAJ&sjid=MaYFAAA AIBAJ&pg=4931,5947705&dq=hyundai+warranty&hl=en.

13. Andrew Peterson, "Hyundai, Kia Set New Records in 2010 with Sales of 538,228 and 356,268 Vehicles Respectively," *Motor Trend*, January 4, 2011, http://wot.motortrend. com/hyundai-kia-set-new-records-2010-sales-538228-356268-vehicles-respectively-21926.html#axzz2cgKi8NXY.

14. Timothy Cain, "2012 Year End United States Auto Sales Brand Rankings," *Good Car Bad Car*, January 3, 2013, http://www.goodcarbadcar.net/2013/01/2012-usa-auto-sales-brand-ranking.html.

15. Corky Siemaszko, "Yahoo! Honcha Marissa Mayer Outrages Minions by Building Nursery Near Her Office After Barring Employess Working From Home," *New York Daily News*, February 27, 2013, http://www.nydailynews.com/news/national/yahoo-nurserygate-article-1.1275069.

16. Jon Swartz and Nancy Blair, "Analysis: Reported Tumblr Deal a Bold Move for Yahoo," *USA Today*, May 19, 2013, http://ww.usatoday.com/story/tech/2013/05/19/yahoo-tumblr-analysis/2324455.

17. http:www.quora.com/Facebook-Engineering/What-is-Faebooks-architecture.

18. "Orders of Magnitude (Power)," *Wikipedia*, http://en.wikipedia.org/wiki/Orders_of_magnitude_(power)#megawatt_.28106/wattts.29; http://www.oregonlive.com/silicon-forest/index.ssf/2011/12/apple_eyes_prineville_site_for.html.

19. http://gigaom.com/2012/08/17/a-rare-look-inside-facebooks-oregon-data-center-photos-video/.

20. 위와 같음.

21. Veerendra Mulay, "Humidity Excursions in Facebook Prineville Data Center," *Electronics Cooling*, December 10, 2012, http://www.electronics-cooling.com/2012/12/humidity-excursions-in-facebook-prineville-data-center.

22. "Don't Bet on Another's Game," *New York Times*, November 10, 1901, http://query.

nytimes.com/gst/abstract.html?res=F60815FD3D5C15738DDDA90994D9415B818CF
1D3.

23. Wayne F. Cascio, "The High Cost of Low Wages," *Harvard Business Review*,
December 2006, http://hbr.org/2006/12/the-high-cost-of-low-wages/ar/1.

결론 | 디지털 세상에서 기회는 평판이 만든다

▼

1. "Hold Up," from *Night Ripper*(Illegal Art, 2006).

2. "Mashup(music)," *Wikipedia,* http://en.wikipedia.org/w/index.php?title=Mashup_
(music)&oldid=590328110.

3. http"//www.vibe.com/phto-gallery/top-10-mashup-albums-all-time?page=11K.

318

평판으로 승자가 되는 법

디지털 평판이 부를 결정한다

초판 1쇄 2015년 8월 25일

지은이 | 마이클 퍼틱, 데이비드 톰슨
옮긴이 | 박슬라

발행인 | 노재현
편집장 | 서금선
디자인 | 권오경 김아름
조판 | 김미연
마케팅 | 김동현 김용호 이진규
제작지원 | 김훈일

펴낸 곳 | 중앙북스(주)
등록 | 2007년 2월 13일 제2-4561호
주소 | (135-010) 서울시 강남구 도산대로 156 jcontentree 빌딩
구입문의 | 1588-0950
내용문의 | (02) 3015-4510
홈페이지 | www.joongangbooks.co.kr
페이스북 | www.facebook.com/hellojbooks

ISBN 978-89-278-0671-4 03320